REN MIN LUN TAN
人民
论坛

人民日报评论年编·2023

人民论坛

人民日报评论部　编

人民日报出版社
北　京

图书在版编目（CIP）数据

人民日报评论年编 . 2023.1，人民论坛 / 人民日报
评论部编 . — 北京：人民日报出版社，2024.1
　　ISBN 978-7-5115-8198-3

Ⅰ.①人…　Ⅱ.①人…　Ⅲ.①《人民日报》—时事评
论—2023—文集　Ⅳ.① D609

中国国家版本馆 CIP 数据核字（2024）第 018398 号

书　　　名：人民日报评论年编·2023·人民论坛
　　　　　　RENMINRIBAO PINGLUN NIANBIAN · 2023 · RENMINLUNTAN
作　　　者：人民日报评论部

出 版 人：刘华新
责任编辑：曹　腾　高　亮
版式设计：九章文化

出版发行：人民日报出版社
社　　址：北京金台西路 2 号
邮政编码：100733
发行热线：(010) 65369509　65369527　65369846　65363528
邮购热线：(010) 65369530　65363527
编辑热线：(010) 65369523
网　　址：www.peopledailypress.com
经　　销：新华书店
印　　刷：大厂回族自治县彩虹印刷有限公司
法律顾问：北京科宇律师事务所　010-83622312

开　　本：710mm×1000mm　1/16
字　　数：1433 千字
印　　张：96.5
版次印次：2024 年 1 月第 1 版　　2024 年 12 月第 3 次印刷

书　　号：ISBN 978-7-5115-8198-3
定　　价：218.00 元（共四册，含光盘）

编 辑 说 明

评论是报纸的旗帜和灵魂。2023 年，人民日报评论坚持以习近平新时代中国特色社会主义思想为指导，紧紧围绕党和国家工作大局，充分发挥在舆论上的导向作用、旗帜作用、引领作用；坚持人民至上，始终把人民立场作为根本立场，关注社会热点，回应舆论关切，牢牢把握正确舆论导向，注重打造精品力作，强信心、聚民心、暖人心、筑同心；坚持守正创新，不断增强穿透力、凝聚力和感染力，"上连党心、下接民心"，在党心和民意的同频共振中弘扬正气、保持朝气、磨砺锐气，让舆论引导更接地气，让党报声音更加响亮，体现了人民日报"中流砥柱"和"定海神针"的作用。

本书汇集了"人民论坛""人民时评""人民观点""评论员观察"四个专栏 2023 年刊发的全部文章，其中"人民论坛"167 篇，"人民时评"194 篇，"人民观点"114 篇（"人民观点"文章的作者均为人民日报评论部，不再一一标明），"评论员观察"126 篇，并附有电子版，敬请读者参阅、指正。

人民日报评论部

2024 年 1 月

目　录

掌握"紧紧依靠群众"的方法

——坚持好发展好新时代"枫桥经验"①

沈若冲

担心自家房屋安全受施工影响，湖南省岳阳市岳阳楼区东风湖社区的部分居民反对当地一项环境治理工程。怎么化解群众心中疙瘩？当地利用"群英断是非"诉源治理的创新工作方法，请来能在纠纷双方角度说上话、公道正派的群众，同时邀请工程设计方、施工方，相关职能部门负责人等，与居民代表面对面交流。听诉求、讲政策、摆道理，问题迎刃而解。

放眼全国，辽宁省沈阳市牡丹社区的"三零"工作法，福建省明溪县"侨乡枫桥"解纷工作法，四川省成都市武侯区的小区物业矛盾"信托制"解纷工作法……一个个从"枫桥经验"衍生而来的基层社会治理工作方法不断涌现，新时代"枫桥经验"已经从乡村拓展到社区、网络等地域空间，从社会治安扩展到经济、政治、文化、社会、生态等多个领域。由此让人不禁思考：一个60年前创造的地方经验，为何展现出持续旺盛的生命力，成为我国推进基层社会治理的"金字招牌"？新的时代条件下，坚持和发展"枫桥经验"对推进各领域工作有什么启示？

2023年9月，浙江省诸暨市枫桥镇枫桥经验陈列馆。重温"枫桥经验"诞生、演进、发展的历程，习近平总书记深刻指出："这里面有我们党处理问题、化解矛盾的政策策略，就是要走群众路线，紧紧依靠人民群众，把问题解决在基层、化解在萌芽状态。"回望历史，从"依靠群众就地化解矛盾"，到"小事不出村、大事不出镇、矛盾不上交"，再到"矛盾不上交、平安不出事、服务不缺位"……时代在变、形势在变、社会矛盾的内容也在变，但依靠人民群众正确处理人民内部矛盾的方法始终没有变；在新时代伟大实践中丰富发展，"枫桥经验"在服务群众、化解矛盾等工作中发挥出更大效能、展现出历久弥新的魅力。

唯物辩证法认为，矛盾是普遍存在的。如何正确处理矛盾、化解矛盾，避免激化矛盾、升级矛盾，检验治理的水平，考验为政者的初心、恒心和耐心。停车难问题该怎么解决？房产证办不下来怎么办？楼上装修扰民有没有人管？……群众利益无小事，通过"接诉即办"让解决问题的速度更快一点，北京以"街乡吹哨、部门报到"的合力让群众的获得感更多一些，由此撬动的是思想观念和工作方法的深刻变革。面对纷繁复杂的利益格局、多元多样的群众诉求，只有把党的群众路线坚持好、贯彻好，坚持"从群众中来，到群众中去"，才能精准把握群众诉求，更好回应群众期待。

进一步来看，"枫桥经验"一路走来，为了人民、依靠人民是永恒的生命线，也是其创新发展的基本点。在浙江诸暨，枫桥派出所的退休民警杨光照带头成立"老杨调解中心"，专职调解员、驻所律师、调解志愿者等都来参与；在苏州高新区，新市民公安志愿者队伍"新枫景"，活跃在护校安园、邻里守望、矛盾化解等社区工作一线……共同参与、群策群力，依靠群众解决群众身边的矛盾问题，不仅调动了积极性主动性，也提高了解决矛盾纠纷的实效。我们想问题、办事情，都要始终站稳人民立场，尊重人民的首创精神，善于从人民群众中汲取智慧和力量。

"不怕群众嗓门大，就怕群众不说话。"一位基层干部说得好，通过践行"枫桥经验"，党员和群众的距离更近了、感情更深了，心也贴得更紧了。把新时代"枫桥经验"坚持好、发展好，掌握和运用"紧紧依靠群众"的思想方法和工作方法，定能在强国建设、民族复兴新征程上交出优异的"赶考"答卷。

（2023 年 12 月 25 日）

下好化解矛盾"先手棋"

——坚持好发展好新时代"枫桥经验"②

于　石

只有 158 个车位，要停 1023 辆车，怎么办？天津市河西区越秀路街道港云里社区抓前端、溯源头，发放调查问卷摸需求，组织 21 场协商议事会寻办法。除了移栽树木、便道改坡腾空间，社区还运用"三级吹哨报到"机制，由交管部门在小区外道路设置限时停车泊位，协调周边停车场提供错峰停车服务，对接周边单位开展"潮汐式停车"，共为居民拓展停车位 1187 个。停车难问题解决了，矛盾化解了，居民心气更顺了。

"问题是时代的声音"。左邻右舍、家长里短，生活中有矛盾不可怕，怕的是谁都绕着走、躲着过，任其从小到大、从易解到难解。"明者防祸于未萌，智者图患于将来。"北京延庆区珍珠泉村每周一下午"法律门诊"准时开门，鼓励村民向律师咨询自己遇到的法律难题，做到及时发现问题并推动解决问题；上海依托派出所、司法所、律师事务所"三所联动"，坚持预防走在排查前，排查走在调解前，及时防止"小矛盾"演变为"大问题"；浙江杭州市滨江区推出"一码解纠纷"平台，社区居民用手机扫描二维码，矛盾纠纷就可以智能分流到职能部门进行处理，还可以随时查看办理进度……坚持好、发展好新时代"枫桥经验"的一个重要方面，就是树立关口前移的根本理念，把着眼点放到前置防线、前瞻治理、前端控制、前期处置上来，最大限度把矛盾纠纷化解在基层、化解在萌芽状态。

"消未起之患、治未病之疾，医之于无事之前。"任何矛盾纠纷都有一个发生发展的过程，第一时间发现、第一时间化解，不仅成本最低，而且效果最好。今年1月至9月，全国法院诉前调解纠纷1183.4万件，同比增长26.58%。其中，782.2万件成功调解在诉前，同比增长30.1%，大量矛盾纠纷被人民调解这道"防线"化解在成诉之前。法治建设既要抓末端、治已病，更要抓前端、治未病。我国拥有14亿多人口，素有"以和为贵"的文化传统，国情决定了我们不能成为"诉讼大国"。关口前移、重心下移，变"坐等纠纷上门"为"主动排查化解"，畅通和规范群众诉求表达、利益协调、权益保障通道，充分发挥人民调解这一中国特色的法律制度优势，定能做到矛盾纠纷早预防、早发现、早控制、早解决，促进社会和谐稳定。

习近平总书记强调："要加强和创新基层社会治理，使每个社会细胞都健康活跃，将矛盾纠纷化解在基层，将和谐稳定创建在基层。"关口前移不是回避矛盾、掩盖问题，而是抓早抓小，用心用情主动解决问题。作为"枫桥经验"发源地之一的浙江诸暨市枫桥镇枫源村，连续18年实现"群众零上访"。当地干部解释说："'零上访'不是说村里没有事儿，而是不等到村民上访，村干部就先上门，把该解决的问题尽快解决好。"对广大党员干部而言，坚持好、发展好新时代"枫桥经验"，树立关口前移的根本理念，归根结底要提高从源头上、根本上预防化解矛盾纠纷的能力水平。只有增强敏锐性、洞察力、预见力，见微知著、防微杜渐，不断提高矛盾纠纷排查的针对性、有效性，下大气力解决好人民群众切身利益问题，广泛引导和发动社会各方面力量参与矛盾纠纷化解，才能使矛盾风险不累积、不扩散、不升级，促进矛盾纠纷有效分流、及时调处。

"隆兴桥上走一走，什么烦恼都没有。"安徽宣城市旌德县孙村镇玉屏村把"十全十美百姓说事点"建在百年古桥隆兴桥上，每月逢"十"开说，通过乡亲们"说事、议事、调事、解事"，努力化烦心事、闹心事、操心事于无形。民生小事，一头连着社会的"安全指数"，一头连着千家万户的"幸福指数"。把好"源头关""监测关""责任关",推动更多法治力量向引导和疏导端用力,完善社会矛盾纠纷多元预防调处化解综合机制,新时代"枫桥经验"的光芒必将更加璀璨,美好生活的底座必将更加坚实。

（2023 年 12 月 26 日）

夯实中国之治的"大厦根基"

——坚持好发展好新时代"枫桥经验"③

孟繁哲

一个 28 万人口的街道，辖区内经营主体多元、服务对象多样，服务和治理如何精准到位？快速城镇化积累的问题、矛盾如何解决？江苏省南京市栖霞区仙林街道坚持以党建引领基层治理，从建立网格、划清责任田寻求破题，"人到格中去，事在网中办，难在网中解，情在网中结"，连续 14 年做到矛盾纠纷"不上行、不外溢"。

基础不牢，地动山摇。基层是党的执政之基、力量之源。只有把基层党组织建设强、把基层政权巩固好，中国特色社会主义伟大事业的根基才能稳固。从辽宁抚顺雷锋社区设立"雷锋·红"党员代办站，解锁社区治理"新密码"；到天津港云里社区创设"三聚焦"工作法，将大量矛盾纠纷化解在社区；再到山西山阴县合盛堡乡采用"炕头＋地头"工作法，走出具有泥土气息的乡村善治之路……"枫桥经验"之所以历久弥新、富有活力，一个重要方面就在于始终激活基层基础这一深厚本源。坚持和发展新时代"枫桥经验"，必须树立大抓基层的鲜明导向，把基层基础建设作为根本支撑，持续激发基层社会治理新动能。

作为国家治理的"最后一公里"、群众感知公共服务效能和温度的"神经末梢"，基层治理一头连着国家大政方针，一头连着百姓衣食住行。正所谓"提衣提领子，牵牛牵鼻子"，越是千头万绪，越要抓住党建引领这个关键。实践来看，北京市创新开展"党建引领接诉即办"改革，推动党员干部下基层、跑工单、走流程、蹲点位，围着一线转、围着群众转、围着问题转。不少地方也创新"网格化党建""区域化党建"等方式，探索党员干部下沉的常态长效机制。党建引领、力量下沉，把基层党组织战斗堡垒作用和党员先锋模范作用发挥出来，把党的政治优势、组织优势、密切联系群众优势转化为基层治理效能，不仅夯实了中国之治的根基，也拉近了党群干群关系。

"枫桥经验"发展到今天，最重要的成果和最鲜明的特色就是实现自律和他律、刚性和柔性、治身和治心、人力和科技相统一。新时代以来，发挥"德业相劝、过失相规"的乡规民约作用，培育富有地方特色和时代精神的新乡贤文化，利用人工智能、物联网、大数据等技术建设智慧社区，通过网络平台畅通社情民意直通车……汲取贵和尚中、讲信修睦等传统文化理念，适应治理体系和治理能力现代化的需要，让党组织领导下的自治、法治、德治相得益彰。"社会治理是一门科学，管得太死，一潭死水不行；管得太松，波涛汹涌也不行。"处理好活力和秩序的关系，既要讲究辩证法，善于"十个指头弹钢琴"，也要注重具体工作的方式方法，多一些春风化雨、润物无声、与时俱进。

人民群众是基层社会治理的"源头活水"。建设人人有责、人人尽责、人人享有的社会治理共同体，这是坚持和发展新时代"枫桥经验"的题中之义。放眼今天基层社会治理的火热实践，北京"朝阳群众"、天津"小巷管家"、浙江"红枫义警"等一支支群防群治队伍，活跃在社区管理、便民服务一线。海南海口设立"小区议事堂"、重庆市推行乡村邻里纠纷"院落自治"、江西南昌推广"幸福圆桌会"……群众当主角，大家的事情大家商量着办，让人民群众真正成为社会治理最广参与者、最大受益者、最终评判者。事实证明，最大限度调动广大人民群众的积极性、主动性，才能形成基层社会治理的最大合力。

基层强则国家强，基层安则天下安。坚持和发展新时代"枫桥经验"，完善基层治理体系，筑牢社会和谐稳定的基础，更加有力地确保人民安居乐业、社会安定有序、国家长治久安，既是推进中国式现代化的必然要求，也是实现人民对美好生活向往的基础工程。务当驰而不息、久久为功、善作善成，时时放心不下！

（2023 年 12 月 28 日）

"让生态优势不断转化为发展优势"

张　凡

"广西生态优势金不换"——习近平总书记曾对广西作出这样的定位。近日，在广西考察时，习近平总书记再次殷殷嘱托："加快产业结构优化调整，推动产业体系绿色转型，发展壮大林业产业、文旅产业、养老产业、大健康产业，让生态优势不断转化为发展优势。"这对于全国各地推动绿色发展、加快培育新动能，进一步拓宽绿水青山转化金山银山的路径具有重要启示意义。

"草木植成，国之富也。"绿水青山既是自然财富，又是经济财富。近年来，越来越多地方努力做好"生态＋"文章，把生态优势转化为发展优势，使绿水青山产生巨大效益。在江西省资溪县，当地依托53万亩毛竹资源打造竹科技产业园，涵盖上游竹拉丝、中游竹板、下游竹家居等产业，不仅提升了生态产品附加值，也让一个个生态产业链从绿水青山间"长出来"。在四川省丹棱县，当地守好生态家底，发展"美丽经济"，探索打造了"民宿＋度假"的乡村旅游新模式，让好风光变成村民的"金饭碗"。神州大地上，一个个逐绿前行、点绿成金的故事，生动印证着"人不负青山，青山定不负人"的深刻道理。

实践告诉我们，"杀鸡取卵、竭泽而渔"式的发展走不长远，"守着绿水青山过穷日子"也不是可行之路。只有让生态优势不断转化为发展优势，让更多人看到良好生态蕴含的经济社会价值，激发起爱绿护绿的内生动力，才能实现保护与发展的良性循环。当年，福建省武平县禁止天然林商业采伐，"不砍树怎么富？"一度困扰着不少人。后来，武平县因地制宜，将紫灵芝确定为林下经济主导产业。捷文村村民李广军种植紫灵芝，亩均年收益约为早年伐木收入的20倍。为了进一步改善紫灵芝生长环境，近年来李广军主动上山补种阔叶树，昔日"砍树人"如今成了"护树人"。让保护环境的人尝到"甜头"、得到实惠，进一步树牢"绿水青山就是金山银山"的理念，才能更好保护自然价值、增值自然资本。

中国式现代化是人与自然和谐共生的现代化，绿色是高质量发展的底色。习近平总书记深刻指出："只有把绿色发展的底色铺好，才会有今后发展的高歌猛进。"当前，我国进入高质量发展阶段，生态环境的支撑作用越来越明显。把生态保护好，把生态优势发挥出来，不断塑造发展的新动能、新优势，才能持续增强发展的潜力和后劲。"增绿就是增优势"，要坚持通过高水平环境保护，不断提升绿水青山"颜值"，让"绿宝盆"更多变为"聚宝盆"，为高质量发展注入源源不断的动力。

让绿水青山和金山银山实现共赢，关键在人，关键在思路。今天，从林业碳汇交易稳步推进，到生态旅游、森林康养、自然教育等新业态方兴未艾……添绿增金、借绿生金的方法不胜枚举。思路决定出路。实践中，我们要进一步打开思路、开拓创新，积极探索把生态优势转化为发展优势的路径，更好架起"绿水青山"与"金山银山"之间的桥梁，因地制宜壮大"美丽经济"，创造更多"点绿成金"的新奇迹，让生态红利惠及更多人。

更多人行动起来，接续奋斗，把绿水青山建得更美，让生态优势不断转化为发展优势，我们就能书写出高质量发展的"绿色答卷"，更好推进人与自然和谐共生的现代化。

（2023 年 12 月 17 日）

在基层实践中找到解决问题的"金钥匙"

张　凡

最近在福建省福鼎市硖门畲族乡采访时，一名原驻村第一书记讲起了自己经历的一件事：当时在山头上看到有村民在种地，就问了一句在种什么，村民用方言回答"tudao"，于是他记下了马铃薯，回去后和同行的人一核对，发现对不上，才知道原来村民口中的"tudao"，其实是花生。这件事也让他深有感触：不下基层，不仅听不懂群众的话，更办不好群众的事。

基层是国家治理的最末端，也是服务群众的最前沿。多到基层听民声，多在一线接地气，做"明眼人""有心人"，才能更深了解基层，更好服务群众。习近平同志在福建工作期间，多次强调干部要"把心贴近人民"、练好密切联系群众的基本功，并大力倡导"宣传党的路线、方针、政策下基层，调查研究下基层，信访接待下基层，现场办公下基层"的工作方法。"四下基层"是密切联系群众的重要途径。今天，群众工作对象更加多元，群众诉求更加多样，群众工作环境更加复杂。进一步传承和弘扬"四下基层"优良传统，让"下基层"成为一种主动意识、一种自觉行动，是继往开来的新课题，也是对责任担当的新考验。

经常下基层，了解清楚群众在想什么、盼什么，才能把工作做到群众心坎上。当年，习近平同志深入福州市走访调研，了解到"福州人最怕的就是水火无情"。福州多木板房，火一烧一大片；闽江水一灌，水就进了屋。针对这些问题，福州市及时启动加高加固闽江防洪堤工程，同时积极开展棚户区改造，曾经的"纸褙福州城"，逐渐蝶变为"有福之州"。"上之为政，得下之情则治，不得下之情则乱。"为群众做好事实事，察民情、访民意是第一步。多跑跑基层，靠"一头汗两腿泥"把情况摸清，"坐在一条板凳上"把问题唠透，真正了解群众的急难愁盼，才能知道该往哪儿着力，不断增强工作的针对性、科学性、有效性。

基层取真经，一线有答案。坚持眼睛向下、走进群众，就能听到真话、觅得真经。习近平同志在宁德工作时，坚持问计于基层、问计于群众，多次赴周宁县黄振芳家庭林场调研，走访古田县香菇技术员彭兆旺了解香菇生产发展情况等。1989年2月，8名农民代表登上讲台，向地直机关副科长以上干部作改革十年的形势报告，成为闽东人津津乐道的一段佳话。这次会议正是由时任宁德地委书记习近平同志主持。基层有最丰富最生动的实践，群众中蕴藏着无穷的智慧和力量。高手在民间，多向群众学习、向实践学习，就能化"脚力"为"能力"，在基层实践中找到解决问题的"金钥匙"。

基层工作千头万绪，但点滴小事里有安危冷暖，柴米油盐间有万家忧乐。到基层去，与群众"面对面"交流、"零距离"服务，才能真正拉近与群众的距离，架起干部和群众之间的"连心桥"。古田县商务局一名年轻干部，去年参加县里组织的"四下基层"实践活动，和农户同吃、同住、同劳动、同调研，她说："以前村民看见我都叫我'领导'，现在他们会喊我'妹子'。"霞浦县纪委监委开展"连心日"活动期间，纪检监察干部曾帮助一名老人为其孙女申请到了孤儿补助，后来工作人员回访时，老人专门表达了感谢。"四下基层"，立足于"下"，植根于"民"，把心贴近人民，读懂群众的诉求，办好群众关心的事，干部就是群众的"自己人"，党群干群关系就能更紧密。

"老百姓心里有杆秤。我们把老百姓放在心中，老百姓才会把我们放在心中。"习近平总书记的话掷地有声。新征程上，广大党员、干部坚持好传承好弘扬好"四下基层"优良作风，深入实际、深入基层、深入群众，做到知民情、解民忧、纾民怨、暖民心，多干让人民满意的好事实事，就一定能赢得人民的支持与肯定。

（2023 年 12 月 08 日）

"保持锐意创新的勇气"

李　斌

　　"推进中国式现代化是一个探索性事业，还有许多未知领域，需要我们在实践中去大胆探索"，习近平总书记深刻阐述了在实践中大胆探索的重要性，强调"在前沿实践、未知领域，鼓励大胆探索、敢为人先"，要求"保持锐意创新的勇气、敢为人先的锐气、蓬勃向上的朝气""勇于推进理论创新、实践创新、制度创新、文化创新以及各方面创新，通过革故鼎新不断开辟未来"。保持锐意创新的勇气，通过改革创新来推动事业发展，这是内在要求，也是实践所需。

　　从战略层面考量，要把创新摆在国家发展全局的突出位置。我们党勇于改革创新，不断破除各方面体制机制弊端，为中国式现代化注入不竭动力。从发展规律着眼，创新是引领发展的第一动力。"老是在产业链条的低端打拼，老是在'微笑曲线'的底端摸爬，总是停留在附加值最低的制造环节而占领不了附加值高的研发和销售这两端，不会有根本出路。"推动价值链从"微笑曲线"的底端向两端延伸，就必须把发展着力点更多放在创新上，让创新促进经济增长的乘数效应越来越显著。

　　谁在创新上先行一步，谁就能拥有引领发展的主动权。创新慢了、少了、不见了，即便现在处于优势地位，未来也可能逐渐陷入由别人追着跑变为追着别人跑的尴尬境地。锐意创新，要害在"锐意"，必须始终保持时不我待、只争朝夕的创新紧迫感。等待观望不得，亦步亦趋不行，惟有迎头赶上、奋起直追、力争超越，才能赢得主动、赢得优势、赢得未来。

创新的实质效果是优胜劣汰、破旧立新。怕输结果就是常输，既然选择了创新之路，就必须放下惧怕失败的心理包袱，激扬"亦余心之所善兮，虽九死其犹未悔"的豪情。鲁迅有言："什么是路？就是从没路的地方践踏出来的，从只有荆棘的地方开辟出来的。"探路就是开路，试错就是扫雷，敢于走前人没有走过的路，为的就是铺就走得通、行得稳的大道、正路。

从"明者因时而变，知者随事而制"的智慧，到"世易时移，变法宜矣"的洞察，再到"刻舟求剑""胶柱鼓瑟"等警训，中华文明具有突出的创新性，从根本上决定了中华民族守正不守旧、尊古不复古的进取精神，决定了中华民族不惧新挑战、勇于接受新事物的无畏品格。"宁可少干事，也不要出事""宁可不作为，也不要犯错误"……怕出错、怕担责，是阻碍创新的重要心理因素。避免因为担当不足而不敢创新，需要落实"三个区分开来"，激励干部敢于担当、积极作为；需要营造鼓励大胆探索、包容失败的宽松氛围，让一切创新创造的源泉充分涌流。

日新又新，永不止步。今天的中国大地，处处可以感受到创新的气息，可以听到创新解难题、促发展的故事。让创新贯穿党和国家一切工作，让创新在全社会蔚然成风，中国的未来前景不可限量。

（2023 年 12 月 07 日）

"城市不仅要有高度，更要有温度"

张　凡

"人民城市为人民。"让人民生活更美好，是习近平总书记念兹在兹的牵挂。

11月29日，习近平总书记到上海市闵行区新时代城市建设者管理者之家考察。看到来自五湖四海的建设者在这里安居乐业，习近平总书记感到很高兴，指出"城市不仅要有高度，更要有温度"，强调"我们的社会主义就是要走共同富裕的路子"。

城市是人集中生活的地方，城市建设关乎百姓生活方方面面。习近平总书记多次强调，"人民城市人民建、人民城市为人民"。擘画"千年大计"，嘱托"我们可不是为了一个漂亮新城，而恰恰建新城是为了老百姓过上更好生活"；指导城市建设，强调"把让群众生活更舒适这一理念融入城市规划建设的血脉里、体现在每一个细节中"；聚焦城市治理，指出"要通过绣花般的细心、耐心、巧心提高精细化水平"……从规划到建设，再到治理，习近平总书记始终惦念城市发展中的"人"，始终心系最广大人民根本利益，指引新时代城市建设朝着宜业宜居的"人民之城"不断迈进。

"上海最高的楼里，有我的名字"。在浦东新区的标志性建筑上海中心大厦，一面长60米、琉璃材质的荣誉墙，镌刻下8年建设周期中4000多名建设者的名字，让人真切感受到这座城市的温度。近年来，在城市发展过程中，始终坚持以人为本、关注民生，"城市，让生活更美好"的愿景正在不断成为现实。上海市加快保障性租赁住房建设，构建了"一张床、一间房、一套房"多层次租赁住房供应体系，为许多来沪新市民、青年人和一线务工人员提供了住房保障。北京市创新开展"党建引领接诉即办"改革，只要群众拨打 12345 反映问题，立即就有人响应、受理，努力做到快接快办、办成办好。广西各地将公租房小区融入城市建设合理布局，让公租房租户获得生活和工作上的便利。这样的暖心举措，构成了人民群众的幸福密码，彰显着城市建设管理的人文关怀，也让"人民城市"的理念得到充分彰显。

"城，所以盛民也。"城市的核心是人。城市发展不仅要"见物"，更要"见人"。今天，城市的高度不断刷新、发展速度不断加快，城市温度也要"水涨船高"，让人民群众有更多获得感、幸福感、安全感。习近平总书记在上海考察时指出："外来务工人员来上海作贡献，同样是城市的主人。要践行人民城市理念，不断满足人民群众对住房的多样化、多元化需求，确保外来人口进得来、留得下、住得安、能成业。"坚持以人民为中心的发展思想，为人民群众提供更精细的城市管理和良好的公共服务，让无论是生活在城市里的老居民，还是新市民、外来务工人员等，都能在城市的发展中获得实实在在的好处，都能感受到"此心安处是吾乡"的温暖，都能拥有生活的保障和干事创业的舞台，才能更好激发人们的奋进热情，把我们的城市建设得更加美好，让"人民之城"更好造福广大人民。

习近平总书记强调："要更好推进以人为核心的城镇化，使城市更健康、更安全、更宜居，成为人民群众高品质生活的空间。"我们要顺应人民对高品质生活的期待，适应人的全面发展和全体人民共同富裕的进程，不断提高城市规划、建设、治理水平，为人民创造更加幸福的美好生活。从做好老旧小区改造，到设立便民菜场，从增加公园绿地，到推进政务服务"一网通办"……从人民群众的柴米油盐、衣食住行出发，扭住突出民生难题，以一项项精准服务、精细管理，为人们排忧解难，把"烦心事"变"舒心事"，才能让人民群众在城市生活得更方便、更舒心、更美好。

今年 5 月，广东深圳光明文化艺术中心音乐厅落成，来自湖南岳阳的农民工易群林受邀第一个登上舞台演奏。随着一双粗糙的手在黑白琴键上跳动，音乐悠悠响起，彰显出一个城市开放包容的胸怀。以更加完善的制度保障、更加细致的人文关怀，让城市不仅有高度，更有温度，我们将更好绘就"幸福之城"的美好画卷。

（2023 年 12 月 05 日）

弘扬宪法精神　培育法治文化

于　石

　　今年 12 月 4 日是第十个国家宪法日。12 月 1 日至 7 日是第六个"宪法宣传周"，主题是"大力弘扬宪法精神，建设社会主义法治文化"。上海组织开展近 500 场精彩纷呈的法治文化活动"送法上门"，让更多人参与到宪法宣传教育中来；云南举办"普法强基·全民守法"电视主题活动，通过情景剧、宪法诵读等方式掀起普法热潮；青海开展"宪法伴我行"全民竞答、公民法治素养提升线上法治专题学习等活动，营造浓厚的尊法学法守法用法氛围……连日来，各地区各部门坚持知识普及、理论阐释、观念引导全面发力，推动宪法走进人民群众、更加深入人心。

　　宪法是厚重的，承载着国家的过去、现在和未来。回首来时路，我国宪法同党和人民进行的艰苦奋斗和创造的辉煌成就紧密相连，同党和人民开辟的前进道路和积累的宝贵经验紧密相连。今天，从设立国家宪法日、开展"宪法宣传周"活动，到实行宪法宣誓制度，加强国旗法、国歌法等宪法相关法的学习宣传，我国现行宪法的显著优势、坚实基础、强大生命力进一步彰显，尊崇宪法、学习宪法、遵守宪法、维护宪法、运用宪法的共识在全社会进一步夯实。前进道路上，国际国内环境越是复杂，推进强国建设、民族复兴伟业的任务越是繁重，越要提高运用法治思维和法治方式的能力，增强宪法自觉，加强宪法实施，履行宪法使命，在法治轨道上全面建设社会主义现代化国家。

社会主义法治文化是中国特色社会主义文化的重要组成部分，是社会主义法治国家建设的重要支撑。"法者，治之端也""理国要道，在于公平正直"……习近平法治思想传承中华法系的优秀思想和理念，汲取民为邦本、礼法并用、以和为贵、明德慎罚、执法如山等中华传统法律文化精华，根据时代精神加以转化，使中华优秀传统法律文化焕发出新的生命力。新征程上，要深入学习贯彻习近平法治思想和习近平文化思想，把建设社会主义法治文化作为建设中国特色社会主义法治体系、建设社会主义法治国家的战略性、基础性工作和建设社会主义文化强国的重要内容，在全社会牢固树立法治信仰、法治意识、法治观念、法治思维，为全面依法治国提供强大精神动力。

宪法是亲切的，保障着公民的权利、尊严和幸福。我们每个人与宪法密切相关的故事，从出生那一刻就开始书写，并伴随一生、守护终身。特别是，随着我国经济社会持续发展和人民生活水平不断提高，人民群众对民主、法治、公平、正义、安全、环境等方面的要求日益增长。人民权益要靠法律保障，法律权威要靠人民维护。当办事依法、遇事找法、解决问题用法、化解矛盾靠法的法治观念蔚然成风，美好生活就有了更为坚实的法治保障。

明法于心，守法于行。只有铭刻在人们心中的法治，才是真正牢不可破的法治。在贵州遵义仁怀市盐津小学门口，一名与妈妈一起送姐姐入学的5岁小男孩，听到校园里的国歌后双脚立正，向着国旗方向敬礼；在云南大理漾濞县苍山西镇光明村，村民有啥疑难问题都来咨询"法律明白人"，"他的讲解让人一下子就明白了"。事实证明，法治文化与老百姓的生活息息相关，"日用而不觉"，在潜移默化中形成人们的内心认同并自觉践行。只有用法治文化浸润心田、滋养社会，才能让法治成为每一个人的行为准则和生活方式。

"从呱呱坠地，到朱颜鹤发，从黎明破晓，到甜美梦乡，从日常生活，到劳作生产……守护宪法，就是守护我们的美好生活。"国家宪法日到来之际，一则名为《守护》的主题宣传片吸引不少目光。强化宪法意识，弘扬宪法精神，推动宪法实施，培育法治文化，宪法就能真正走入日常生活、走入人民群众，成为亿万人民共同的信仰。

（2023 年 12 月 04 日）

有情怀　有本领　有担当

沈若冲

　　"负责任最苦，尽责任最乐。"一位长期从事安全生产新闻报道的记者这样的话语，令人感触颇深。从基层摸爬滚打过来，在路上是生活常态，用一篇篇有力的报道推动公众安全意识提升、安全生产行业进步。赶路的人，虽苦犹乐，当一个又一个微小的力量凝聚在一起，就能汇聚起关爱生命、守护安全的磅礴力量。

　　与党和人民同呼吸、与时代共进步，无数优秀的新闻工作者身体力行。或是扎根基层一线采写沾泥土、带露珠、冒热气的鲜活故事，或是奔赴新闻现场用笔触、镜头、声音传递真情实感，或是坚守夜班岗位编织岁月经纬、诠释敬业担当，他们在记录时代中把握时代脉搏，也推动着时代的进步。踏上波澜壮阔的新征程，如何为巩固壮大主流思想舆论贡献力量？如何更好践行新闻工作者的职责使命？时代呼唤新闻工作者要把学习掌握习近平文化思想作为必修课，努力做有情怀、有本领、有担当的新时代新闻工作者。

　　情怀诠释初心。习近平总书记勉励新闻工作者"坚定'四个自信'，保持人民情怀""做党和人民信赖的新闻工作者"。当年烽火硝烟中，范长江跋涉数千公里、走遍大半个中国，真切感知人民困苦，创作出力透纸背的《中国的西北角》《塞上行》等经典作品。新时代以来，在脱贫攻坚一线生动书写，在抗疫斗争的最前沿真情记录，在边防哨所和万里海疆深情讲述，在共建"一带一路"现场深入报道，正是因为胸怀对祖国和人民的满腔赤诚，新闻工作者心中有光、脚下有力。对于新闻工作者而言，深入群众，深入基层，才会有切身体会、真切共情，才能用心用情用力讲好新时代的故事，这应是新闻工作者的情怀所在。

"褚小者不可以怀大，绠短者不可以汲深。"全媒体时代，舆情瞬息万变、传播格局深刻变化，没有金刚钻、缺少几把刷子、不掌握十八般武艺是难以胜任新闻舆论工作的。要坚持不懈用习近平新时代中国特色社会主义思想凝心铸魂，牢牢把握新闻舆论工作规律，不断掌握新知识、熟悉新领域、开拓新视野。同时，要练好调查研究这个基本功，不断增强脚力、眼力、脑力、笔力，涵养高素质、全媒型、复合型的真本领。

习近平总书记深刻指出："做好党的新闻舆论工作，营造良好舆论环境，是治国理政、定国安邦的大事。"新时代新征程，守住守牢意识形态主阵地，让党的政策主张更加深入人心，向世界展现可信、可爱、可敬的中国形象，无不需要广大新闻工作者挺膺担当。"铁肩担道义，妙手著文章"，担当是一份"时时放心不下"的责任感，尤需在乱云飞渡中坚守价值航标，在赓续文脉中传承贯道之器，在固本开新中勇担新的文化使命。"做党的政策主张的传播者、时代风云的记录者、社会进步的推动者、公平正义的守望者"，正是新闻工作者担当使命最有力的诠释。

"你问我，凭什么站在这里，凭鞋底的泥、肩头的霜、手里的笔；你问我，为什么脚步不息，为追寻真理、记录时代、守望正义。"歌曲《我的名字》唱出了广大新闻工作者的心声。努力做有情怀、有本领、有担当的新时代新闻工作者，才能不辜负这个伟大的时代，脚步在路上，荣光在前方！

（2023 年 12 月 01 日）

做到件件有回音

李　斌

"对审计发现并移送的问题线索，查办决不能不了了之，也不能搞'高高举起、轻轻放下'，这样处理比不处理影响更坏，反而助长过关思想和'破窗效应'，必须查个水落石出，做到件件有回音。"在二十届中央审计委员会第一次会议上，习近平总书记深刻阐述深化审计监督与其他各类监督贯通协同的重要性，引人思考。

制度流于形式就会成为无人畏惧的"稻草人"，监督形同虚设就会成为没有牙齿的"纸老虎"。比如，在安全生产领域，有的地方和部门监管监察不敢动真碰硬，一些显而易见的重大隐患常治长存、长期摆在那里，最终导致重大事故发生。在生态环保领域，有的地方和部门工作作风不严不实，推进整改时担当作为不够，存在"表面整改、敷衍整改、虚假整改"等问题，一些环境问题长期难以解决。对问题线索"高高举起、轻轻放下"，案件查办失之于宽、失之于松，带来的危害比没有监督、没有处置还要大。

"高高举起、轻轻放下"，是对干部的极不负责。发现问题及时处理，敢于"猛击一掌""当头棒喝"，才是应有的态度。"从恐慌、惊慌、无所适从，到后面觉得理所当然"，从一些落马官员的贪腐轨迹看，一开始收受"一针一线"时得不到批评和纠正，后面就会贪婪任性去拿"一砖一瓦"，最后甚至肆无忌惮往家搬"金山银山"。正所谓，小洞不补，大洞吃苦。

许多落马官员由风及腐、从轻微腐败到严重腐败，就是在监督缺位、监督无力的情况下，一点点失守变质、腐化沉沦的。

人不以规矩则废，党不以规矩则乱。人对制度威信、监督威力的感知，既来自学习，更来自实践。"没想到干部吃吃喝喝也会被中央纪委通报，没想到位高权重者贪腐照样绳之以法，没想到正风肃纪的力度越来越大"，干部群众的一个个"没想到"，从一个侧面见证管党治党保持高压态势所形成的震慑遏制作用。数据显示，从 2017 年到 2022 年，8.1 万人向纪检监察机关主动投案，2020 年以来 21.6 万人主动交代问题。如何防范违纪违法"破窗效应"？关键就在于强化监督执纪执法，坚持无禁区、全覆盖、零容忍，让广大党员干部时时处处感受到党纪国法的权威性和各类监督的严肃性。

监督是治理的内在要素。避免把问题线索"高高举起、轻轻放下"，监督责任必须夯实。以青海木里非法采煤问题为例，一些干部作风漂浮、不严不实，监管者反成了帮凶。时任青海省自然资源总督察的杨汝坤说："该负的责就要担起来。只是后悔当初没有亲自到现场走一走！"秦岭北麓西安境内违建别墅整而未治、禁而未绝，祁连山生态不堪重负、局部破坏难以逆转，背后都与相关干部不担当、不碰硬有关。向着问题动真格亮剑、出重拳惩治，才不会养痈遗患、败坏党风政风社风。如今秦岭、祁连山生态保护实现由乱到治，就是有力说明。

善不可失，恶不可长。敢于正视问题，善于发现问题，把违纪违法问题解决在萌芽状态，确保令行禁止、法纪昭彰，才能换来风清气正、乾坤朗朗。

（2023 年 11 月 29 日）

把握"有机生命躯体"的内在规律

沈若冲

"微笑精灵"江豚又回来了！前不久江苏南京市开展"长江江豚保护主题月"活动，200多名市民作为"江豚同步调查员"，用相机定格下"微笑精灵"一次次嬉戏、腾跃的身影。监测数据显示，11月7日至14日期间，长江江苏段共观测记录到长江江豚86头次，种群数量稳步增长。

岸在变绿，水在变清，一度成为濒危物种的"微笑精灵"江豚如今频频露脸，长江经济带生态环境嬗变的背后，有"十年禁渔"的久久为功，更有"共抓大保护、不搞大开发"的勇毅笃行。正所谓，认识决定眼界，理念决定思路。习近平总书记深刻指出"自然生态系统是一个有机生命躯体"，强调"治愈人类对大自然的伤害，首先要充分尊重和顺应自然"，为我们推进生态环境保护提供了正确的认识论、科学的方法论。新时代以来，始终把自然生态系统当做"有机生命躯体"，尊重自然、顺应自然、保护自然，坚持山水林田湖草沙一体化保护和系统治理，我国生态文明建设变化振奋人心、成就举世瞩目。

"有机生命躯体"，说的就是自然生态系统有其自身发展演化的客观规律。"不违农时，谷不可胜食也；数罟不入洿池，鱼鳖不可胜食也；斧斤以时入山林，材木不可胜用也。"《孟子》中这段话体现出中国古人对这一客观规律的认识与把握。几千年来，我国先民很早就懂得"取之有度，用之有节，则常足"的道理，形成了天人合一、道法自然、万物并育的生态理念。

马克思认为"现在的社会不是坚实的结晶体，而是一个能够变化并且经常处于变化过程中的有机体"，恩格斯说"自然界的所有过程都处在一种系统联系中"。由此观之，将自然生态系统视为"有机生命躯体"，既是传承千年的智慧，也是对马克思主义社会有机体理论和自然生态观的创新发展。

正如人体通过代谢进行能量转换、依靠免疫系统抵抗病毒，自然生态系统这个"有机生命躯体"也具有自我调节、自我净化、自我恢复的能力，关键要处理好自然恢复和人工修复的关系。新时代以来，码头、砂厂、化工企业"关改搬转"，破解"化工围江"，长江大保护护航"一江碧水向东流"；三江源、大熊猫、东北虎豹等首批国家公园设立，保护面积达 23 万平方公里，呵护"万类霜天竞自由"；持之以恒植树造林种草，绿色版图不断延伸，重点治理区从"沙进人退"走向"绿进沙退"……实践告诉我们，给大自然休养生息足够的时间和空间，在依靠自然的力量恢复生态系统平衡的基础上，把自然恢复和人工修复有机统一起来，因地因时制宜、分区分类施策，就能找到生态保护修复的最佳解决方案。

进一步看，自然生态系统环环相扣、相互依存、紧密联系，任何一个环节出问题都会影响肌体健康，必须把握自然生态系统这个"有机生命躯体"的内在规律，更加注重治理的系统性、协同性、有效性。内蒙古乌梁素海的生态修复和治理就是有力证明。最初"就水治水"，迟迟不见效；遵循综合治理、系统治理的理念，深刻认识到问题表现在湖里、根子在岸上，治沙造林、防治农业面源污染、加强城镇生活污水处理等多管齐下，成效明显。正如习近平总书记深刻指出的："人的命脉在田，田的命脉在水，水的命脉在山，山的命脉在土，土的命脉在林和草"。把握自然规律，充分尊重和顺应自然，从系统工程和全局角度寻求新的治理之道，全方位、全地域、全过程开展生态文明建设，才能实现人与自然和谐共生。

"万物得其本者生，百事得其道者成。"做好各项工作，"把握规律性"都是一个重要要求。把握"有机生命躯体"的内在规律如此，我们看问题、作决策、办事情，亦当如此。

（2023 年 11 月 27 日）

下一个"中国"，还是中国

邹　翔

　　"中国政府致力于不断提高开放水平、全面优化营商环境等，这对于跨国企业来说提供了确定性""中国拥有大量的研发人才，我们基于中国市场，致力于打造科技创新的生态圈""这里的投资环境不断优化，我们选择持续和中国市场同行，共同发展"……今年以来，一批知名外企高管纷纷来华寻求扩大合作，用实际行动继续为中国市场"投下信任票"，再次彰显中国这片发展热土对外商投资具有强大"磁吸力"。

　　中国市场对外资的吸引力，跨国企业感受最深。今年三季度，中国贸促会对700家外资企业进行调研访问，八成受访外资企业预期本年度利润持平或有所提高，近九成预期未来5年利润持平或有所提高。1—10月份，全国新设立外商投资企业41947家，同比增长32.1%，加拿大、英国、法国、瑞士、荷兰实际对华投资同比分别增长110.3%、94.6%、90%、66.1%、33%。许多外企将投资中国视为"必选项"，开放的中国持续成为外资企业眼中的投资热土。正如习近平总书记所指出的，"中国已经成为最佳投资目的地的代名词，下一个'中国'，还是中国"。

　　加码中国市场的行动，源自对中国发展前景的坚定信心。今年以来，在世界经济复苏乏力，不稳定、不确定、难预料因素增多，各国经济都面临不小挑战的背景下，中国经济顶住了压力，稳定了规模，提升了质量。

前三季度中国国内生产总值同比增长 5.2%，增速在全球主要经济体中名列前茅，10 月份国民经济发展的韧性、活力和潜力继续显现。中国仍然是全球增长最大引擎，今年对全球经济增长的贡献将达到 1/3。事实雄辩地证明，中国经济韧性强、潜力足、回旋余地广，长期向好的基本面没有变也不会变。中国经济高质量发展，为世界经济增长注入强大正能量，将带来更多市场机遇、增长机遇、合作机遇。

投资中国市场的信心，与中国越开越大的开放大门密不可分。不久前举办的第六届中国国际进口博览会，按年计意向成交创历届新高，金额达 784.1 亿美元、比上届增长 6.7%，以实打实的数字向世界说明"14 亿多中国人民迈向现代化是中国带给世界的巨大机遇"。第三届"一带一路"国际合作高峰论坛形成了 458 项成果，中外企业达成 972 亿美元的项目合作协议。无论是进博会、广交会、服贸会、消博会等展会平台，还是推动共建"一带一路"更高质量、更高水平的新发展，都为扩大开放、加强合作、促进发展繁荣不断开辟新空间。"我们将坚持高质量发展，推进高水平对外开放，以中国式现代化为推动实现世界各国的现代化提供新机遇"，这是郑重的宣示，更是务实的行动。

中国具有社会主义市场经济的体制优势、超大规模市场的需求优势、产业体系配套完整的供给优势、大量高素质劳动者和企业家的人才优势，这些优势内在地展现出中国经济增长的内在逻辑和强大韧性，也决定了中国吸引外资长期向好的趋势不会改变。一家国际会计师事务所发布报告指出，"中国仍将是世界上最具吸引力的增长型市场。"着眼长远，中国打造市场化、法治化、国际化营商环境的决心不会变，一视同仁为外商投资提供优质服务的政策不会变，并将不断完善外商投资权益保护机制，进一步缩减外商投资准入负面清单，全面保障外商投资企业国民待遇。实践将继续证明：投资中国就是投资未来，选择中国就是选择未来。

麦肯锡全球研究院估算，2020 年中国有 55 座城市属于高收入城市之列，覆盖中国 27% 的人口，到 2030 年中国高收入城市的数量将增至 93 座，覆盖 44% 的人口，并得出结论："如果在全球寻找增长，答案一目了然。"中国经济的大海，千帆竞发，百舸争流。在开放中不断发展进步的中国，充满无限可能的中国市场，必将吸引更多跨国企业来华投资兴业，与中国企业共同书写更多以高质量发展为世界提供新机遇的动人篇章。

（2023 年 11 月 24 日）

"让绿色低碳生活方式成风化俗"

周珊珊

走在湖北武汉蔡甸区，满目山清水秀，环境格外优美。数据显示，2015—2022年，蔡甸区空气质量优良率从58.9%上升至89.7%。2020年以来，蔡甸区全面完成黑臭水体消除任务，饮用水水源地水质达标率100%。前不久，当地还获评第七批国家生态文明建设示范区。

曾经一段时间，这里的人们饱受环境污染之苦。通过强化源头管控和污染防治、精准招引"含金量、含新量、含绿量"更高的企业项目、发挥全域旅游品牌优势等多措并举，当地加快推动发展方式绿色低碳转型。同时，蔡甸百姓大力践行绿色低碳生活方式，垃圾分类、植绿护绿、节能降碳、开立"个人碳账户"……绿色化、低碳化的生活方式成为一种新潮流。

生态环境没有替代品，用之不觉，失之难存，不仅关系经济发展质量，而且攸关每个人的生活品质。实践告诉我们，绿色低碳发展是解决生态环境问题的治本之策，必须坚定不移走生产发展、生活富裕、生态良好的文明发展道路。党的二十大报告提出："推动经济社会发展绿色化、低碳化是实现高质量发展的关键环节。"这深刻揭示，高质量发展和高水平保护是相辅相成、相得益彰的。只有自觉把经济活动、人的行为限制在自然资源和生态环境能够承受的限度内，加快形成科技含量高、资源消耗低、环境污染少的产业结构，才能在绿色低碳转型中推动发展实现质的有效提升和量的合理增长。

经济社会发展绿色化、低碳化，既需要生产方式的转型，也需要生活方式的转变。在同一片蓝天下生活，受同一方水土滋养，我们每个人都是生态环境的保护者、建设者、受益者，没有谁是局外人，也没有人能置身事外。只有人人动手、人人尽责，激发起全社会共同呵护生态环境的内生动力，才能形成绿色循环低碳发展的强大合力。正因此，习近平总书记强调："要弘扬生态文明理念，培育生态文化，让绿色低碳生活方式成风化俗。"

思想是行动的先导。浙江安吉余村，村口一块镌刻着"绿水青山就是金山银山"的石碑，在蓝天白云映衬下十分醒目。从"卖石头"到"卖风景"再到"挣碳汇"，这个小村庄的美丽蝶变，是践行"绿水青山就是金山银山"理念的具体体现。如今，这一理念已经成为全党全社会的共识和行动。长江经济带从"靠江吃江"到"靠江护江"，收获的不仅有一江清水、两岸青翠的壮阔美景，还有"共抓大保护、不搞大开发"的普遍共识。从余村的转变，到长江经济带发展发生重大变化，再到新时代以来美丽中国建设迈出重大步伐，我国之所以天更蓝、地更绿、水更清，一个重要原因正在于，思想认识上的重大转变、生态文明理念的深入人心。

"环境就是民生，青山就是美丽，蓝天也是幸福。"人民的高品质生活，内在地包括优美的生态环境，而这离不开每个人出的一份力。外卖是否选择绿色包装，出行是乘坐私家车还是选择公共交通，购物时是用塑料袋还是自备布袋，能否做到垃圾分类、节约粮食……每个人生活中的细小选择，看似微不足道，但乘以14亿多人口数，就能迸发出绿色低碳的强大合力。当越来越多人坚持从自身做起、从身边小事做起，觉悟过来、行动起来，做绿色低碳理念的积极传播者和模范践行者，不仅能让绿色低碳生活方式成风化俗，更能在一定程度上通过生活方式的绿色革命，进一步促进生产方式的绿色转型。

"纤纤不绝林薄成，涓涓不止江河生。"我国许多地方正积极开展节约型机关、绿色家庭、绿色学校、绿色社区、绿色出行、绿色建筑等创建行动，将绿色低碳理念浸润到衣食住行游用等方方面面。当绿色低碳生活方式成风化俗，进一步汇聚绿色低碳发展的强劲动力，定能厚植高质量发展的绿色底色，绘出美丽中国的更新画卷。

（2023 年 11 月 22 日）

实实在在抓好理论学习和调查研究

——把实的要求贯穿主题教育全过程①

李浩燃

卸装、扫描、分拣，走街串巷投递，敲门收揽快件……为了更好服务新就业人群，有地方两新工委的工作人员换上统一工装，跟随快递员跑全程，进行一场零距离、体验式调研。亲眼看到所急所需，亲耳听到所想所盼，工作短板更明晰，服务自然更暖心……第二批学习贯彻习近平新时代中国特色社会主义思想主题教育开展以来，各地以扎实作风谋划举措、部署工作，采取务实管用的方式方法，推动主题教育走深走实。

大道至简，实干为要。习近平总书记在江西考察时，对总结运用第一批主题教育的成功经验、高质量开展第二批主题教育提出明确要求，指出"要把实的要求贯穿主题教育全过程，坚决防止和克服形式主义、官僚主义"，强调要"实实在在抓好理论学习和调查研究，实实在在检视整改突出问题，实实在在办好惠民利民实事，用实干推动发展、取信于民"。

"实"，乃做人做事之本。老百姓对形式主义、官僚主义非常反感，喜欢的是实实在在做工作。第二批主题教育在群众身边开展，越到基层越要突出一个"实"字。理论学习、调查研究是主题教育十分重要的基础环节，又是贯穿主题教育全过程的重点措施。必须坚持实事求是，抓好理论学习和调查研究，确保主题教育取得实实在在的成效。

党的历次集中教育，都以思想教育打头，理论武装都是重中之重。只有把理论学习这个基础打牢，真正解决学习不深入、思想不统一、行动跟不上的问题，才能达到主题教育的预期目标，推动全党思想上统一、政治上团结、行动上一致。要推动理论学习往深里走、往实里走、往心里走，坚持读原著、学原文、悟原理是一条重要经验。毛泽东同志曾说："《共产党宣言》，我看了不下一百遍""每阅读一次，我都有新的启发"。马克思主义"真经"常念常新，越学越觉得有信心，越学越觉得有力量。还要发扬理论联系实际的优良学风，知不弃行，行不离思，要做到知行合一，必须坚持实践导向、干什么就重点学什么、缺什么就重点补什么，坚持不懈在深化内化转化上下功夫，自觉运用党的创新理论研究新情况、解决新问题，在学做结合中真正把马克思主义这个看家本领学到手。

调查研究是谋事之基、成事之道。衡量调查研究搞得好不好，关键要看调查研究的实效，看调研成果的运用，看能不能把问题解决好。面对社区停车难这样群众关心的"关键小事"，该怎样盘活各类资源，解决治理难题、满足居民诉求？针对填表留痕过度、没有实际内容的会议过多等形式主义问题，该怎样切实为基层减负、为干部鼓劲？调查研究是一门致力于求真的学问，一种见诸实践的科学，也是一项讲求方法的艺术。敢于接"烫手山芋"、钻"矛盾窝"，多到困难多、群众意见集中、工作打不开局面的地方调研，多解剖影响和制约改革发展的矛盾和问题，才能摸清社情民意，提升政策精准度，不断激发高质量发展新动能，持续增强人民群众的获得感、幸福感、安全感。

社会主义是干出来的，新时代是奋斗出来的。新征程是充满光荣和梦想的远征，没有捷径，唯有实干。面对前进道路上新的"娄山关""腊子口"，坚定理想信念，激扬"闯"的精神、"创"的劲头、"干"的作风，风雨无阻向前行，就一定能在推进中国式现代化的伟大实践中不断开辟发展新境界，更好实现人民对美好生活的向往。

（2023 年 11 月 15 日）

实实在在检视整改突出问题

——把实的要求贯穿主题教育全过程②

彭　飞

帮扶困难群众要做到应帮尽帮，但有些政策过去执行的是"依申请救助"，群众不了解政策，不主动申请，就享受不到政策实惠。有地方部门在深入调研中发现了这个问题，说改就改，转变工作作风，开展"找到你"专项行动，实现从"人找政策"到"政策找人"的转变……第二批主题教育中，各地区各部门各单位将检视整改摆在突出位置，把一个个"问题清单"转化为"成效清单"，化为群众实实在在的获得感。

习近平总书记今年10月在江西考察时强调，"实实在在检视整改突出问题"。中国共产党人干革命、搞建设、抓改革，从来都是为了解决中国的现实问题。解决真问题、真解决问题是评价检验主题教育成效的重要标准，主题教育开展得好不好，主要看检视问题、整改问题彻不彻底、到不到位。

对人民群众反映强烈的"靠路吃路"等问题开展集中整治，聚焦经营主体关切和体制机制障碍深化"放管服"改革……第二批主题教育涉及的单位和人员同群众的联系更直接，群众期待解决的问题更具体，要让群众看到实实在在的成效，就必须突出问题导向和实践特色，动真碰硬，真查实改，以新气象新作为回应群众的期待和要求。党员干部一方面要紧扣发展所需、改革所急、基层所盼、民心所向的问题，打通堵点、破解难点、消除痛点，打开事业发展新局面；一方面要发扬刀刃向内的自我革命精神，对标党风要求找差距、对表党性要求查根源、对照党纪要求明举措，让人民群众感受到扑面而来的新风正气，从而真正实现改造客观世界与改造主观世界的辩证统一。

检视整改不仅要解决现实而紧迫的问题，还要着眼长远、谋划将来。应坚持"当下改"与"长久立"相结合，注重从源头上解决问题，通过建章立制补齐短板。有的地方因地制宜学习推广"四下基层"优良传统，落实定期下访接访制度，形成解决复杂问题的长效机制；有的地方聚焦产业提档升级的关键点，建立"七链协同"抓产业、"走宣解"服务民营经济等机制，加快推进绿色发展……制度是管根本、管长远的，坚持以检促改、举一反三，不仅能够防止问题反弹，也实现了通过"解剖一个问题"推动"解决一类问题"。

问题是时代的声音。开展主题教育不是为了学而学，而要和中心任务结合起来，和推进中国式现代化结合起来。无论是建设现代化产业体系，还是全面推进乡村振兴；无论是健全社会保障体系，还是提高公共安全治理水平，各领域发展都还存在不少突出矛盾和问题，需要各地区各部门各单位担当职责使命，在不断检视整改中化解矛盾、解决问题、实现突破。广大党员干部要以主题教育为契机，树立和践行正确政绩观，提高推动高质量发展的本领，增强真抓实干的能力，创造经得起历史和人民检验的实绩。

真干出真业绩，实干成就梦想。眺望前方的奋进路，不驰于空想，不骛于虚声，以愚公移山的志气、滴水穿石的毅力扎实工作、埋头苦干，我们就一定能过了一山再登一峰、跨过一沟再越一壑，在不断破解难题中铸就新的更大辉煌。

（2023 年 11 月 16 日）

实实在在办好惠民利民实事

——把实的要求贯穿主题教育全过程③

尹双红

"户口本丢了，要去千里外的老家才能补办，要是工作所在地派出所能补办就好了""办理文化程度变更这种小事还要跑老家派出所好几趟，实在太不方便了"，有地方公安部门针对群众关于户籍工作的现实诉求，依托省级人口信息管理系统，推行"跨所通办"业务，实现了让数据多跑路，让群众少跑腿。第二批主题教育中，广大党员干部破难题、促发展，办实事、解民忧，这样实实在在的变化不断涌现。

习近平新时代中国特色社会主义思想具有鲜明的人民性，党的十八大以来的历次党内集中学习教育，本质上都是重温初心、感悟初心、践行初心的过程，"践行宗旨为民造福"是这次主题教育的五个具体目标之一。习近平总书记在江西考察时强调："实实在在办好惠民利民实事，用实干推动发展、取信于民。"

民生无小事，枝叶总关情。第二批主题教育在基层开展，同群众联系更直接，面对的矛盾问题更复杂，群众期待解决的问题更具体。在日常生活中，食品安不安全、暖气热不热、小区环境整洁不整洁、养老服务顺心不顺心……这些生活中的"关键小事"，反映着人民群众最关心最直接最现实的利益问题。人民群众最了解实际情况，最容易发现问题，最有解决问题的经验，也最能够创造出解决问题的办法。要发现问题、解决问题，就必须用好"从群众中来、到群众中去"这个党的根本工作路线和工作方法，扑下身子、沉到一线，问计问需于民，深入了解民情，精准把握民意，把工作做得细致些、再细致些，真正把好事实事做到群众心坎上。

发展是解决一切问题的基础和关键，要更好满足人民日益增长的美好生活需要，就必须不断解放和发展生产力，提高发展的质量和效益，推动高质量发展取得实实在在的成效。开展党内集中学习教育，就是为了解决矛盾问题，推动事业发展。要以主题教育为契机，深入查找影响和制约高质量发展的突出矛盾和问题短板，找准定位、明确方向、整合资源、精准发力。要树牢造福人民的政绩观，坚持打基础、利长远，一张蓝图绘到底，一茬接着一茬干，真正做到对历史和人民负责；坚持在发展中保障和改善民生，补短板、强弱项、堵漏洞，让人民群众不断获得更多的美好感受。

保障和改善民生没有终点，只有连续不断的新起点。新时代新征程，人民群众期盼有更好的教育、更稳定的工作、更满意的收入、更可靠的社会保障、更高水平的医疗卫生服务、更舒适的居住条件、更优美的环境、更丰富的精神文化生活。始终坚持以人民为中心的发展思想，以百姓心为心，有盐同咸、无盐同淡，把实现好、维护好、发展好最广大人民根本利益作为一切工作的出发点和落脚点，强化问题意识，突出问题导向，不弃微末、久久为功，才能以实际行动让发展成果更多更公平惠及全体人民。

习近平总书记强调："共产党就是为人民谋幸福的，人民群众什么方面感觉不幸福、不快乐、不满意，我们就在哪方面下功夫，千方百计为群众排忧解难。"树立和践行正确政绩观，狠抓落实、苦干实干，攻坚克难、勇毅前行，我们就一定能赢得民心、赢得未来，把中国式现代化的美好图景一步步变为现实。

（2023 年 11 月 21 日）

"努力做到'刚刚好'"

向贤彪

世间万物，皆有其度。对"度"的理解和把握，体现着能力与境界。

不久前，习近平总书记在新时代推动东北全面振兴座谈会上强调，"只要有信心，未来可期""当然我们也不要一味地追求奇迹，还是要怀平常心，把握住自己的历史定位"。2022 年，习近平总书记在海南考察时指出："无限发展行不通，过犹不及。一定要在国家对海南的定位中统筹谋划，努力做到'刚刚好'。"这启示我们，攻坚克难、砥砺前行，既要充满信心，也要注重科学方法，不断淬炼"度"的智慧。

度者，量与质的交汇点和分界线。古代有一种"欹器"，呈梭形，不能竖立，中间部分有两耳，以绳穿之，悬于两杆之间。当里面空着的时候，因重力作用，器皿是斜的；水至六分时，竖直而立；水逾七分，则发生倾覆。正所谓，"虚则欹、中则正、满则覆"。厨师恰当把握火候，才能烹饪出美味佳肴；医生准确把握剂量，才能让药品发挥效用；画家精巧调配色彩，才能绘出美妙作品。在中华优秀传统文化的语境中，"过犹不及""物极必反"等箴言，都揭示了把握好度的重要性。

在领导工作中，对度的把握尤显重要。2013 年，习近平主席在接受金砖国家媒体联合采访时指出，"领导者要深入了解国情，了解人民所思所盼，要有'如履薄冰，如临深渊'的自觉，要有'治大国如烹小鲜'的态度"。

这意味着，既要举轻若重、一丝不苟，也讲究分寸、火候。比如，从夯基垒台、立柱架梁，到全面推进、积厚成势，再到系统集成、协同高效，全面深化改革一路蹄疾步稳、勇毅前行，让群众拥有了满满的获得感。正是因为对改革力度、速度、广度和深度的科学把握，稳中求进、循序渐进，才推动一项项具体措施落地生根、造福百姓。

对度的把握，既是理论问题、又是实践问题，需要在知与行的统一中努力践行。就决策层面而言，实践表明，一切从实际出发，从适时、适情、适意等角度多思考、深调研、细分析，才能切实把握好度，真正做到科学决策。进而言之，做到适时，不贸然超前，亦不慢拍滞后；适情，善于把握契合点；适意，使决策符合客观实际、符合群众意愿，成为推动发展、惠及民生的"实点子""金点子"。同时，在快速变动的实际中掌握好度，亦是做好工作的必然要求。比如，在城市建设和管理过程中，应当做到开发有度、发展有度，致力于让居民生活更美好。

"努力做到'刚刚好'"，说到底就是按规律办事，运用好辩证法。深刻认识规律、把握规律，才能正确判断形势，做到见势早、谋事准、行动快，从而在工作中掌握主动。学会运用辩证法，把"度"放在心中，才能做到收放自如、进退有度，少走弯路、避免失误，推动各项工作落到实处、取得实效。

（2023 年 11 月 14 日）

鼓足干事创业的精气神

魏顺庆

在江西九江漫步长江江岸，登上琵琶亭远眺，一江清水、两岸青翠，心旷神怡。九江人还记得，曾经露天矿让青山挂白，采砂船让长江蒙尘，长江岸线一度病得不轻。"最美岸线"的生态之变，见证"共抓大保护，不搞大开发"的决心和力度，映照广大党员干部"笃行不怠，一以贯之，久久为功"的担当和作为。

干部干部，干字当头。习近平总书记在江西考察时强调"教育引导党员、干部坚定理想信念、牢记初心使命、积极开拓进取、勇于担当作为"；在浙江考察时强调"健全干部担当作为激励保护机制"；在江苏考察时强调"鼓足干事创业的精气神"……习近平总书记关于激励党员干部担当作为的重要要求，为广大党员干部聚焦干事创业、勇于担当作为提供了指引。既想干愿干积极干，又能干会干善于干，我们才能用实干推动发展、取信于民，为不断开辟事业发展新局面奠定坚实基础。

社会主义是干出来的，幸福是奋斗出来的。推进伟大事业，党员干部应担当使命、奋发有为。从焦裕禄"革命者要在困难面前逞英雄"，到廖俊波"认准的事，背着石头上山也要干"，再到黄文秀"用自己的力量为他人、为国家、为民族、为社会作出贡献"，时代条件不同，但为民服务的情怀一脉相承，担当作为的品质始终如一。一大批优秀干部在平凡岗位成就不凡业绩，树立起敢于担当、善于作为的榜样。新征程上，想干事、能干事、敢担当、善作为的党员干部源源不断涌现出来，中国式现代化道路就可以越走越宽。

干事担事，是干部的职责所在，也是价值所在。干事就要创造业绩，创造业绩必须树立正确政绩观，解决好为谁创造业绩、创造什么样的业绩、怎样创造业绩的问题。"民之所好好之，民之所恶恶之"，为民办事、为民造福是共产党人最重要的政绩，为老百姓办了多少好事实事是检验政绩的重要标准。始终把人民安居乐业、安危冷暖放在心上，用心用情用力解决群众关心的实际问题，一件一件抓落实，一年接着一年干，努力让群众看到变化、得到实惠，党员干部就能赢得百姓的好口碑。

激励党员干部担当作为，需要营造有利于干事创业的良好环境。要用好干部考核评价的"指挥棒"，把担当作为的标杆树起来。通过完善干部担当作为激励和保护机制，形成能者上、优者奖、庸者下、劣者汰的良好局面。要坚持严管和厚爱相结合，加强对干部全方位管理和经常性监督，落实"三个区分开来"，激励干部敢于担当、积极作为。各级领导干部要敢于为担当者担当、为负责者负责、为干事者撑腰，着力消除妨碍干部担当作为的各种因素，让愿担当、敢担当、善担当蔚然成风。

推进强国建设、民族复兴伟业，广大党员干部干事创业的舞台无比广阔，承担的使命无比光荣。真抓实干、挺膺担当，以时时放心不下的责任感为党和人民履好职、尽好责，把初心和使命变成锐意进取、开拓创新的精气神和埋头苦干、真抓实干的原动力，党和人民的事业必能不断从胜利走向胜利。

（2023 年 11 月 13 日）

"确保受灾群众安全温暖过冬"

彭　飞

牵挂人民急难愁盼，关心群众安危冷暖。11月10日，习近平总书记在北京、河北考察灾后恢复重建工作，指出"大涝大灾之后，务必大建大治"，强调"确保受灾群众安全温暖过冬是一项硬任务"，要求"取暖工作务必落实落细，做到每家每户"。

今年7月底8月初，华北、黄淮等地出现极端降雨，引发洪涝和地质灾害，造成北京、河北等地重大人员伤亡。习近平总书记一直牵挂着受灾群众，高度重视防汛抗洪救灾和灾后恢复重建工作。强调"切实把保障人民生命财产安全放到第一位，努力将各类损失降到最低"，要求"全力搜救失联、被困人员，做好受伤人员救治和遇难者家属安抚工作"，嘱咐"确保受灾群众温暖过冬，确保灾区学生有学上，尽快恢复灾区正常生产生活秩序"……一系列重要讲话和指示批示，为做好各项工作指明了方向、提供了遵循。此次考察，习近平总书记来到群众家中、走进房屋重建施工现场，详细了解房屋受损、修缮支出、施工进展、冬季取暖等情况，对确保广大人民群众安居乐业、温暖过冬提出明确要求。殷切的嘱托、不尽的牵挂，彰显人民领袖深厚的人民情怀，让受灾地区广大干部群众倍感温暖、备受鼓舞，凝聚起灾后恢复重建的强大力量。

房屋修缮加固重建，是灾后恢复重建的头等大事。今年9月，习近平总书记在黑龙江考察时指出："灾区下一步的考验就是温暖过冬，要尽快恢复灾区正常生产生活秩序。"近期，北京、河北等地针对冬季来临，持续加大受损房屋修缮重建进度，给受灾群众带来实实在在的获得感。北京房山西太平村，地处山区，灾害发生时，"户户都过水"，最后算下来，需要重建5户、修缮11户。如今，修缮重建顺利推进，许多受损房屋修缮工作已经完成，村民还换了新窗户，把暖气片换成了地暖，比以前更暖和。受损房屋修缮重建，承载群众生活期盼。对少数经济条件困难的受灾群众，如何保障其住有所居？在河北涿州刁窝四村，村委会联系施工单位，统一为8户困难群众在原址建设安置房，大大降低重建成本，并由村集体先行垫付资金。"比过去老房子住着方便""过冬也不怕冷了"，村民的感慨，道出了心中的温暖感受。坚持查漏补缺，把工作进一步做细做实，汇聚基层组织、党员干部、街坊邻里、各方面专业力量和志愿者的强大合力，加强对困难群众特别是受灾群众的救助帮扶，才能确保受灾群众的基本生活和安全温暖过冬。

当前，受灾地区房屋修缮、加固的任务已基本完成，任务最重、难度最大的还是重建。习近平总书记指出："对重建户，各级党委和政府要格外关心，过渡期有特殊困难、自身无法解决居住问题的，要给予适当安置。要采取切实有效措施，防止因灾返贫。"受灾地区党委和政府及有关部门要认真贯彻落实党中央决策部署，再接再厉抓好灾后恢复重建。从"努力帮助受灾群众和企业、商户渡过难关"，到"家家户户生活和社区居住环境的恢复"；从"提升城市运行保障能力"，到"大幅度提高水利设施、防汛设施水平"；从"继续抓紧修复灾毁农田和农业设施"，到"把恢复重建与推动高质量发展、推进韧性城市建设、推进乡村振兴、推进生态文明建设等紧密结合起来"，都要统筹推进、落实落细，切实做到让人民群众安心、放心、暖心。

走在河北涿州万全庄村，新铺的沥青路平坦整洁，粉刷的墙面美观大方，墙上胡良晓月、双塔晴烟等"涿州八景图"引人注目。很难想象，眼前这个美丽的小村庄，3个月前刚刚遭受过严重的洪涝灾害。中华民族同自然灾害斗了几千年，这样的重建速度和力度前所未有、令人惊叹。风雨之后见彩虹。经历过无数风雨的中国人民，在党中央坚强领导下，齐心协力、迎难而上、不懈奋斗，一定能战胜各种风险挑战，过上更加美好的生活。

（2023 年 11 月 12 日）

担当使命　守正创新　奋发有为

——写在第二十四个中国记者节

殷陆君

在文化遗址考古发掘现场，报道最新发现；在"村超"赛场，定格球员奔跑拼抢的精彩瞬间；在防汛抗洪救灾第一线，直播军民众志成城的感人场景；在改革开放前沿，向世界展示中国推进高水平开放和高质量发展的最新成果……新闻工作者与人民同行、与时代同行，用手中的笔和镜头，忠实记录时代潮头涌起的一朵朵浪花，满怀热忱展现伟大人民的不懈奋斗，生动展示新时代中国昂扬向上的精神风貌。

今年11月8日是第二十四个中国记者节。传播党的政策主张、记录时代风云、推动社会进步、守望公平正义，广大新闻工作者深入实际、深入生活、深入群众，不断增强脚力、眼力、脑力、笔力。前不久召开的全国宣传思想文化工作会议正式提出和系统阐述习近平文化思想，对当前和今后一个时期宣传思想文化工作作出重要部署，为广大新闻工作者指明了前进方向。围绕在新的历史起点上继续推动文化繁荣、建设文化强国、建设中华民族现代文明这一新的文化使命，举旗帜、聚民心、育新人、兴文化、展形象，新闻工作者责任重大、大有可为。

勇当引领者。宣传思想文化工作事关党的前途命运，事关国家长治久安，事关民族凝聚力和向心力，是一项极端重要的工作。习近平文化思想为做好新时代新征程宣传思想文化工作、担负起新的文化使命提供了强大思想武器和科学行动指南。先学一步、学深一层，深刻领悟精髓要义，准确把握实践要求，做到学思用贯通、知信行统一，才能把学习成效转化为做好宣传思想文化工作、推动文化繁荣的强大动力，做引领时代的新闻工作者。

当好传播者。深学细悟习近平文化思想，高质高效传播弘扬中华优秀传统文化，新闻工作者责无旁贷。作为专业的传播者，应结合社会关注的热点难点问题，广泛开展接地气、有生气的宣传阐释，展现党的创新理论直抵人心的力量。同时，围绕强信心、聚民心、暖人心、筑同心的要求，改进宣传方式，创新传播形式，让党的声音传得更开更广更深入，鼓舞全党全国各族人民朝着党中央确定的目标风雨无阻向前行。

善当实践者。在真学真懂真信真用、深化内化转化上下功夫，方能把学习习近平文化思想转化为提升新闻舆论传播力、引导力、影响力、公信力的本领能力。坚持导向为魂、移动为先、内容为王、创新为要，以更大的步伐、更多的办法推进媒体融合发展；提高舆论引导能力，在关键时刻敢于发声、善于发声，敲响"定音鼓"，营造良好舆论氛围；坚持不懈改进文风，发声走心、传播用心，引人入胜、启智润心，生动讲好中国故事、传播好中国声音……知行合一、不弃微末、久久为功，就能让正能量更加充沛、主旋律更加高昂。

今日之中国，江山壮丽、人民豪迈、前程远大，中华文化的"一池春水"生机勃勃。历史长河奔涌向前，时代号角催人奋进。在强国建设、民族复兴的新征程上，葆有守正创新的正气和锐气，铭记"铁肩担道义，妙手著文章"的责任，在实践创造中进行文化创造，在历史进步中实现文化进步，广大新闻工作者定能为巩固壮大主流思想舆论、建设中华民族现代文明贡献更多力量。

（2023 年 11 月 08 日）

永葆共产党人的政治本色

张　辉

《尚书》有云："与人不求备，检身若不及"。习近平总书记引用这句古语，指出"要有'与人不求备，检身若不及'的精神，时刻自重自省自警自励"，强调"年轻干部要有'检身若不及'的自觉，经常对照党的理论、对照党章党规党纪、对照初心使命、对照党中央部署要求，主动查找、勇于改正自身的缺点和不足"。

中华文化一直有严于律己、克己修身的传统。"吾日三省吾身""行有不得，反求诸己""古之君子，其责己也重以周，其待人也轻以约"，说的都是这个道理。检视自身、自省自励不仅是一种文化自觉，更是中国共产党人改造主观世界、加强党性修养的内在要求。敢于正视问题、勇于自我批评、勤于改正错误，这是共产党人实事求是的态度。

习近平总书记指出："我们共产党人开展自我批评，根本动力来自党性，来自对党和人民事业高度负责的精神。"增强"检身若不及"的自觉，关键要秉持一颗公心、涵养一颗责任之心。1941 年，重庆红岩村八路军办事处的生活条件极其艰难。有一次，在月底结算时，发现本不能报销的 6 角钱却差点给报销了。为此，掌管办事处财务工作的中共南方中央局常委、统战工作委员会书记董必武十分自责。他对身边的同志说，我们党的经费来得不容易，每分每厘都是同志们用血汗甚至生命换来的，我们只有精打细算的责任，没有浪费铺张的权力。之后，他主动在办事处召开的会议上作检查，并向党中央写了检讨信。这体现的正是革命先辈始终把人民利益放在第一位的坚定选择，折射一心为公、廉洁自律、防微杜渐的责任担当。

增强"检身若不及"的自觉，必须时刻用党章、用共产党员标准要求自己，经常进行思想政治体检、打扫思想政治灰尘。从扎实开展党内集中学习教育，到认真开好民主生活会、组织生活会，各级党组织和广大党员干部在思想上政治上不断进行检视、剖析、反思，同党中央要求"对标"，拿党章党规"扫描"，用人民群众新期待"透视"，同先辈先烈、先进典型"对照"，党的创造力、凝聚力、战斗力显著提高。实践表明，只有把自己摆进去、把职责摆进去、把工作摆进去，用好批评和自我批评这个锐利武器，才能不断提高思想境界、锻造过硬本领。

古人讲"闻过则喜"，我们要涵养虚心接受批评的胸怀和气度，对待同志们的批评、群众的意见，做到胸襟开阔、诚恳接受，有则改之、无则加勉。要多站在群众角度想问题、办实事，把群众所忧所盼变成改进工作的突破口，用群众的满意度检验问题整改成效，在知行合一中检视自身、锤炼党性、践行宗旨。

"多想一想我们的工作怎么样，有没有对不起党和人民的地方。"杨善洲质朴的话语，道出了共产党人时刻的党性追求和时时放心不下的责任担当。新征程上，我们要增强"检身若不及"的自觉，永葆共产党人的政治本色，努力创造不负时代、不负人民的新业绩。

（2023 年 11 月 06 日）

"营造家庭文明新风尚"

周　南

　　家风家教是一个家庭最宝贵的财富，家庭文明是社会文明的基石。近日，习近平总书记在同全国妇联新一届领导班子成员集体谈话时强调："要讲好家风故事，引导广大妇女发挥在弘扬中华民族传统美德、树立良好家风方面的独特作用，营造家庭文明新风尚。"

　　家风是一个家庭的精神内核，也是一个社会的价值缩影。家庭和睦、家教良好、家风端正，子女才能健康成长，社会才能健康发展。在涵养家教、培育家风方面，妇女具有独特作用。中国古代流传下来的"陶母拒鱼""岳母刺字""画荻教子"等故事，讲的正是这样的道理。老舍先生曾经说过，"我真正的老师，把性格传给我的，是我的母亲。母亲并不识字，她给我的是生命的教育"。母亲的言谈举止、道德品行，对子女价值观念的塑造、行为习惯的养成，具有重要影响。

　　今天，女性自尊自信、自立自强的时代风采，坚韧从容的性格品德，在千行百业里闪光，也是促进家庭和睦、社会和谐不可或缺的特质。广大妇女将这些美好特质注入家庭建设，不仅能提升每一个家庭的温馨感、凝聚力，更有助于在潜移默化、春风化雨中，推动全社会传承中华民族传统美德，弘扬清风正气。从这个角度来说，更好发挥妇女在家庭美德建设中的作用，关系家庭和睦、社会和谐，也关系国家发展、民族进步。

党的二十大报告提出，"加强家庭家教家风建设"。如今，越来越多优秀妇女代表厚植家国情怀，以小家庭的和睦共建大社会的和谐。在江西，"将军农民"甘祖昌和全国道德模范龚全珍的女儿甘公荣，扶危济困、热心公益，用实际行动传承红色家风；在广东，"民间河长"黄敏文带动家人投身护河行动之中，以"绿色家庭"建设助力城市环境越来越美。家是最小国，国是千万家。新征程上，广大妇女既爱小家，也爱国家，带领家庭成员共同升华爱国爱家的家国情怀、建设相亲相爱的家庭关系、弘扬向上向善的家庭美德、体现共建共享的家庭追求，推动社会主义核心价值观在家庭落地生根，就能以千千万万家庭的好家风支撑起全社会的好风气。

每一位妇女都是时代的书写人、追梦的奋斗者。在新时代的广阔舞台上，广大妇女既是伟大事业的建设者，也是文明风尚的倡导者。让她们更好承担起时代赋予的角色，不仅需要点燃巾帼奋进的热情，更需要全社会营造良好的环境。从为妇女参与经济社会发展创造更多条件、搭建更好平台，到帮助妇女处理好家庭和工作的关系，只有在这些方面更好着力，才能让广大妇女真正做到对社会有责任、对家庭有贡献。

"将教天下，必定其家，必正其身。"从历史上的家教故事，到结集成册的传世家训，无不在讲述着良好家风家教的重要作用。奋进新征程，广大妇女充分发挥在弘扬中华民族传统美德、树立良好家风方面的独特作用，让爱国爱家、相亲相爱、向上向善、共建共享的文明新风尚充盈千家万户，就能为强国建设、民族复兴注入更多奋发向上的精神力量。

（2023 年 11 月 01 日）

把握创新规律　坚定攻关步伐

施　芳

在昌河飞机工业（集团）有限公司强调"坚持创新驱动，在关键核心技术自主研发上下更大功夫"；在哈尔滨工程大学勉励青年学子"树牢科技报国志，刻苦学习钻研，勇攀科学高峰"；在江苏南瑞集团有限公司智能制造生产区阐述"我们说大器晚成，大器是什么？就是那些最好的东西、最高精尖的东西，这些东西都不是一下子可以做成的，都要下很大的功夫，甚至要用毕生精力"……习近平总书记关于科技创新的重要论述，为科技工作者指明了努力方向。

中国式现代化关键在科技现代化。关键核心技术是要不来、买不来、讨不来的，国之重器不是一朝一夕能建成的，都需要付出持久而艰苦的努力。总书记的重要讲话精神，是对科技创新规律的深刻揭示，也为科技工作者肩负起实现高水平科技自立自强的时代重任指明了方向路径。广大科技工作者只有把自己的科学追求融入建设社会主义现代化国家的伟大事业中去，树立敢于创造的雄心壮志，敢于提出新理论、开辟新领域、探索新路径，在独创独有上下功夫，才能多出高水平的原创成果，实实在在造福人民、造福社会。

在科研的道路上，目标越远大，脚步越要务实而坚定。成大器，必须打好基础、储备长远，正所谓"九层之台，起于累土"。从"两弹一星"

到北斗导航，从国产航母到国产大飞机，无不是靠一代代科学家锚定目标、扎实积累而不断取得突破。欲在"大器"上实现飞跃，研究方向的选择要坚持需求导向，坚持面向世界科技前沿、面向经济主战场、面向国家重大需求、面向人民生命健康，不断向科学技术广度和深度进军。千里之行，始于足下，拿出"越是艰险越向前"的韧劲，努力提升原始创新能力，广大科技工作者定能在科技创新的征程上爬坡过坎、攻坚克难。

黄旭华隐姓埋名30年，最终率领团队研制出核潜艇关键技术；南仁东埋首攻关二十余载，为打造世界最大单口径射电望远镜作出卓著贡献……无数事例表明，科学家的优势不仅靠智力，更靠专注和勤奋，经过长期探索才能在某个领域形成深厚积淀。无论求知求学还是科研攻关，都没有捷径可走。"志行万里者，不中道而辍足"，无论哪一个科学领域，越是接近未知的"无人区"、创造的"高寒区"，越是要坐稳"冷板凳"，以"一辈子办成一件事"的执着，奋力攻关，登上科学的高峰。

科技创新等不得，也急不得，需要宽松包容的科研环境，形成有利于基础研究的科研生态。科学研究有其自身的规律，一个公式可能需要成千上万次缜密推演才能得到科学论证，一项从"0"到"1"的原创性突破甚至需要科学家付出一辈子的心血。助力科技工作者心无旁骛搞创新，就需要给他们营造宽容失败、自由探索的科研环境。要科技事业成果倍出，就要下更大气力深化科技体制改革。遵循科技工作者成长成才规律，为他们排忧解难、松绑减负、加油鼓劲，激活科技创新的"一池春水"，才能让更多创新型人才竞相涌现。

中国要强，中国人民生活要好，必须有强大科技。深入实施创新驱动发展战略，大力建设创新型国家和科技强国，广大科技工作者大有可为。心系"国家事"、肩扛"国家责"，善作善成、久久为功，科技工作者定能在新征程上勇立新功。

（2023年10月30日）

"在辛勤劳动、诚实劳动、创造性劳动中成就梦想"

崔　妍

科研人员埋头苦干、潜心钻研，勇闯科学"无人区"；数百万名驻村干部、第一书记投身脱贫攻坚主战场，助力书写反贫困斗争的中国奇迹；10余万建设大军奋战在雄安新区，铺展未来之城的壮美画卷……新时代以来，广大职工群众在各自岗位上发光发热，在不懈奋斗中创造价值，那些拼搏的身姿，成为一道道亮丽风景。

习近平总书记在同中华全国总工会新一届领导班子成员集体谈话时指出："要大力弘扬劳模精神、劳动精神、工匠精神，发挥好劳模工匠示范引领作用，激励广大职工在辛勤劳动、诚实劳动、创造性劳动中成就梦想。"劳动是一切幸福的源泉。弘扬劳模精神、劳动精神、工匠精神，让劳动光荣、创造伟大成为时代强音，我们就能为扎实推进中国式现代化凝聚起团结奋进的强大力量。

"不惰者，众善之师也。"中国特色社会主义现代化强国大厦，需要广大劳动者添砖加瓦去建设。天津港第一港埠有限公司拖头队副队长成卫东，为提高拖车效率，一把停进车库的绝技练了8年，完成同样的运输任务，他带领的班组比别人快30%。90后核级焊工师延财，在手腕上吊两块砖，苦练焊接技巧，成为"免检焊工"，为核电机组稳定运行保驾护航。每一份收获、每一项成就，都是靠一步一个脚印的扎实工作得来的。脚踏实地，辛勤付出，广大职工群众挥洒的点滴汗水，必将汇聚成国家发展和事业进步的壮阔长河。

人世间的美好梦想，只有通过诚实劳动才能实现。习近平总书记曾勉励大家"立足本职岗位诚实劳动"，指出"在工厂车间，就要弘扬'工匠精神'，精心打磨每一个零部件，生产优质的产品。在田间地头，就要精心耕作，努力赢得丰收。在商场店铺，就要笑迎天下客，童叟无欺，提供优质的服务"。"海岛"电工赵儒新，三十多年如一日，为服务 12 座小岛上 237 户居民的生活需要全天候"待命"，守护万顷碧波上的灯火。非遗传承人石濡菲，坚持诚信经营理念，无私传授传统技艺，带动当地茶农增收，用实际行动诠释了"诚实兴业"的传统美德。实践表明，无论从事什么职业，只要诚实劳动，干一行、爱一行、钻一行，就能在平凡岗位上创造不平凡的业绩。

勇于创新、敢为人先，是新时代劳动者的优秀品质。当前，新一轮科技革命和产业变革迅猛发展，世界主要国家综合国力和科技的竞争更趋激烈，对优秀人才的需求更加迫切，创造性劳动的重要意义更加凸显。从高性能装备、增材制造、激光制造等取得突破，到硬质合金微钻、纳米微球、"手撕钢"等极端制造取得新进展，再到人工智能、区块链、量子通信、智能驾驶不断突破……高质量发展的背后，凝结着无数劳动者敢为人先的实践和探索，呼唤更多奋斗者释放创新创造潜能。面向未来，无论身处什么岗位，广大职工群众都应勤学苦练，深入钻研，勇于创新，不断提高技术技能水平，努力打开事业发展新天地，创造更加美好的明天。

劳动创造幸福，奋斗铸就伟业。新征程上，坚持辛勤劳动、诚实劳动、创造性劳动，以昂扬的姿态、进取的态度谱写新时代劳动者之歌，广大职工群众就一定能为强国建设、民族复兴不断添砖加瓦、增光添彩，在新征程上赢得新的荣光、铸就新的伟业。

（2023 年 10 月 29 日）

为全球城市发展提供有益借鉴

田　泓

今年 10 月 28 日至 31 日，上海将举办全球可持续发展城市奖（上海奖）颁奖活动暨 2023 年世界城市日中国主场活动。各国宾朋聚首黄浦江畔，共同关注城市可持续发展，共同见证"上海奖"首次颁发，必将有力推动国际社会聚焦城市可持续发展，建设包容、安全、韧性和可持续的城市和人类住区。

世界城市日是联合国设立的首个以城市为主题的国际日，也是首个由中国政府发起，并得到国际社会广泛认可和支持的国际日。国家主席习近平向 2022 年世界城市日全球主场活动暨第二届城市可持续发展全球大会致贺信指出："世界城市日全球主场活动秉承'城市，让生活更美好'理念，致力于推动全球城市可持续发展，对共创普惠平衡、协调包容、合作共赢、共同繁荣的发展格局具有重要意义。" 2023 年世界城市日中国主场活动主要包括 1 场开幕式、20 多场分论坛和边会、展览展示等。以世界城市日为契机碰撞城市发展智慧、交流城市治理经验，有助于深刻认识城市在经济社会发展、民生改善中的重要作用，为提升城市治理效能、推动城市可持续发展凝聚共识和力量。

世界城市日是中国向国际社会提供推动全球城市可持续发展的中国智慧和中国方案，宣传我国城市建设理念、经验和成就，以生动案例讲好中国城市发展故事的国际平台。提出以疏解北京非首都功能为"牛鼻子"的京津冀协同发展战略，叮嘱上海提高社会主义现代化国际大都市治理能力和水平，部署加强食品安全监管、公立医院高质量发展、重要民生商品价格调控、垃圾分类等攸关民生福祉的大事小情……党的十八大以来，以习近平同志为核心的党中央不断加强党对城市工作的领导，坚持人民城市为人民，推进以人为核心的新型城镇化，走出了一条中国特色城市发展道路。世界城市日的知晓度和影响力不断提升，充分展示了中国推动构建人类命运共同体、让城市更美好的不懈努力和大国担当。

城市是经济社会发展和人民生产生活的重要载体，是现代文明的标志。黄浦江和苏州河岸线贯通开放，岸线公共空间持续优化，产业能级逐步提升；"道路+"的宜人街区、"生活圈+"的便捷服务、"公园+"的多彩天地，见证城市宜居水平持续提升；"一网通办""一网统管"等改革，让城市治理更加智慧……上海的积极探索和实践，是新时代中国推进新型城镇化建设的一个缩影。在世界城市日进一步讲好中国城市发展故事，在经济活力与城市繁荣、生态建设与绿色转型、城市安全与韧性发展等方面总结经验、贡献方案，将为全球城市发展提供有益借鉴、注入强劲动能。

城市发展有效带动整个经济社会发展，城市建设是现代化建设的重要引擎。预计到2050年，全球居住在城市的人口将增至约68%。近年来，受全球新冠疫情、投资疲软、增长乏力等影响，全球许多城市在教育、卫生、减贫和基础设施等领域发展成果如何巩固上遇到新情况新问题，在应对气候环境变化等方面也遇到新挑战。实现更绿色、更具包容性的发展，必须有效融合资源，支撑实现城市各项发展目标。今年世界城市日的主题确定为"汇聚资源，共建可持续的城市未来"。集思广益、携手同行，探寻更多增强城市整体性、系统性、宜居性、包容性和生长性的有效路径，就能不断开创城市现代化建设新局面。

城市工作是一个系统工程。奋力谱写新时代城市发展新篇章，必须顺应城市工作新形势、改革发展新要求、人民群众新期待，坚持以人民为中心的发展思想，坚持人民城市为人民。着力创造更美好的城市、更幸福的生活，必能让人民群众获得感、幸福感、安全感更加充实、更有保障、更可持续，为世界共建可持续的城市未来作出更多中国贡献。

（2023 年 10 月 28 日）

顽强拼搏　超越自我

苏　砥

　　杭州亚残运会田径赛场上，一名沙特选手在终点前不慎摔倒。当工作人员上前询问是否继续比赛并试图给予帮助时，这名选手却坚持起身，在现场观众的加油呐喊声中，最终抵达终点。永不放弃、顽强拼搏，亚残运会上的运动员们以坚强的意志和品格，赢得赛场内外的敬重。

　　美好的梦想引领奋斗，不屈的精神震撼人心。习近平总书记曾引用一位视障运动员在赛场上说过的话："我看不清世界，但我想让世界看到我。"杭州亚残运会，为参赛的残疾人运动员们提供了一束温暖的"聚光灯"，打造了一个"被看见"的舞台。来自44个国家（地区）的残疾人运动员，在西子湖畔挥洒汗水，在钱塘江边勇敢逐梦，创造了一个又一个超越自我的精彩瞬间，书写下一段又一段团结友爱的人间佳话。"杭州亚残运会将是有史以来最好的一届"，亚残奥委员会主席马吉德·拉什德的感慨，道出了许多人的心声。

　　"这里！我家！我玩命地坚持""我是杭州人，在家门口比赛不用心，到哪里去用心"……截至25日已经斩获3枚金牌的中国自行车残疾人运动员李樟煜，尽管因先天疾病而口齿不清，却用不懈的拼搏、深情的告白，感动了无数网友。本届亚残运会上，运动员平均年龄只有26.5岁的中国残疾人体育代表团，在金牌榜、奖牌榜上持续保持领先。一次又一次拼尽全力，一次又一次打破纪录，一次又一次书写传奇，中国残疾人运动员克服重重困难，以优异的运动成绩，成就了属于自己的闪光时刻，为祖国和人民赢得了荣誉，展现出新时代中国残疾人自强不息的精神风貌。他们的出色表现、坚强意志、爱国热情，生动诠释了中华体育精神，传递出强大正能量，鼓舞和激励着全国人民在强国建设、民族复兴新征程上拼搏奋斗。

对残疾人来说，体育的价值和意义远不止比赛成绩本身。体育更是残疾人增强体质、康复身心、参与社会、实现全面发展的有效途径。在轮椅篮球队首场小组赛中获得 17 分的中国运动员秦旭磊，感叹是篮球让他"树立了乐观面对生活的信念"。在草地掷球女子个人 B2 金牌赛中获得冠军的中国选手朱夏丽，曾因先天性视力障碍而不爱与外界交流，后在教练和队友的帮助下敞开心扉，直言"我越来越快乐"。练习举重近 20 年的叙利亚运动员努拉·巴杜尔，对这个项目始终保持热爱，坦言"举重让我获得鲜花和掌声，更让我找到了自己"。无数残疾人在体育运动中找到人生意义和方向，在观众喝彩声中收获尊重与理解。

习近平总书记指出："残疾人是一个特殊困难的群体，需要格外关心、格外关注。"杭州亚残运会上，无障碍设计理念体现在场馆的每个角落，"会说话"的观众手册、"摸得到"的服务指南，各类手语翻译、各类视觉辅助服务一应俱全，"有爱无碍"的场馆环境令人感到温暖。场馆运行团队的每一名工作人员践行"蹲下来服务"的理念，主动问、用心听、重细节，做到让残障人士舒心、暖心、安心。杭州亚残运会启示我们，切实尊重和保障广大残疾人参与体育运动的权利，完善残疾人社会保障制度和关爱服务体系，才能更好促进残疾人身心健康，为他们顽强拼搏、敢于追梦、成就人生创造更好条件。

"如米小的桂花，之所以被称为'花中第一流'，恰恰因为它逆时绽放的力量、枯萎仍香的坚韧。"亚残运会开幕式总撰稿人的一番话，道出了自强不息、不屈不挠的生命力量。亚残运会精彩还在继续，让我们继续感受超越自我、突破极限的竞技之美、精神之美、生命之美！

（2023 年 10 月 27 日）

"激发广大职工的劳动热情、创造潜能"

彭　飞

劳动创造幸福，奋斗铸就伟业。近日，习近平总书记同中华全国总工会新一届领导班子成员集体谈话并发表重要讲话，指出"要围绕贯彻新发展理念、构建新发展格局、推动高质量发展，广泛深入开展各种形式的劳动和技能竞赛，激发广大职工的劳动热情、创造潜能，在各行各业各个领域充分发挥主力军作用"，鼓舞和激励着亿万劳动群众以更加饱满的热情、昂扬的姿态奋进新征程、建功新时代。

新时代是奋斗者的时代。党的十八大以来，在以习近平同志为核心的党中央坚强领导下，我国工人阶级在党和国家事业发展中发挥了主力军作用，工运事业取得历史性成就，工会工作实现全方位进步。回望新时代以来的不凡历程，从港珠澳大桥、白鹤滩水电站、"华龙一号"核电机组等重大工程，到"嫦娥"探月、"蛟龙"深潜、"北斗"组网等科技奇迹；从污染防治、精准脱贫等攻坚战役，到生产经营、田间耕作、站岗执勤等日常工作，各条战线、各个岗位上，都留下了劳动者的坚实足迹和辛勤汗水。广大职工群众与党同心、跟党奋斗，在波澜壮阔的实践中展现了敢打硬仗、勇挑重担的时代风采，谱写了"中国梦·劳动美"的动人篇章。实践充分证明，社会主义是干出来的，新时代是奋斗出来的；在当代中国，工人阶级和广大劳动群众始终是推动我国经济社会发展、维护社会安定团结的根本力量。

　　人民创造历史，劳动开创未来。党的二十大擘画了全面建设社会主义现代化国家、以中国式现代化全面推进中华民族伟大复兴的宏伟蓝图。实现这一宏伟蓝图，根本上靠劳动、靠劳动者创造。必须深刻认识到，推进中国式现代化是一项前无古人的开创性事业，还有许多未知领域需要大胆探索，还会遇到各种可以预料和难以预料的风险挑战，必须紧紧依靠人民、始终为了人民，尊重人民群众主体地位和首创精神，把人民群众中蕴藏着的智慧和力量充分激发出来，才能不断爬坡过坎、攻坚克难，实现既定目标。正如习近平总书记强调的，"我们的现代化既是最难的，也是最伟大的""无论时代条件如何变化，我们始终都要崇尚劳动、尊重劳动者，始终重视发挥工人阶级和广大劳动群众的主力军作用"。

　　充分激发广大劳动群众的劳动热情和创新创造活力，需要全社会各方面形成合力，在保障劳动者合法权益，提高劳动者素质，形成崇尚劳动、尊重劳动者良好氛围等方面下足功夫。新时代以来，从出台《新时期产业工人队伍建设改革方案》，为加快建设高素质产业工人队伍明确"路线图""时间表"，到完善多渠道灵活就业的社会保障制度，维护好卡车司机、快递小哥、外卖配送员等的合法权益；从推动完善现代职业教育制度、职业发展制度，加大产业工人职业技能培训力度，助力职工成长成才，到评选表彰"全国技术能手""全国五一劳动奖章""最美职工"等致敬奋斗者，营造劳动光荣、争当先进的浓厚氛围……工人阶级和广大劳动群众的获得感、幸福感、安全感持续提升，劳动热情进一步焕发、创造潜能不断释放。新征程上，坚持全心全意依靠工人阶级的根本方针，充分调动广大职工群众的积极性、主动性、创造性，积极投身全面推进强国建设、民族复兴的伟大事业，就一定能凝聚起无坚不摧、无往不胜的磅礴力量。

　　新时代的劳动者，心中有梦想，肩头有担当，手上有干劲，脚下有方向。打造更好舞台、创造优良环境、提供有利条件，广大劳动群众必将在新时代的广阔天地中，用汗水浇灌出一个更加欣欣向荣的中国，用双手打拼出更加美好的未来。

（2023 年 10 月 26 日）

在守正创新中赓续历史文脉

林翊岚

"心相约，梦闪耀"。10 月 22 日晚，第四届亚洲残疾人运动会开幕式在浙江杭州奥体中心体育场隆重举行。用"金桂花冠"向每一名运动员传递"逐梦折桂、舍我其谁"的美好寓意，以"金石篆刻"的艺术化表现诠释残疾运动员"精诚所至，金石为开"的拼搏精神，运动员入场时不同季节、不同风格的西湖十景借助地屏和网幕惊艳亮相……杭州亚残运会开幕式上，充满东方美学的艺术构思，传递诗情画意的"中国式浪漫"，展现中华优秀传统文化，体现中华文化守正创新的盛大气象。

文化因赓续而繁荣兴盛，传统因创新而历久弥新。习近平总书记对宣传思想文化工作作出重要指示，要求"坚定文化自信，秉持开放包容，坚持守正创新"，强调"充分激发全民族文化创新创造活力"。不忘本来才能开辟未来，善于继承才能更好创新。坚持守正创新，既是文化发展的必然规律，也是赓续历史文脉、谱写当代华章的内在要求。

历史长河，奔流浩荡；文脉传承，弦歌不辍。中华文明经历 5000 多年的历史变迁，但始终一脉相承，为中华民族生生不息、发展壮大提供丰厚滋养。今年中秋国庆假期，文旅行业加速复苏，传统文化之风劲吹。在江苏苏州平江历史文化街区，游客们在古色古香的院落中听评弹、看演出；在重庆，非遗民俗展精彩不断，万盛金桥吹打、酉阳土家族摆手舞等表演让游客感叹不虚此行；在江西龙虎山景区，团扇、灯笼等现场手作和独竹水上漂等传统技艺惊艳亮相。人们在一个个文旅项目中感受到中华优秀传统文化的独特魅力，也更加深切地认识到中国文化源远流长、中华文明博大精深。泱泱中华，历史悠久，文化厚重，文脉绵延，我们要坚定文化自信，保护好、传承好、发展好中华优秀传统文化。

当然，守正不是守旧，更不是固步自封、墨守成规，而是需要与创新相结合。事实上，只有在创新基础上守正，才能与时代同发展、共进步；只有在守正基础上创新，才不会偏离方向。坚持守正创新，以守正促创新、以创新固守正，才能让中华优秀传统文化得到更好传承。习近平总书记深刻指出："中华文明是革故鼎新、辉光日新的文明，静水深流与波澜壮阔交织。"中国人民的理想和奋斗，中国人民的价值观和精神世界，始终深深植根于中国优秀传统文化沃土，同时又随着历史和时代前进而不断与日俱新、与时俱进。守正创新，既是对中华优秀传统文化中恪守正道、革故鼎新观念的传承和弘扬，也是推进文化建设的必然选择。

如何守正创新？关键就在于，找到传统文化和现代生活的连接点。历史文化的滋养，既在思接千载的历史回眸之中，也在可感、可知、可参与的切身体验之中。近年来，从故宫博物院的《千里江山图》系列文具、国家图书馆的《永乐大典》信笺等文创产品广受欢迎，到《中国诗词大会》《典籍里的中国》《唐宫夜宴》等蕴含中华文化气度风范的作品不断涌现，再到福建福州三坊七巷、广东潮州牌坊街等"老街巷"变为"新地标"，一个个案例无不启示我们：坚持创造性转化、创新性发展，让传统文化融入日常生产生活，实现传统与现代的有机衔接，进一步激发中华优秀传统文化的生机与活力。

比甲骨文更早的贾湖刻符龟甲，镌刻历史"骨相"的殷商卜骨，辛弃疾、赵孟頫、祝允明真迹……中秋国庆假期，成都博物馆"汉字中国——方正之间的中华文明"特展每天吸引约1.7万人前来观展，80%以上为年轻观众。今天，人民精神文化需求日益增长，也对文化建设有了更多期待。"以守正创新的正气和锐气，赓续历史文脉、谱写当代华章"，我们有这样的信心和决心。

（2023 年 10 月 24 日）

谋事之基　成事之道

余清楚

福建省龙岩市上杭县才溪镇，毛泽东才溪乡调查纪念馆前，9 个红色大字"没有调查没有发言权"分外醒目。历史上，毛泽东同志三进才溪，进行了深入细致的调查研究，写下了《才溪乡调查》。细览《才溪乡调查》，通篇用事实、数据说话，没有多余的话，几乎没有形容词。前不久，笔者专程来到这里，听故事、看图片、学原著，老一辈革命家开展调查研究的身影仿佛就在眼前。

调查研究是我们党的传家宝。习近平总书记深刻指出"调查研究是谋事之基、成事之道"，多次强调"要在全党大兴调查研究之风"。主题教育开展以来，广大党员、干部从群众急难愁盼问题入手开展调查研究，把社情民意收集上来，把有效举措落实下去，用心用情为群众办实事、解难题。调查研究是转变工作作风、提高履职本领的有效途径，实践证明，"纸上得来终觉浅，绝知此事要躬行"。

调查研究是做好各项工作的基本功。山一程、水一程，顶风雪、踏泥泞，习近平总书记率先垂范、以身作则、亲力亲为，为全党重视调研、深入调研、善于调研树立了光辉典范。新时代以来，中国共产党人把调查研究与实践探索紧密结合起来，推动党和国家事业取得历史性成就、发生历史性变革。民生无小事，枝叶总关情。广大党员、干部应深入开展调查研究，注入深厚感情，真正为群众谋福祉。

必须坚持问题导向，增强问题意识，奔着问题调研，向着难处攻坚。研究、思考、确定全面深化改革的思路和重大举措，刻舟求剑不行，闭门造车不行，异想天开更不行。对于广大领导干部来说，开展调研要到群众意见多的地方去，到工作做得差的地方去，到困难较多、情况复杂、矛盾尖锐的地方去。同时，要多交几个能说心里话的基层朋友。不跟群众交朋友，不与群众打成一片，是不能为官一任、造福一方的。

调查研究要身深入、心融入。古人言："故不登高山，不知天之高也；不临深溪，不知地之厚也"。当年，毛泽东同志为了准确摸清当时中国富农问题和商业情况，抽出近 1 个月时间，开调查会、进行实际调查，与农民、手工业者、商人等深入谈心，掌握了大量第一手材料，写出名篇《寻乌调查》。他说："我的经验历来如此，凡是忧愁没有办法的时候，就去调查研究，一经调查研究，办法就出来了，问题就解决了。"今天，如果不愿调研、不会调研，即便到了基层，也只是走马观花、浅尝辄止、敷衍了事，怎么可能真正贴近群众，又何谈解决问题、赢得认可？

写调研报告是要有点水平的。调研报告必须是真实的、有价值的，务必言之有物、言之有理，不打官腔，拒绝套话。习近平同志在浙江工作时，就明确提出"主要领导干部要自己动手，每年撰写 1 至 2 篇有情况、有分析、有见解的调查研究报告"。调研报告绝不是为写而写，而是要真正摸清问题，把解决问题的思路和对策研究透，提出切实可行的具体措施，这是科学决策过程的重要一环。

走出纪念馆，只见闽西大地一片葱茏。此情此景，吟唱着苏区歌谣"苏区干部好作风，自带干粮去办公，日着草鞋干革命，夜打灯笼访贫农"，回顾才溪乡调查的光荣历史，矢志加强调查研究，心里更加亮堂起来。

（2023 年 10 月 17 日）

"让日子越过越开心、越幸福"

彭　飞

秋日的赣都大地，斑斓如画，生机勃勃，美不胜收。在江西考察期间，习近平总书记来到上饶市婺源县秋口镇王村石门自然村，同乡亲们亲切交流，勉励大家："保护好自然生态，把传统村落风貌和现代元素结合起来，坚持中华民族的审美情趣，把乡村建设得更美丽，让日子越过越开心、越幸福！"

乡村振兴是中国式现代化的重要内容。习近平总书记强调，"中国式现代化既要有城市的现代化，又要有农业农村现代化"。在现代化进程中，城镇比重上升，乡村比重下降，是客观规律，但在我国拥有14亿多人口的国情下，不管工业化、城镇化进展到哪一步，农业都要发展，乡村都不会消亡，城乡将长期共生并存，这也是客观规律。未来，我国即便是城镇化率达到70%以上，还将有数亿人生活在农村，他们与城镇居民一样，也向往在居住地就能过上现代生活。以中国式现代化全面推进中华民族伟大复兴，不能让农村落下、农业落后、农民掉队。但也要清醒看到，全面建设社会主义现代化国家，最艰巨最繁重的任务仍然在农村。我们要一体推进农业现代化和农村现代化，瞄准"农村基本具备现代生活条件"的目标，持续提高农村生活质量，让广袤山乡成为广大农民乐享现代生活的幸福家园。

"优美的自然环境本身就是乡村振兴的优质资源"。实施乡村振兴战略，一个重要任务就是推行绿色发展方式和生活方式，让生态美起来、环境靓起来，再现山清水秀、天蓝地绿、村美人和的美丽画卷。江西婺源县菊径村，山环水绕，古韵悠然，当地坚持"修旧如旧"，对古建筑进行保护修复，挖掘徽派古建筑的历史文化价值，延续了文脉、留住了乡愁。作为刚被列入《世界遗产名录》的"普洱景迈山古茶林文化景观"的组成部分，云南澜沧拉祜族自治县芒景村将"不得使用化肥农药""茶叶只允许采摘七成"等写入村规民约，成就了林茶共生、人地和谐的佳话。浙江台州市黄岩区乌岩头村，将旧宅改建成艺术作坊，办起民俗博物馆，建起时尚民宿，古村风貌与现代元素交相辉映、相得益彰，吸引游客纷至沓来。实践表明，建设美丽乡村，不仅能涵养宜居生态，还能激活美丽经济、成就美好生活。改善农村人居环境，守住生态保护红线，推进乡村自然资源加快增值，就一定能让良好生态成为乡村振兴的支撑点，撬动产业兴、百姓富、生态美的发展新天地。

全面建设社会主义现代化国家，出发点和落脚点是让人民生活越过越好。习近平总书记指出："农业是近两亿人就业的产业，农村是近5亿农民常住的家园，只有把农业农村搞好了，广大农民安居乐业，他们才有充足的获得感、幸福感、安全感。"从探索完善生态产品价值实现机制和生态保护补偿制度，找到实现生态价值转换的有效途径；到依托农业农村特色资源，推动乡村产业全链条升级；再到加快公共服务设施建设，提高乡村基础设施完备度、公共服务便利度、人居环境舒适度……坚持以人民为中心的发展思想，坚持民有所呼、我有所应，不断改善农村生产生活条件，不断解决好农业农村发展最迫切、农民群众反映最强烈的实际问题，才能让农民腰包越来越鼓、日子越过越红火。农村基层党组织作为党在农村全部工作和战斗力的基础，要成为群众致富的领路人，确保党的惠民政策落地见效，真正成为战斗堡垒。

民族要复兴，乡村必振兴。做好"三农"工作，使命光荣、责任重大。让我们铆足干劲、拼搏向前，全面推进乡村振兴，加快农业农村现代化步伐，为加快建设农业强国而努力奋斗，携手创造更加美好的生活！

（2023 年 10 月 15 日）

以体育促和平，共创更加美好未来

——杭州亚运盛会启示录①

彭　飞

当互换徽章成为赛场外的热门活动，当外国运动员的亲友团得到杭州市民慷慨转赠的门票，当正值生日的选手听到全场的祝福歌声，"国之交在于民相亲，民相亲在于心相通"，在第十九届亚洲运动会上，亚洲健儿在相聚相知中增进友谊，赛场内外的涓滴友爱之情展现出亚洲各国和各地区人民对友谊与和平的渴望。

自古以来，人类最朴素的愿望就是和平与发展。在杭州第十九届亚洲运动会开幕式欢迎宴会上，习近平主席发表致辞，号召"我们要以体育促和平，坚持与邻为善和互利共赢，抵制冷战思维和阵营对抗，将亚洲打造成世界和平的稳定锚"。二战结束后不久诞生的亚运会，因和平而生、因和平而兴，承载着亚洲人民对和平的美好向往。实践充分证明，体育运动具有巨大的感召力，举办体育盛会是人类追求美好愿望的集中体现。

体育盛会始终与和平息息相关。"心心相融，爱达未来"的杭州亚运会口号，不仅喊出了亚洲人民心手相牵、向着共建亚洲和人类命运共同体目标迈进的心声，也在世界范围引发强烈共鸣。开幕式上，由超过1亿人参与数字火炬传递而汇聚成的"数字火炬手"点燃火炬，打破时空界限，让数字世界与现实世界同频共振，成就"亚洲共此时"的动人瞬间。西子湖畔，亚奥理事会45个成员实现"大团圆"，抛开纷争、排除杂音，在竞技中彼此成就，在交流中加深互鉴，书写团结和友谊新篇章。正如亚奥理事会代理主席拉贾·兰迪尔·辛格所说，"杭州亚运会是一个和平、和谐的盛会"。

亚洲各国山水相连、人文相亲，有着相似的历史境遇、相同的梦想追求。拉长时间线可以看到，和平友好是亚洲历史的主流。特别是近代以来，亚洲人民历经热战冷战，饱经沧桑忧患，深知和平弥足珍贵，发展来之不易。今天的亚洲，拥有全球近60%的人口、近40%的经济总量和超过30%的国际贸易，是世界经济的"压舱石"和"推进器"。举世瞩目的发展成就，离不开总体和平稳定的大环境。杭州亚运会的圆满成功再次表明，和平稳定是大势所趋，发展繁荣是民心所向。亚洲发展的非凡历程也充分证明，贫瘠的土地上长不成和平的大树，连天的烽火中结不出发展的硕果，要解决好各种全球性挑战，根本出路在于谋求和平、实现发展。

当今世界百年变局加速演进，各种新旧问题与复杂矛盾相互交织、叠加碰撞。面对全球不断加深的和平赤字、持续扩大的发展赤字、日益凸显的安全赤字、更加严峻的治理赤字，亚洲和世界都处在历史演变的十字路口，如何抉择，关乎人类整体利益，也考验着各国的智慧。杭州亚运会见证了中国在和平发展道路上与亚洲、与世界相互交融、相互成就的坚实步伐。面向未来，中国将坚定站在历史正确的一边、站在人类文明进步的一边，高举和平、发展、合作、共赢旗帜，在坚定维护世界和平与发展中谋求自身发展，又以自身发展更好维护世界和平与发展。

"亚细亚"，意即东方日出之地。亚运会的会徽上有一轮放射16道光芒的红日，寄托着亚洲的光荣与梦想。以杭州亚运会为契机，包括亚洲国家在内的世界各国以天下为己任，积极做行动派、不做观望者，加强对话、凝聚共识、促进和平、推动发展、完善治理，同心同向、携手前行，就一定能建设一个持久和平、普遍安全、共同繁荣、开放包容、清洁美丽的世界，共创人类更加美好的未来。

（2023年10月10日）

以体育促团结，合作应对挑战

——杭州亚运盛会启示录②

孟繁哲

　　杭州亚运会女子 50 米蝶泳项目颁奖仪式后，冠军中国选手张雨霏与季军日本选手池江璃花子紧紧拥抱，洒下热泪。原来，池江璃花子曾因罹患白血病告别泳池，后经不懈努力，再次复出。在此期间，既是对手又是朋友的张雨霏不断鼓励、为她祝福，激励着池江璃花子走出阴霾、再创佳绩。友谊的分量超越胜负，真挚的感情直抵人心。

　　亚运会承载着亚洲人民对团结的美好向往。习近平主席强调："我们要以体育促团结，把握历史机遇，合作应对挑战，践行'永远向前'的亚奥理事会格言，把共同发展、开放融通的亚洲之路越走越宽。"从诞生之日起，亚运会就寄托着亚洲国家主权独立、彼此团结的愿景，成为这个世界上人口最多、面积最大、族群多元的大洲增进团结友谊的桥梁与纽带。可以说，一部亚运史，就是一部促进团结、增进友谊的历史。杭州亚运会的圆满成功，为这部团结的历史写下浓墨重彩的一笔。

　　回望杭州亚运会的日日夜夜，难以忘记那些团结友爱的温暖瞬间。开幕式上，当《同爱同在》的亚运会主题歌响彻夜空，歌词"同呼吸、同感受、同梦想，同爱、同在、同分享"感染着亿万观众。网球赛场上，巴基斯坦运动员乌什娜·苏海勒尽管输掉了比赛，仍不忘保持微笑，热情地与中国运动员交换徽章。滑板比赛中，泰国选手同获得滑板项目男子碗池冠军的中国选手陈烨碰拳以示祝贺。女子1500米自由泳决赛中，现场观众为泳池中最后一名仍在执着冲刺的越南选手加油助威，向不放弃的精神致敬。钱塘江畔，运动员们相互切磋、彼此激励、共同成长，带来许多感动。杭州亚运会的圆满成功，为推动奥林匹克运动发展、促进亚洲人民团结和友谊作出新的贡献。

力量生于团结，幸福源自奋斗。在亚洲各国交往史上，友好合作是主流。亚洲国家谚语说，"遇山一起爬，遇沟一起跨""甘蔗同穴生，香茅成丛长"，生动展现了亚洲人民对友谊的珍视，对团结的向往。回望历史，诞生于近70年前的和平共处五项原则和"万隆精神"，是亚洲人民的智慧结晶；以相互尊重、协商一致、照顾各方舒适度等为重要原则的"亚洲方式"，为国家间合作发展提供了基本遵循。一路走来，联合自强、守望相助的亚洲意识，早已烙印于亚洲人民内心深处。共走和平发展大道，共谋合作共赢大计，共创团结进步的亚洲大家庭，更成为亚洲人民的不懈追求。杭州亚运会的圆满成功再次启示我们，亚洲各国就像一盏盏明灯，只有串联并联起来，才能让亚洲的夜空灯火辉煌。

当前，世界之变、时代之变、历史之变正以前所未有的方式展开，人类面临的全球性挑战前所未有。是团结还是分裂，是开放还是封闭，是合作还是对抗？历史的钟摆朝向何方，取决于我们的抉择。必须深刻认识到，人类生活在同一个地球村，命运紧密相连。面对各种紧迫全球性挑战，加强团结合作，人类才会有更加美好的明天。本届亚运会参赛人员规模、竞赛项目数量均创历史新高，彰显了亚洲人民对杭州亚运会的坚定支持，更凝聚起共促团结的磅礴力量。面向未来，各国人民同心合力、和衷共济，就无惧前进道路上的任何风险挑战，就一定能推动人类发展的巨轮驶向更加光明的未来。

在杭州亚运会开幕式万人合唱环节，观众席中近百扇"幸福之门"同时开启，传达出"亚洲一家 携手同行"的美好愿望。道阻且长，行则将至；

行而不辍，未来可期。让我们团结起来，共行天下大道，向着构建人类命运共同体的正确方向，一点一滴坚持努力，日积月累不懈奋斗，携手书写命运与共、共谋发展的崭新篇章。

（2023 年 10 月 11 日）

以体育促包容，续写文明新辉煌

——杭州亚运盛会启示录③

江　南

　　杭州亚运会，既是体育大赛，也是文化盛会。具有中国特色的青瓷、折扇、杭绣，从亚洲各地征集来的儿童画，历届亚运会精彩图片……走进杭州亚运会主媒体中心，一步一景、精彩纷呈，各类文化元素令人流连忘返。来自卡塔尔的记者阿·尤瑟夫赞叹："这些特色文化展览很精彩，主办方很用心。"

　　亚洲文化兼收并蓄、博采众长、充满活力，亚运会承载着亚洲人民对和平、团结、包容的美好向往。习近平主席指出："我们要以体育促包容，增强文明自信，坚持交流互鉴，续写亚洲文明新辉煌。"从创办伊始，亚运会就不仅是一场体育盛会，也是不同文化交流的平台。体育与文化交融，梦想与激情交汇，迸发出别样精彩。如果说杭州亚运会在人们心中留下深刻印记，那这印记不仅来自比赛，也源于浸润人心的文化力量。

　　杭州亚运会的独特比赛项目，充分展现了亚洲体育文化的多元与包容。源自中亚地区的克柔术，始于3500年前中亚地区的传统式摔跤运动，充满力量与技巧。风靡南亚、西亚一带的卡巴迪，具有非常高的攻防转换节奏和极高强度的对抗，被称为"奔跑的格斗技"，很有观赏性。围棋、象棋这些蕴含东方智慧、极具文化代表性的智力运动，也正在吸引更多关注。杭州亚运会以赛为媒，汇聚亚洲各个国家和地区的不同文化，让更多人感受到文明交流、文化交融的非凡魅力。

开放包容、联合自强，是亚洲国家实现发展繁荣和民族振兴的成功经验，也是今后实现更大发展的必由之路。作为人类文明的重要发祥地，亚洲创造了璀璨的文明。众多古老文明彼此交相辉映、相得益彰，为人类文明进步作出了重要贡献。古老的丝绸之路、茶马古道，见证了包括中华文明在内的亚洲各文明交往互鉴的历史。今天的亚洲，多样性的特点仍十分突出，不同文明、不同民族、不同宗教汇聚交融，共同组成多彩多姿的亚洲大家庭。面向未来，亚洲人民从悠久的历史文明中汲取养分，凝聚对亚洲价值的集体认同，拓展人文交流合作，夯实睦邻友好的社会民意基础，把"和""合"的传统理念付诸彼此相处之道，把修睦合作的薪火世代传承下去，就一定能续写亚洲文明新辉煌。

文明因交流而多彩，因互鉴而发展。必须深刻认识到，交流互鉴是文明发展的本质要求，只有同其他文明交流互鉴、取长补短，才能保持旺盛生命活力。杭州亚运会的圆满成功，再次展现了中华文明具有突出的包容性，彰显了中华文化对世界文明兼收并蓄的开放胸怀。前进路上，中国将携手各方积极践行全球发展倡议、全球安全倡议、全球文明倡议，以文明交流超越文明隔阂、文明互鉴超越文明冲突、文明包容超越文明优越，努力开创世界各国人文交流、文化交融、民心相通新局面，让世界文明百花园群芳竞艳。

杭州亚运会闭幕式上，"攀花赠友"展现中式惜别之礼，"荷桂共融"传达和合共生之情。回忆与不舍化作新的希望、新的出发。世界各国坚持开放包容、互学互鉴，以海纳百川的宽广胸怀促进不同文明共同发展，必将为推动人类文明进步、推动构建人类命运共同体作出新的更大贡献。

（2023 年 10 月 12 日）

从黄金周感受中国经济澎湃活力

李　拯

　　刚刚过去的中秋国庆黄金周，旅客发送量高位运行、旅游市场一片繁忙、消费人气持续高涨，表明假日经济有力增长、发展信心不断增强，彰显着中国经济发展的强大韧性和澎湃活力。

　　切身可感的消费热情，汇聚成宏观层面的强劲数据。据文化和旅游部数据中心测算，8 天假期国内旅游出游 8.26 亿人次，按可比口径同比增长 71.3%、较 2019 年增长 4.1%；实现国内旅游收入 7534.3 亿元，按可比口径同比增长 129.5%、较 2019 年增长 1.5%。无论是游子归家、亲人团聚，还是长途跋涉看"诗和远方"、短途旅行发现身边的美好，每个人都能找到自己愉悦身心的方式，神州大地呈现出生机勃勃、充满活力的升腾气象。观察中国经济发展的国际媒体坦陈："中国黄金周假期促进了消费潜力充分释放，对于提振消费、助推经济增长具有重要意义。"

　　今年黄金周，文旅融合新供给不断涌现，将非遗、传统民俗、民间艺术有机融入旅游场景，让人们在穿越古今中感文化之美、享消费之乐；"互联网＋旅游"刷新消费体验，通过数字化打造更多沉浸式、互动式、体验式旅游消费新场景；红色旅游、跟团游、自驾游、乡村游、出境游等多点开花，亚运游、小众游、研学游等异军突起，表明消费需求、消费观念日趋差异化、多元化。传统与时尚融汇、线上与线下融合、文化与旅游融通，不断催生消费新场景、新业态、新动力，表明我国消费市场不仅规模持续扩大，更保持着结构升级趋势。

中秋是家庭团圆，国庆是国家庆典，双节同庆象征着家国一心、家国同体。这为观察黄金周提供了一个崭新视角。在黄金周高涨的消费热情、奔涌的社会活力背后，是强大的国家能力和政策保障。由此来看，黄金周的活力足、人气旺是政府积极作为和市场自发激荡共同作用的结果。实践告诉我们，推动有效市场和有为政府更好结合，就能充分激发超大规模市场的消费潜力，为中国经济长期健康发展提供充沛动力。

拉长时间坐标看，黄金周的火热场景，是中国经济总体回升向好的一个生动注脚。8月份，主要指标边际改善，国民经济恢复向好，高质量发展扎实推进，积极因素累积增多。下阶段，围绕推动高质量发展，完整、准确、全面贯彻新发展理念，加快构建新发展格局，着力加大宏观调控，着力扩大国内有效需求，着力激发经营主体活力，一定能不断推动经济运行持续好转、内生动力持续增强、社会预期持续改善，切实防范化解重大风险，努力实现全年经济社会发展目标。

黄金周假期已然结束，但是火热的劲头仍在持续，发展的活力不断迸发。黄金周市场繁荣，映射着人民对美好生活的向往，这正是中国经济发展最为深沉的动力。人们将继续通过奋斗形成经济发展生生不息的动力、源源不断的需求，创造美好生活，创造美好未来。

（2023 年 10 月 08 日）

杭州亚运会铭刻文化自信

李　拯

亚运赛事正酣，中秋佳节共度，体育盛会遇见传统节日，尽显"中国式浪漫"。制作花灯、团扇作画、用模具为月饼印上图案，运动员村里的中秋主题日体验活动精彩纷呈；浙派古琴、苏州评弹、昆曲、点茶，西湖中秋赏月雅集活动广受欢迎。通过亚运会，中华优秀传统文化的独特魅力呈现在世界面前。

越是民族的，就越是世界的。人文盛会、江南情致，杭州亚运会体现着独特的中国气派，为世界打开了一扇观察中华文化的时代新窗。特别是开幕式上，国风少年以地为画、踏墨而舞，"一抹丹青"将时光拉回千年前；地屏上，在水光潋滟的江南画境中，宋韵女子的清雅身姿和芭蕾舞步相互映衬；全景立体影像构筑的拱宸桥跃然于大运河之上，形态逼真、栩栩生动，一岸连过往，一岸通当今……"中国风"贯穿始终，"中国味"融入细节，"中国情"感动人心，中国元素刷新了体育盛会的审美，拨动着无数人的心弦。

文化是岁月的陈酿、时间的沉淀，不仅关乎过去，更关乎现在与未来。极具地域风韵的短片《相约杭州》，让古今杭州隔空对话，展现杭州作为"历史文化名城、创新活力之城、生态文明之都"的多元风采。开幕式上，由超过1亿人参与传递汇聚而成的"数字火炬手"高擎火炬，从钱塘江踏浪而来，与主火炬手共同点燃主火炬塔，彰显着传统与现代激荡、科技与文化融合。各场馆内，新一代数字技术广泛应用，智慧运营赋能赛事活动；场馆之外，新能源汽车优先使用，户外项目呈现生态之美，赛场内外无不体现浙江跑出高质量发展的加速度。可以说，透过一届"中国特色、亚洲风采、精彩纷呈"的体育盛会，人们既能思接千载，感受中国深厚的文化底蕴；又能视通万里，看见中国的时代风采，见证新时代中国的发展进步和精神风貌。

亚洲地域广阔，人口众多，文化多元，历史悠久。杭州亚运会如同一座桥，不仅让活跃在某一地区的特色项目走进大众视野，更让不同文化以体育为媒交流互鉴。武术、藤球、板球、柔术、克柔术等5个项目分别代表了东亚、东南亚、南亚、中亚和西亚的地域特色，这些非奥项目丰富了亚运会的竞赛内容，诠释着亚洲体育、亚洲文化多元之美。这样的设置，为体育和文化交相辉映提供了舞台，是亚洲文化兼收并蓄、博采众长、充满活力的生动写照。正如习近平主席所强调的："作为山海相连、人文相亲的命运共同体，我们要以体育促和平，坚持与邻为善和互利共赢，抵制冷战思维和阵营对抗，将亚洲打造成世界和平的稳定锚。"

文明因交流而多彩，文明因互鉴而丰富。杭州亚运会开幕式文艺表演下篇《携手同行》中，"白鹭精灵"遨游星海，数百名大学生手持发光金桂点亮绵延悠长的"金桂之江"，亚洲各个国家和地区的地标性建筑共同呈现，构成美轮美奂的亚洲画卷。亚运火炬，点亮江南夜空；亚洲宾朋，齐聚钱塘内外。从各美其美到美美与共，杭州亚运会把"你""我"汇聚成了"我们"，架起亚洲不同国家和地区人民沟通的桥梁，为多样文明交流互鉴提供了舞台，为推动构建人类命运共同体注入了强大动力。

涓滴成海，奔涌成潮。潮，是钱塘奔涌澎湃的记忆，是体育奋勇争先的跃动，是时代强劲有力的脉搏。潮起钱塘江，中华优秀传统文化绵延千年、薪火相传；潮涌新时代，中国在旧邦新命中不断创造新的奇迹。从杭州亚运会看向未来，让我们以梦想为帆、以奋斗作桨，共绘亚运会新的画卷、共创亚洲更美好的明天。

（2023 年 10 月 06 日）

汲取不忘历史、开拓未来的精神力量

李 斌

"钊自束发受书，即矢志努力于民族解放之事业，实践其所信，励行其所知……"在中国共产党早期北京革命活动纪念馆，李大钊同志亲笔书写的《狱中自述》手稿吸引参观者停下脚步仔细品读。手稿中流露出坚定的理想信仰、大无畏的革命精神，让人动容。烈士纪念日之际，人们自发参观烈士纪念堂馆，缅怀烈士丰功伟绩，汲取不忘历史、开拓未来的精神力量。

为正义事业而牺牲，彰显高尚的道德品质、宝贵的精神力量。习近平总书记指出："中华民族能够经历无数灾厄仍不断发展壮大，从来都不是因为有救世主，而是因为在大灾大难前有千千万万个普通人挺身而出、慷慨前行！"中华民族血脉里流淌着"常思奋不顾身，而殉国家之急"的基因，文化里书写着"先天下之忧而忧，后天下之乐而乐"的担当，精神里昂扬着"我们万众一心，冒着敌人的炮火前进"的血性。

一切向前走，都不能忘记走过的路。从没有哪个政党像中国共产党这样，为了国家富强、民族振兴、人民幸福，遭遇过如此多的艰难险阻，经历过如此多的生死考验，付出过如此多的惨烈牺牲。触摸一段段峥嵘岁月，缅怀一位位革命英烈，能让我们永远牢记红色政权是从哪里来的、新中国是怎么建立起来的，进一步增强爱党报国为民之情怀。

献一捧鲜花给英烈，自己也能收获沁入灵魂的芬芳。面对严刑拷打，陈乔年早已将生死置之度外，"让我们的子孙后代享受前人披荆斩棘的幸福吧！"面对威逼利诱，恽代英嗤之以鼻，"为了我们最崇高的理想，我们是舍得付出代价的。"什么是对党忠诚，什么是人民至上，什么是大公无私，什么是革命理想高于天，英烈们用生命作出了坚定回答。对我们每个人而言，英烈的事迹可学可循，英烈的精神可追可及。读一读英烈的家书，看一看英烈的事迹，品一品英烈的情怀，就能让前行的脚步更为坚定。

今年以来，又有许许多多英雄向险而行、冲锋在前、舍生忘死，用赤胆忠心筑起守卫国泰民安的巍巍长城。"为党尽责，是一生的事业"，面对滔滔洪水，吉林省舒兰市人民武装部上校政治委员周昆训积极营救被困群众，不幸突遇特大山洪英勇牺牲。在执行海上缉私任务时，广东汕尾海警局城区工作站执法员汪晓龙临危不惧与犯罪分子顽强搏斗，用生命诠释了"矢志护海"的执着追求。我们的征途，因为气壮山河的英雄史诗而更显恢弘，因为所向披靡的英风浩气而更为豪迈。

新时代是需要英雄并一定能够产生英雄的时代。今天，我们肩负使命任务的艰巨性、面对风险挑战的严峻性、进行伟大斗争形势的复杂性都是前所未有的，更加需要保持这股革命加拼命的精神。传承英烈精神，增强志气、骨气、底气，不信邪、不怕鬼、不怕压，我们就能全力战胜前进道路上各种困难和挑战，依靠顽强斗争打开事业发展新天地。

传承是最有力的礼赞，赓续是最崇高的致敬。在烈士纪念日向人民英雄敬献花篮仪式上，手持鲜花的少年儿童面向人民英雄纪念碑高唱《我们是共产主义接班人》，告慰英烈盛世如其所愿、事业后继有人。一个挺立的民族，永远不会忘记自己的英烈，而且还会从历史中寻找宝贵的精神给养，在新征程上不断从胜利走向新的胜利。

（2023 年 10 月 01 日）

让传统节日更好浸润时代人心

张　凡

丹桂飘香，蟹肥菊黄，我们迎来又一个中秋佳节。诵读诗词，做月饼、品月饼，体验传统民俗活动，在看花灯、猜灯谜、饮桂花酒中领略文化魅力……中秋节到来之际，我们重温熟悉的味道、借助多彩的形式，共同感受这月圆人团圆的美好时刻。

传统节日，是特殊的时间节点，也是文化基因的表征。中秋的一轮圆月，承载着人们对"花好月圆人团圆"的美好希冀，饱含着中国人对故土的思念、对亲友的眷恋、对幸福的追寻。花间月影、诗词神话等造就的浪漫格调，生活理想、审美追求等融汇而成的丰富内涵，让中秋节成为独特的文化符号、厚重的精神寄托。千百年来，中秋文化赓续绵延、代代流传，浓缩于其乐融融的团聚时光中，展现在多姿多彩的民俗仪式上，成为共同的文化记忆与情感认同。

岁月流转，生活方式不断改变，但传统节日丰富的文化意涵，始终具有浸润人心的作用。习近平总书记强调："中华文化源远流长，积淀着中华民族最深层的精神追求，代表着中华民族独特的精神标识，为中华民族生生不息、发展壮大提供了丰厚滋养。"就像中秋节，即便这一天无法与亲友相聚相守，但一轮明月下的"天涯共此时"，仍能给人带来心灵的慰藉；"花好月圆"的美好期许，也总能鼓舞人们前行的动力。对待传统节日，我们要以虔敬之心守护其精神内核，也要以创新之力激活其时代生命。惟其如此，才能让传统节日焕发更加夺目的光彩，更好浸润时代人心，为人们提供精神的滋养。

如何让传统节日与现代生活对接？今天，时代的发展、技术的升级，为传统节日传承发展打开了广阔空间。比如，一些网络平台借助直播技术，实时呈现多地皓月升空的过程，并进行音诗画等创意表演，让天南海北的人们可以一起赏月抒怀、畅游文海，于方寸之间展现过节"新姿态"。比如，有文化馆打造沉浸式户外"剧本游"活动，游客可以与"穿越"而来的李白、张九龄、苏轼等古代文化名人"不期而遇"，共同探索中秋故事与风俗，在互动性演绎中收获节日新体验。这些实践生动说明，以文化创意、数字技术等不断赋能传统节日，为传统节日注入更多时代气息、文化元素，能让古老节日焕发全新魅力。

今年，中秋假期与国庆假期相遇，与杭州亚运会赛期相叠，让这个中秋不仅有家的韵味，更有国的情怀。天下之本在国，国之本在家。对于中国人而言，家国一体、家国同心，始终是流淌于血脉里的文化基因。中秋节，我们在体味充满烟火气的习俗中，倾听文化的召唤；也在深悟家国文化的厚重中，凝聚前行的力量。在这个祈愿人间万般圆满的节日里，品味文化韵味，厚植家国情怀，为更美好的明天不懈奋斗，我们必将收获更多幸福时刻。

"万里无云镜九州，最团圆夜是中秋。"中秋节是团圆的象征、情感的寄托、文化的纽带。让我们共同感受中秋意蕴，深入体会其中蕴含的精神、价值与能量，更好传承发展中华优秀传统文化，在赓续传统中走向未来。

（2023 年 09 月 29 日）

庆丰收　促和美

张　凡

在第六个"中国农民丰收节"到来之际，习近平总书记向全国广大农民和工作在"三农"战线上的同志们致以节日祝贺和诚挚问候，指出"全年粮食生产有望再获丰收，为推动经济持续回升向好、加快构建新发展格局、着力推动高质量发展提供了有力支撑"，强调"让农民腰包越来越鼓、生活越来越美好，绘就宜居宜业和美乡村新画卷"。

秋分时节，稻黄鱼肥，瓜果飘香，人们共庆丰年、分享喜悦。满满的收获、斑斓的景致、舒展的笑脸，共同勾勒出"喜看稻菽千重浪"的丰收图景，展现出新时代乡村振兴的大美气象。

悠悠万事，吃饭为大。千百年来，人们把对丰收的祈盼，写进诗句里，留在画作上，融入天南海北各具特色的习俗礼仪中。麦浪滚滚、稻谷满仓，是幸福生活的底气，也是国家安全的基石。农业丰收，习近平总书记一直念兹在兹。指出"粮食安全是'国之大者'"，强调"始终绷紧粮食安全这根弦"，要求"坚持把解决好'三农'问题作为全党工作重中之重"……在习近平总书记的引领下，更多目光关注"三农"、更多资源投向"三农"，更多力量建设"三农"，我国农业农村取得历史性成就、发生历史性变革。我国粮食综合生产能力不断提高，谷物总产量稳居世界首位，14亿多人的粮食安全得到有效保障。

"农，天下之本，务莫大焉"。我国是农业大国，重农固本是安民之基、治国之要。以中国农民丰收节为契机，我们致敬耕耘、讲好丰收故事，让更多人深切体会到"粒粒皆辛苦"的真谛，爱粮、惜粮、节粮的意识更加牢固；我们集中推出一系列强农惠农政策措施，开展扶农兴农关爱行动，让亿万农民重农务农的积极性、主动性、创造性不断提升；我们举办缤纷多彩的农耕农趣活动，让中华农耕文明和优秀文化传统得到更好弘扬和传承……向农民致敬，为丰收礼赞，助力新时代中国书写下沉甸甸的丰收答卷，也推动全社会日益形成关注农业、关心农村、关爱农民的浓厚氛围。

岁稔年丰令人欣喜，丰收答卷来之不易。今年以来，我们克服黄淮罕见"烂场雨"、华北东北局地严重洪涝、西北局部干旱等灾害影响，才迎来今天丰收在望的喜悦。这也提醒我们，保障粮食安全须臾不可松懈。粮安天下，农稳社稷。面对世界百年未有之大变局，稳住农业基本盘、守好"三农"基础是应变局、开新局的"压舱石"。新征程上，"三农"压舱石的作用将更加凸显。多措并举做好"三农"工作，强化粮食安全保障，稳住农业基本盘，让"米袋子"保障有力，"菜篮子""果盘子"供给充足，才能为有效应对国内外各种风险挑战增添充足信心和底气。

民族要复兴，乡村必振兴。在党的二十大报告中，习近平总书记强调"全面推进乡村振兴"，明确"建设宜居宜业和美乡村"。前进道路上，我们要瞄准广大农民对美好生活的新需求，扎实推进乡村发展、乡村建设、乡村治理等重点工作，让农村更富裕、生活更幸福、乡村更美丽。今年中国农民丰收节以"庆丰收 促和美"为主题，组织丰富多彩的庆祝活动，展示农业农村现代化美好前景，必将进一步激发亿万农民创造美好生活的干劲，汇聚全面推进乡村振兴、加快建设农业强国的强大合力。

国庆将至，天安门广场"祝福祖国"主题花篮亮相。今年，花篮首次将象征丰收的五谷加入其中。这一创意设计，饱含着对祖国大地花团锦簇、五谷丰登的美好期许。金秋九月收获季，最是丰收悦人心。在这个洋溢喜悦的节日里，让我们共同为"三农"工作凝心聚力，在希望的田野上铆足干劲、接续奋斗，努力创造一个又一个穰穰满家的丰收年景，共绘乡村全面振兴的美好明天。

（2023 年 09 月 23 日）

心有大我　至诚报国

——大力弘扬教育家精神①

李浩燃

追忆师生往事，晒出珍藏合影，转发教师节祝福……开学季，不少人在社交媒体平台感念师恩，向师者致敬。

教育是国之大计、党之大计，教师是立教之本、兴教之源。前不久，全国优秀教师代表座谈会在京召开，习近平总书记致信全国优秀教师代表，从六个方面深刻阐释了中国特有的教育家精神的丰富内涵和实践要求。这其中，"心有大我、至诚报国的理想信念"居于首位。

育才造士，为国之本。选择了教师这一"太阳底下最崇高的职业"，就意味着与国家命运绑定在一起。在中华优秀传统文化中，"有教无类""传道授业解惑"等理念，与家国情怀紧密相连。教育救国、教育报国、科教兴国……近代以来，教育承载着无数中国人的梦想和追求。三尺讲台育桃李，粉笔无言写春秋。教师，燃烧自己、成就他人、报效国家，也升华着自我的人生价值。

含德之厚，比于赤子。爱国是一种朴素的情感，也是立德之源。"振兴中华，乃我辈之责"，黄大年毅然放弃国外优越条件回到祖国，以拼命三郎的精神叩开"地球之门"，抢占国际前沿科技制高点；"一个基因可以拯救一个国家，一粒种子可以造福万千苍生"，钟扬援藏 16 年，跋涉 50 多万公里，收集了上千种植物的 4000 多万颗种子；"国家落后于人的地方，就是我们努力的方向"，万步炎常年坚持在大洋上、研究室里，带领学生数十年如一日致力海洋资源勘探技术研究……新时代的神州大地上，一批批优秀教师孜孜以求，以身许国、心系人民。他们激扬爱国情、报国志，书写了感染心灵的奋斗故事，给无数人以信心和力量。

　　教师是燃灯者，自身理想信念坚定，才能引领人向上向善。时代越是向前，越需要一大批"心有大我、至诚报国"的好老师。矢志追求让亿万农民腰板"直起来"、"中国饭碗"满起来，中国工程院院士、扬州大学教授张洪程潜心研创水稻技术，每年有 1/3 以上的时间在基层度过；他创建"课堂—实验室—基地—生产田"四位一体人才培养模式，培养知农爱农兴农的硕士、博士研究生 140 多名。全面落实立德树人根本任务，在加快推进教育现代化的新征程中培养担当民族复兴大任的时代新人，正呼唤广大教师坚定信仰、信念、信心，将全面建设社会主义现代化国家的宏伟目标化为职业追求。

　　教育兴则国家兴，教育强则国家强。党的二十大报告提出，"办好人民满意的教育""培养高素质教师队伍，弘扬尊师重教社会风尚"。新征程是充满光荣和梦想的远征。前进道路上，必然会遇到大量从未出现过的全新课题、遭遇各种艰难险阻、经受许多风高浪急甚至惊涛骇浪的重大考验。我们要面对综合国力的比拼，更有精神和意志的较量。1880 多万各级各类专任教师心怀"国之大者"，树立"躬耕教坛、强国有我"的志向和抱负，激扬奋发有为的精气神，将"小我"融入"大我"，就能用肩膀挑起学生的未来、民族的未来。

　　"40 多年来，每次走进教室上课时，我都会对孩子们说一句'起立'。'起立'代表着力量、希望和行动。中国的'起立'，将由孩子们的'起立'撑起，而孩子们的成长，离不开教师的'起立'。"今年教师节，"时代楷模"张桂梅发表"写给青年教师的一封信"，激起社会广泛共鸣。胜负之征，精神先见。广大人民教师顽强拼搏、接续奋斗，大力弘扬教育家精神，必将汇聚起磅礴之力，为加快建设教育强国、实现中华民族伟大复兴提供有力支撑。

（2023 年 09 月 18 日）

言为士则　行为世范

——大力弘扬教育家精神②

彭　飞

在中国人民大学，不少人听过关于高铭暄教授的一则小故事。一次，这位 90 多岁高龄的老先生要为青年教师做一场讲座。有人注意到，他 16 页的手稿上，满是修改痕迹。原来，他为了这次活动，前一夜改稿到凌晨两点。虽然讲座主题与以往大致相同，但他备课仍一丝不苟："每次听的人都不同，当然要重新整理。"这位获得"人民教育家"国家荣誉称号的名师，不仅用学识培养了一批英才，也用言行、品格影响了众多青年学子。

师也者，教之以事而喻诸德者也。前不久，习近平总书记在致全国优秀教师代表的信中，深刻阐释中国特有的教育家精神，其中一个重要方面就是"言为士则、行为世范的道德情操"。培养社会主义建设者和接班人，迫切需要我们的教师既精通专业知识、做好"经师"，又涵养德行、成为"人师"，努力做精于"传道授业解惑"的"经师"和"人师"的统一者。

榜样的力量是无穷的。中国传统文化倡导教师既要"言传"，也要"身教"。好的老师，不仅是学生学业上的领路人，更是人生道路上的好榜样。谈及教师职业，扎根乡村的云南省"最美教师"马琼郭说："小时候惊叹老师博学多才，上能当'法官'、下能修课桌，也能感受到老师的用心用情，这让我萌发了成为一名教师的人生理想。"在求学历程中，许多人因受到优秀教师的影响而明晰了人生目标、努力方向。广大教师率先垂范、以身作则，才能引导和帮助学生把握好人生方向，特别是引导和帮助青少年学生扣好人生的第一粒扣子。

学高为师，德高为范。教师的职业特性决定了教师必须是道德高尚的人群。合格的老师首先应该是道德上的合格者，好老师首先应该是以德施教、以德立身的楷模。用科技为荒山带来苍翠的李保国，扎根贫困地区、献身教育扶贫的张桂梅，到祖国最需要的地方建功立业的西安交通大学西迁老教授，全国各地发挥余热的"银龄教师"……新时代，一大批优秀教师不断涌现。他们用行动诠释了什么是"学为人师、行为世范"，感染了更多青年教师，影响了无数学生。实践证明，有大德的老师才能教出有大志、有大我的学生，才能在传道授业中引人以大道、启人以大智，实现立德树人的根本任务。

师德是深厚的知识修养和文化品位的体现，需要在实践中教育培养，更需要教师加强自我修养。"教师是给学生点亮人生明灯的，当然首先要自己心中有太阳""再忙再累，不能忘记自身的修为"，"人民教育家"国家荣誉称号获得者、上海市杨浦高级中学名誉校长于漪，一辈子做老师，一辈子学做老师，躬耕教学事业不敢有丝毫懈怠，始终坚持学习、提升自我。中国式现代化是物质文明和精神文明相协调的现代化，新征程上更需广大教师崇德修身、严以律己，既守住自己的精神家园，也拓展学生的精神世界，努力成为被社会尊重的楷模、世人效法的榜样。

教师的人格力量和人格魅力是成功教育的重要条件。大力弘扬教育家精神，激励广大教师陶冶言为士则、行为世范的道德情操，努力做"经师"和"人师"相统一的"大先生"，必将为我国教育高质量发展注入更多源头活水、提供坚实人才保障。

（2023 年 09 月 20 日）

启智润心　因材施教

——大力弘扬教育家精神③

周珊珊

学生里，有的选择"当一名备受学生喜爱、知识渊博的数学老师"，有的表示"今后要用所学为强国建设贡献力量"，还有的立志从事数学研究或教育……从教 30 年，浙江省杭州第二中学校长蔡小雄始终笃信"比成绩更重要的是成长，比上课更重要的是育人"，和同事一起帮助学生寻找人生方向。通过这位 2023 年全国教书育人楷模的教学实践，人们看到了教师在推动学生多元发展方面的作用。

教师是教育的第一资源，是建设高质量教育体系、实施高质量教育的根本力量。前不久，习近平总书记致信全国优秀教师代表，深刻阐释中国特有的教育家精神，其中一个重要方面就是"启智润心、因材施教的育人智慧"。好老师传道授业解惑，是心灵成长的引路人。新时代新征程，广大教师应不断涵养育人智慧，更新教育理念，丰富教育实践，真正让每个学生都有人生出彩的机会。

教育，蕴含着无穷力量。习近平总书记同北京师范大学师生代表座谈时深情地说："教过我的老师很多，至今我都能记得他们的样子，他们教给我知识、教给我做人的道理，让我受益无穷。"做一名好老师，不仅要教书，更要育人，不仅要启智，更要润心。让学生在学习知识、启迪智慧的同时，也塑造高尚的灵魂和健全的人格，培养适应终身发展和社会发展需要的正确价值观、必备品格和关键能力，这样的教育，才能更好促进人的全面发展。

适合的教育才是最好的教育。每个学生的禀赋、潜质、特长不同。用心发现学生的长处，探索多样化办学，注重因材施教，能够帮助孩子们拓宽成长成才的道路。乡村教师支月英几十年如一日，用"一棵树摇动另一棵树，一朵云推动另一朵云"，不仅让孩子们学习知识，更让他们树立起走出大山、远离贫困的信念。清华大学附属小学党总支书记、校长窦桂梅多年保持"一日蹲班"的教学习惯，还带动年轻教师一起参与，俯身面对学生的个体差异。面向学生、因材施教，注重学用相长、知行合一，就能以充满智慧的育人实践落实素质教育理念。

强教必先强师。作为打造中华民族"梦之队"的筑梦人，提升育人本领、积累育人智慧是必修课。当今世界，新一轮科技革命和产业变革深入发展，围绕高素质人才和科技制高点的国际竞争空前激烈，对教师队伍提出了新的更高要求。准确识变，与时俱进，拓宽教育视野，把握教育规律；科学应变，适应好"互联网+"、人工智能等技术所带来的教育转型，善用技术提高教学质效；主动求变，从知识的传授者转变为学生学习的合作者、引导者……教师更好适应变化，让启智润心、因材施教的育人智慧抵达更高境界，才能用实绩不断推动教育高质量发展。

"一个人遇到好老师是人生的幸运，一个学校拥有好老师是学校的光荣，一个民族源源不断涌现出一批又一批好老师则是民族的希望。"广大教师心怀"国之大者"，见贤思齐、拼搏奋斗，大力弘扬教育家精神，必能为加快建设教育强国贡献更大力量。

（2023 年 09 月 22 日）

勤学笃行　求是创新

——大力弘扬教育家精神④

崔　妍

"教育是为未来培养人才，要跟着时代前进，怎么会够呢？我鼓足生命的风帆，孜孜不倦地追求，顺境不自傲，受挫更刚强，有使不完的劲。"从教70余年、为推动我国基础教育改革发展作出突出贡献的"人民教育家"国家荣誉称号获得者于漪，痴迷语文教学，耄耋之年仍坚持站上讲台。她躬耕教坛、与时俱进，用行动践行"做了一辈子教师，但一辈子还在学做教师"，彰显了"师者为师亦为范"的境界。

教师肩负着教书育人重任。前不久，习近平总书记在致全国优秀教师代表的信中，深刻阐释中国特有的教育家精神，其中一个重要方面就是"勤学笃行、求是创新的躬耕态度"。广大教师勤奋学习、刻苦钻研、求真务实、勇于创新、躬耕不辍，涵养渊博的专业知识、深厚的理论功底、过硬的教学能力、科学的教学方法，不断提高教书育人水平，才能做学生为学、为事、为人的大先生。

学不可以已，教师应当成为勤于治学、不懈求索的表率。"为学当如金字塔，要能博大要能高"，卫兴华是这样说的，也是这样做的。多年来，这位"人民教育家"国家荣誉称号与"最美奋斗者"称号获得者，始终奋斗在勤学求真的道路上。90 岁之后，虽然病痛缠身，仍每天学习工作不少于 8 小时，经常参加学术活动；即使卧病在床，也坚持与学生探讨学术问题。数十年如一日辛勤耕耘，卫兴华将知识精华传授给学生，也让马克思主义信仰在他们心中生根发芽、成长壮大。实践表明，榜样是看得见的哲理，广大教师以身作则，既传授知识、也传递信仰，就能给学生以无穷力量。

为学之实，固在践履。如今，无数优秀教师秉持躬耕态度，激扬奋进的精气神，以勤勉奉献为"强国有我"写下生动注脚。长期在野外进行科学观测与试验研究，重庆大学教授蒋兴良用持之以恒的科学实践，攻克能源电力装备安全多项重大科学与技术难题，为我国电网安全作出突出贡献。既"树木"又"树人"，贵州大学教授丁贵杰带领团队创建马尾松杂交育种技术体系和种质基因库，在多目标培育技术体系和优化栽培模式等方面取得重要突破，在教学和科研中培育创新人才。深厚渊博的学识、学无止境的精神、知行合一的品格、实干奋斗的情怀，都是教师能够给予学生的宝贵财富。

"问渠那得清如许？为有源头活水来。"时代越是发展，越需要教师树立终身学习的理念。今天，教学工具不单是粉笔黑板，还有了翻转课堂、智慧教室；教学场所不止于三尺讲台，而向社会大课堂延伸；授课内容不局限于书本教材等学科类知识，更要注重学生德智体美劳全面发展……知识更新周期越来越短，学习需求越来越多样，对教师能力素质提出了更高要求。葆有创新意识，持续加强知识储备、优化教育教学方法、提升教学质量，才能更好适应时代变革，实现教育发展、科技创新、人才培养一体推进，形成良性循环。

教师是人类灵魂的工程师。新征程上，广大人民教师大力弘扬教育家精神，秉持勤学笃行、求是创新的躬耕态度，以精湛的学识、深厚的素养、创新的理念，做学生前行的引路人，必能在教书育人岗位上作出新的更大贡献。

（2023 年 09 月 25 日）

乐教爱生　甘于奉献

——大力弘扬教育家精神⑤

张　凡

2001 年，20 岁出头的张玉滚放弃在城市工作的机会，来到河南伏牛山深处一所小学，成为一名乡村教师。为了"孩子们走出大山的梦想"，他扎根深山、坚守讲台，把自己磨炼成能教书、能做饭、能裁缝、能治病的"全能型"教师，用关爱陪伴乡村孩子成长。2006 年前，学校到山外不通车，他靠一根扁担，把学习和生活用品挑进大山。最近，"时代楷模"张玉滚的事迹被改编成电影，再次打动了观众。

有无数像张玉滚一样的人民教师。他们爱教育、爱学生，一辈子在三尺讲台默默奉献，有的在学生遇到危难时挺身而出，有的坚持用自己有限的收入捐资助学，有的拖着残疾之躯坚守岗位……如春蚕，如蜡炬，他们诠释着人间大爱，共同构建了教师这一职业群体的精神底色。前不久，习近平总书记致信全国优秀教师代表，深刻阐释中国特有的教育家精神。"乐教爱生、甘于奉献的仁爱之心"，正是其中一个重要方面。

仁爱是中华民族的传统美德，也是自古以来师道传承的重要精神内核。没有爱就没有教育。为什么教育中的爱如此重要？事实上，学生们的性格爱好、脾气秉性、兴趣特长、家庭情况、学习状况等不尽相同。教师具备仁爱之心，才能尊重、理解、包容每一名学生，注重学生的全面发展，进而通过精心培育、耐心引导，呵护学生健康成长。从教育的本质来看，教育不仅是知识的传递、智慧的启迪，还是品德的涵养、心灵的塑造。教师付出纯粹无私的爱，就能用爱培育爱、激发爱、传播爱，润泽学生的心田。

爱是教育的灵魂，有爱才有责任，有责任才有奉献。正是因为饱含对三尺讲台的热爱、对莘莘学子的关爱，很多老师有了"择一事终一生"的执着坚守，有了"只为桃李竞相开"的无私追求。这样的爱与责任，让乡村教师石兰松在深不见底的大龙湖上摆渡30多年，为学生们撑起求学之路；让退休教师陈立群谢绝其他学校的高薪邀请，主动到贵州大山深处扶贫支教；让特教教师张俐既当老师又当妈妈，用爱的教育为"折翼天使"插上逐梦的翅膀……仁爱之心，孕育了为人师者诲人不倦的敬业精神、淡泊名利的高洁品质，也成就了他们更有价值的事业与人生。

如今，教学条件不断升级，教学手段更加丰富，教学风格更加多元。时代在变迁，但爱是教育的永恒主题。无论是在偏远山乡躬耕，还是在繁华都市执教，教师们都应勤修乐教爱生、甘于奉献的仁爱之心，把自己的情感倾注到每一个学生身上，以真心呵护学生成长，用大爱书写教育人生。当然，有爱的教育不是纵容。在严爱相济的前提下晓之以理、动之以情，让学生"亲其师""信其道"，教育效果才会正向而恒久。

教育是一门"仁而爱人"的事业。办好这项事业，呼唤师者的真心付出，也需要各方的共同奔赴。大力弘扬尊师重教的优良传统，全社会更加重视教育、爱护教师，让广大教师在岗位上有幸福感、事业上有成就感、社会上有荣誉感，必将更好激励他们厚植教育情怀、涵育仁爱之心，以大爱点亮孩子的梦想、托举民族的未来。

（2023 年 09 月 27 日）

胸怀天下　以文化人

——大力弘扬教育家精神⑥

邹　翔

　　福建农林大学教授林占熺的办公桌上，摆放着一个地球仪，这是学生们送给他的教师节礼物。地球仪上，已经推广了菌草技术的地方都被贴上了标识。如今，菌草技术不仅推广到国内500多个县区，还被推广至100多个国家和地区。"为民谋利、为国争光、造福人类"，在林占熺的影响下，许多学生毕业后加入菌草科研团队，致力于使菌草技术成为造福广大发展中国家人民的"幸福草"。

　　一名优秀教师，既要精于"授业""解惑"，更要以"传道"为责任和使命。前不久，习近平总书记致信全国优秀教师代表，深刻阐释中国特有的教育家精神，其中一个重要方面就是"胸怀天下、以文化人的弘道追求"。做学生为学、为事、为人的大先生，要求广大教师牢记为党育人、为国育才的初心使命，同时胸怀世界、放眼未来，弘扬全人类共同价值。

　　中华优秀传统文化具有尚和合、求大同的精神特质与价值追求。从"大道之行也，天下为公"到"为天地立心，为生民立命，为往圣继绝学，为万世开太平"，再到"天下兴亡，匹夫有责"，无不折射出胸怀天下的高尚追求。人民教育家陶行知主张"教育为公"。作为人类灵魂的工程师、人类文明的传承者，教师应当涵养家国天下的深厚情怀，传承胸怀天下的责任担当，教育引导青少年把爱国情、强国志、报国行融入坚持和发展中国特色社会主义事业的奋斗之中，立大志、明大德、成大才、担大任。

习近平总书记在会见第一届全国文明家庭代表时回忆："我从小就看我妈妈给我买的小人书《岳飞传》，有十几本，其中一本就是讲'岳母刺字'，精忠报国在我脑海中留下的印象很深。"中华优秀传统文化是中华民族的突出优势，将其融入教学育人全过程，能够更好培根铸魂、启智润心。四十余载教书育人，吉林大学教授孙正聿把"哲学的目光"聚焦于对"真善美"的求索，以哲启思、以文化人，培养了一大批哲学教育和科研人才。湖南省湘潭市雨湖区金庭学校教师石灵芝，在多年语文教学中坚持以文化道、以意动人，让课堂有情境、有情感、有意思、有意义。在教育教学中把中华优秀传统文化的丰富人文精神和道德理念传递给学生，有利于引导他们有理想、敢担当、能吃苦、肯奋斗，矢志奉献国家和人民。

教育决定着人类的今天，也决定着人类的未来。战胜人类发展面临的各种挑战，需要各国人民同舟共济、携手努力。当前，人类命运共同体理念得到国际社会广泛认同和支持，正在从理念转化为行动、从愿景转变为现实。教育应该顺应大势，通过更加密切的互动交流，促进对人类各种知识和文化的认知，对各民族现实奋斗和未来愿景的体认，以促进各国学生增进相互了解、树立世界眼光、激发创新灵感，确立为人类和平与发展贡献智慧和力量的远大志向，从而更好创造人类的美好未来。

大道如砥，行者无疆。做新时代的"大先生"，必须有大的视野、大的胸怀、大的格局、大的担当、大的气象。在强国建设、民族复兴的新征程上，广大教师以教育家为榜样，心怀"国之大者"，争做"大国良师"，大力弘扬教育家精神，坚持以文化人、以德育人，必能为全面建设社会主义现代化国家、推动构建人类命运共同体作出更大贡献。

（2023 年 09 月 28 日）

发挥文化凝聚人心、汇聚民力的强大力量

张 凡

一场精彩的文化论坛，在金秋北京圆满举行。9月14日，国家主席习近平向2023北京文化论坛致贺信指出："中国将更好发挥北京作为历史古都和全国文化中心的优势，加强同全球各地的文化交流，共同推动文化繁荣发展、文化遗产保护、文明交流互鉴，践行全球文明倡议，为推动构建人类命运共同体注入深厚持久的文化力量。"

文化是灵魂，也是桥梁、纽带。以文化人，更能凝结心灵；以艺通心，更易沟通世界。在2023北京文化论坛上，600多名中外嘉宾齐聚一堂，围绕"传承优秀文化 促进交流合作"这一年度主题，深入交流、碰撞思想，为建设中华民族现代文明、促进人类文明共同进步汇聚智慧力量。北京历史悠久，文脉绵长，是中华文明连续性、创新性、统一性、包容性、和平性的有力见证。在北京举办国家层面、面向世界的文化论坛，对于在新的起点上继续推动文化繁荣、建设文化强国、建设中华民族现代文明，更好发挥文化在推动人文交流、文明互鉴中的作用，具有重要意义。

文化，凝心铸魂、启智润心。党的十八大以来，以习近平同志为核心的党中央把文化建设摆在治国理政的突出位置，不断深化对文化建设的规律性认识，推动文化传承发展，中华大地上，一幅古今辉映、灿烂辉煌的文化长卷徐徐铺展。《复兴文库》、"中国历代绘画大系"等重大文化工程守护文明火种，《长津湖》《山海情》《觉醒年代》等精品力作鼓舞奋进豪情，

"考古热""博物馆热""非遗热""古籍热"等见证中华优秀传统文化焕发蓬勃生机……今天，亿万中华儿女的精神世界愈发充盈，文化自信显著增强，焕发出更为主动的精神力量。

文以化人，文以载道；文明立世，文化兴邦。习近平总书记指出："没有高度的文化自信，没有文化的繁荣兴盛，就没有中华民族伟大复兴。"新时代以来，从体现"治国之道，富民为始"的脱贫攻坚，到弘扬"爱人利物之谓仁"的生命救援，再到"青山一道同云雨"的守望相助，社会主义核心价值观、中华优秀传统文化凝聚起不断攻坚克难、创造奇迹的强大精神动力。眺望前方的奋进路，有风平浪静，也有惊涛骇浪，尤须以精神之力排除千难万险，尤须发挥文化凝聚人心、汇聚民力的强大力量。我们要厚植文化自信之基、激扬文化自强之势，以固本培元、守正创新焕发中华文化时代光彩，以改革创新、激发活力满足人民精神文化需求，不断增强实现中华民族伟大复兴的精神力量。

2022 年 2 月 20 日晚，北京冬奥会圆满落下帷幕，盛大的焰火在"鸟巢"上空绽放出象征"更团结"的奥运五环和"天下一家"中英文字样。这个经典瞬间，是中华优秀传统文化的"绽放"，更体现出这个古老民族开放包容、兼收并蓄的文化胸怀。新时代以来，从雁栖湖畔到西子湖畔，从北京冬奥会到成都大运会，从"一带一路"国际合作高峰论坛到亚洲文明对话大会，我们以更加开放包容的姿态拥抱世界、以更加精彩纷呈的文明成就贡献世界。"日月不同光，昼夜各有宜。"前进道路上，我们要深化交流互鉴，以包容的胸怀构建和而不同的精神家园，用欣赏、互学、互鉴的态度对待多种文化，弘扬全人类共同价值，谱写推动构建人类命运共同体新篇章。

文脉绵延，熠熠重光；承古拓今，生生不息。今日之中国，中华文明闪耀着更加璀璨夺目的光华，人类文明新形态展现出更加美好的前景。以 2023 北京文化论坛为契机，以文铸魂，以艺通心，我们必将以踔厉奋发的昂扬姿态、包容互鉴的宽阔胸怀，建设好中华民族现代文明，携手各国迈向人类命运共同体的美好未来。

（2023 年 09 月 16 日）

不断在实践中锤炼党性

马祖云

闻"汛"而动、听令而行，及时排查风险隐患；冒着倾盆大雨，组织群众转移；全力以赴加快灾后恢复重建……近期，在防汛抗洪救灾中，广大党员、干部响应习近平总书记号召，激扬"党员干部要冲在前"的精气神，用责任与行动守护人民群众生命财产安全，在关键时刻体现出党性修养、党员本色。

何为党性？党性是党员干部立身、立业、立言、立德的基石。有了坚强的党性，才能锻造"唯一的、彻底的、无条件的、不掺任何杂质的、没有任何水分的"绝对忠诚。党性彰显着"生是为中国，死是为中国"的大义，"心中装着全体人民、唯独没有他自己"的胸怀，"宁肯少活20年，拼命也要拿下大油田"的毅力，"捧着一颗心来，不带半根草去"的情操……

革命理想高于天。我们党从诞生之日起，就把马克思主义写在自己的旗帜上，把实现共产主义确立为最高理想。理想信念坚定，历经实践锤炼，党性才能坚如磐石。因为对马克思主义的信仰，才有"坚持革命继吾志，誓将真理传人寰"的凛然；因为对中国特色社会主义的信念，才有在改革中"杀出一条血路来"的无畏；因为对实现中华民族伟大复兴中国梦的信心，才有"请党放心，强国有我"的壮志。坚守理想信念、砥砺坚强党性，一代代共产党人在党爱党、在党言党、在党忧党、在党为党，为党和人民的事业实干奋斗。

干事创业，常常会遇到安与危、是与非、公与私、义与利、得与失等现实考验，一场场斗争、一道道考题，检验着党员、干部的党性成色。大是大非面前，检验党性原则；功名利禄面前，检视党性觉悟；艰难任务面前，标注党性作风。真金不怕火炼，面对纷繁复杂的斗争考验，惟有提升党性修养，方能始终保持共产党人的政治本色，做到平常时候看得出来、关键时刻站得出来、危难关头豁得出来，真正为党分忧、为国尽责、为民奉献。

共产党员不只是一种身份，更意味着责任、担当、奉献。担当作为，就要在履职尽责上能作有为、攻坚克难上敢作敢为、担负重任上善作善为。常说"能在现场就不在会场"的廖俊波，为我国在"巡天探地潜海"领域填补多项技术空白的黄大年，用科技把荒山秃岭抛进历史的李保国，率众在绝壁凿出"生命渠"的黄大发……无数优秀共产党人总是冲锋在前、担当在前、奉献在前，用闪光的党性、卓越的作为，不断为党旗增光添彩。

强国建设、民族复兴的宏伟目标令人鼓舞，催人奋进，激励亿万人民共同奋斗，呼唤千千万万开路先锋。新征程上，不断在实践中锤炼党性，风雨无阻向前进，脚踏实地干实事，我们就一定能创造出无愧于党、无愧于人民、无愧于时代的辉煌业绩。

（2023 年 09 月 14 日）

躬耕教坛　强国有我

吴佳颖

深耕课堂，传播党的创新理论；扎根一线，呵护"幼苗"成长；矢志攻关，鲐背之年开创研究先河……前不久，中宣部、教育部公布 2023 年全国教书育人楷模名单，12 位教师荣获表彰。他们是教师群体的杰出代表，如同盏盏明灯，照亮莘莘学子的前程。

教师是立教之本、兴教之源。"教师群体中涌现出一批教育家和优秀教师，他们具有心有大我、至诚报国的理想信念，言为士则、行为世范的道德情操，启智润心、因材施教的育人智慧，勤学笃行、求是创新的躬耕态度，乐教爱生、甘于奉献的仁爱之心，胸怀天下、以文化人的弘道追求，展现了中国特有的教育家精神。"近日，全国优秀教师代表座谈会在京召开，习近平总书记致信与会教师代表，勉励广大教师"以教育家为榜样，大力弘扬教育家精神，牢记为党育人、为国育才的初心使命，树立'躬耕教坛、强国有我'的志向和抱负，自信自强、踔厉奋发"。

民族存亡的关头，担负起教育救国的使命；颠沛流离的间隙，费尽心血保存文化的火种；科研攻关的冷板凳上孜孜以求，带领莘莘学子勇攀高峰；筑梦圆梦的征途上鞠躬尽瘁，悉心培养更多生力军……时代越是向前，知识和人才的重要性就愈发突出，教育的地位和作用就愈发凸显。在强国建设、民族复兴的新征程上，人们期待涌现更多启迪心智、传承文明的"大先生"。

如春蚕，如蜡炬，无私奉献是人民教师的崇高品格。广大默默奉献的教师，在乡野，在边城，毅然坚守讲台，为了一双双求知的眼睛，倾尽所有、呕心沥血。高山不曾拦住他们的脚步，云朵倾听他们的志向。广大教师群体用实际行动证明，他们躬耕教坛，是以奉献"小我"书写强国"大我"的行动派。

好老师精于传道授业解惑，是"经师"和"人师"的统一。《论语·子罕》中，颜渊赞美自己的老师"仰之弥高，钻之弥坚"，因"夫子循循然善诱人，博我以文，约我以礼"，使自己对学习"欲罢不能"。广大教师既要练就高超师艺，拓宽知识视野，创新教育方法，做学生学习知识的引路人；也要坚守崇高师德，以德立身、以德立学、以德施教，做学生锤炼品格的引路人。同时，全社会应进一步弘扬尊师重教风尚，提高教师政治地位、社会地位、职业地位，支持和吸引优秀人才热心从教、精心从教、长期从教、终身从教。

从"基本均衡"到"优质均衡"，从"有学上"到"上好学"，今日中国，教育强国建设迈出铿锵步伐，人民群众对教育有了更高期盼，教育事业发展对广大教师提出了更高要求。世界百年未有之大变局加速演进，党和国家事业发展对"大国良师"的渴求十分迫切。人民教师一个肩膀挑着学生的未来，一个肩膀挑着民族的未来，惟有躬耕不辍，坚守三尺讲台，潜心教书育人，才能守教育报国初心，担筑梦育人使命，为强国复兴贡献力量。

（2023 年 09 月 11 日）

增绿就是增优势、护林就是护财富

张　凡

祖国的一山一水、一草一木，时时牵挂在习近平总书记的心头。近日，在黑龙江考察时，习近平总书记来到漠河林场自然林区，察看自然林生长态势和林下作物展示，指出"要坚持造林与护林并重"；走进我国大陆最北端的边境临江村落北极村，仔细了解当地结合地域优势发展特色旅游、将生态优势转化成发展优势等情况，强调"要树立增绿就是增优势、护林就是护财富的理念，在保护的前提下让老百姓通过发展林下经济增加收入"。

"草木植成，国之富也。"新时代的中国，"美丽经济"发展壮大，生态优势不断转化为发展优势，绿水青山产生越来越大的生态效益、经济效益和社会效益。黑龙江伊春全面停止天然林商业性采伐，林区人捧起了生态旅游、森林食品、林都北药的"新饭碗"；宁夏贺兰山砂石矿区整治修复后成为葡萄酒庄，产业转型带来丰厚回报；贵州石阡将石漠化治理同茶叶发展有机结合，让"石山变青山，荒山变茶园"，实现经济效益和生态效益双丰收……放眼今天的神州大地，越来越多群众吃上了生态饭，过上了好日子，生动印证"增绿就是增优势、护林就是护财富"的深刻道理。

山川披绿、林海生金，新时代中国之所以能发生这样的美丽蝶变，根本在于习近平生态文明思想科学指引，在于"绿水青山就是金山银山"理念深入人心。让群众富起来，让日子美起来，让生态好起来，习近平总书记念兹在兹。从指出"生态环境保护和经济发展不是矛盾对立的关系，而是辩证统一的关系"，到强调"绿水青山既是自然财富，又是经济财富"；从指出"把绿水青山建得更美，把金山银山做得更大"，到强调"人不负青山，青山定不负人"……在习近平新时代中国特色社会主义思想特别是习近平生态文明思想的引领下，越来越多人将绿色发展的理念转化为爱绿植绿护绿的自觉行动，不断拓宽绿水青山转化金山银山的路径。

中国式现代化是人与自然和谐共生的现代化，绿色发展是未来经济的方向、人民群众的期盼。习近平总书记深刻指出："只有把绿色发展的底色铺好，才会有今后发展的高歌猛进。"牢固树立增绿就是增优势、护林就是护财富的理念，才能走好绿色发展之路。

现代经济社会发展对自然生态的依赖程度越来越高。把生态环境保护好了，发展的优势才能不断扩大。吉林查干湖经治理后重现勃勃生机，成为候鸟迁徙的重要补给站。飞鸟翔集引客来，2018 年以来，查干湖景区旅游综合收入近 80 亿元。"鱼逐水草而居，鸟择良木而栖。"如果其他各方面条件都具备，人们都愿意到绿水青山的地方投资、发展、工作、生活和旅游。坚持"增绿就是增优势"，通过高水平环境保护，不断提升绿水青山"颜值"，就能塑造发展的新动能、新优势，为高质量发展注入源源不断的动力。

森林是集水库、粮库、钱库、碳库于一身的大宝库。森林涵养水源，林下种植、林下养殖是林草产业重要组成，林业碳汇可创造经济效益。可以说，把森林资源保护好了，各种财富就能源源而来。贵州毕节赫章县海雀村村民在万亩荒山秃岭上植树造林，30 多年里持续开展森林抚育等工程，森林覆盖率超过 77%，不仅发展起各种特色产业，还获得全省第二张林业碳票，村民感慨"现在空气也能卖钱"。森林是宝库，但也易遭毁坏、难以修复。坚持"护林就是护财富"，真正把森林保护好，同时积极探索将森林资源转化为产业优势的路径，才能让森林资源更好造福人民群众。

巍巍高山、茫茫草原、茂密森林、碧海蓝天，都是大自然的慷慨馈赠，也是人类永续发展的最大本钱。不负绿水青山，方得金山银山。新征程上，我们要汇聚起更加磅礴的力量，建设人与自然和谐共生的现代化，让良好生态环境成为人民生活的增长点、成为经济社会持续健康发展的支撑点，让绿色成为最亮丽的发展底色。

（2023 年 09 月 10 日）

激扬中华文明新活力

张　凡

　　近日，《聚焦全国文化中心建设》系列短视频播出。漫步大运河源头遗址公园，感受运河源头的历史变迁和文化承载；打卡钟鼓楼，俯瞰北京城熙来攘往的人间烟火；走进北京乐石文物修复中心，了解"三星堆金面具""百年书画""千年青铜"如何重焕光彩……在以"传承优秀文化　促进交流合作"为年度主题的 2023 北京文化论坛即将举办之际，系列短视频带领人们探寻北京历史文化，引人思考文化传承发展这一重要命题。

　　文化关乎国本、国运。中国国家版本馆、中国共产党历史展览馆等巍然挺立，传承中华文明、赓续红色基因；良渚、殷墟等遗址考古取得重要进展，故宫、敦煌等国潮文创 IP 让生活更有"文艺范儿"；《长津湖》《山海情》《觉醒年代》等优秀影视作品广受好评，舞剧《只此青绿》、昆曲《牡丹亭》等多部力作叫好叫座……放眼新时代中华大地，呈现出"郁郁乎文哉"的盛大气象，涌动着"天工人巧日争新"的文化创造活力。

　　中华民族历史悠久，中华文明源远流长，中华文化博大精深，先秦诸子、汉唐气象、宋明风韵……浩浩文脉滋养泱泱中华。习近平总书记深刻指出："中华民族在几千年历史中创造和延续的中华优秀传统文化，是中华民族的根和魂。"翻开历史长卷，从"天行健，君子以自强不息"的理念，到"路漫漫其修远兮，吾将上下而求索"的志向，再到"天下兴亡，匹夫有责"的情怀，中华优秀传统文化的丰富哲学思想、人文精神、价值理念、道德规范等，都可以古为今用，为人们认识和改造世界提供有益启迪。今天，我们肩负着新的历史重任，迫切要求传承和发展中华优秀传统文化，激扬中华文明新活力，努力用中华民族创造的一切精神财富来化人育人，更好构筑中国精神、中国价值、中国力量。

实践告诉我们，中华优秀传统文化只有与现代社会相适应、相融合，才能更好焕发生命力。"中国历代绘画大系"通过数字化手段，让传世古画生动呈现，使观众身临其境。动画电影《长安三万里》热映，古诗词热再度升温。有"中华诗城"之称的重庆奉节，利用文化景观石、地面投影等让诗词文化走进日常生活。让中华优秀传统文化"活"起来，才能在守正创新中构筑中华文化新气象，更好肩负起新的文化使命。

文明的繁盛、人类的进步，离不开求同存异、开放包容，离不开文明交流、互学互鉴。习近平总书记强调："中华文明的博大气象，就得益于中华文化自古以来开放的姿态、包容的胸怀。"回溯历史，从先秦时期青铜器上的异域元素，到汉唐时期在丝绸之路沿线流行的胡乐胡舞，再到宋元时期跨海而来的番客番舶，中华文明在5000多年不间断的历史传承中兼容并蓄、创新升华。新征程上，无论是对内提升先进文化的凝聚力感召力，还是对外增强中华文明的传播力影响力，都离不开融通中外、贯通古今。我们要秉持开放包容，更加积极主动地学习借鉴人类创造的一切优秀文明成果，在传承发展中华优秀传统文化的同时，促进外来文化本土化，不断培育和创造新时代中国特色社会主义文化。

今日之中国，是创新创造活力迸发的中国，是文化之花繁盛绚丽的中国。不忘本来、吸收外来、面向未来，在继承中转化，在学习中超越，我们的文化将绵延不绝，我们的创造将生生不息。让我们期待2023北京文化论坛精彩启幕，为建设中华民族现代文明、促进人类文明共同进步汇聚智慧力量。

（2023 年 09 月 09 日）

在全社会树立科学的教育观

尹双红

"敬教劝学，建国之大本；兴贤育才，为政之先务。"教育是民族振兴、社会进步的重要基石，是功在当代、利在千秋的德政工程。在中共中央政治局第五次集体学习时，习近平总书记强调："要在全社会树立科学的人才观、成才观、教育观，加快扭转教育功利化倾向，形成健康的教育环境和生态。"

教育是一门科学，兴教办学、人才成长有客观规律。只有在全社会树立科学的教育观，才能引领教育事业健康发展。在全国教育大会上，要求"健全立德树人落实机制，扭转不科学的教育评价导向"；针对教育培训乱象等问题，指出"教育，无论学校教育还是家庭教育，都不能过于注重分数"；在北京育英学校考察时，强调"学生的理想信念、道德品质、知识智力、身体和心理素质等各方面的培养缺一不可"……围绕青少年的健康成长、全面发展，习近平总书记从教育理念上正本清源，引领教育回归"立德树人"的初心，推动全社会为青少年成长成才营造良好教育环境。

教育是国之大计、党之大计。培养什么人、怎样培养人、为谁培养人是教育的根本问题。习近平总书记强调："教育的根本任务是立德树人，培养德智体美劳全面发展的社会主义建设者和接班人。"人无德不立，育人的根本在于立德。只有德"立"住了，人才能"树"起来。这个德既有个人品德，也有社会公德，更有报效祖国和服务人民的大德。落实立德树人根本任务，就要用科学理论培养人，用正确思想引导人，用主流价值涵育人，引导青少年扣好人生第一粒扣子，引导他们树立共产主义远大理想和中国特色社会主义共同理想，把爱国情、强国志、报国行自觉融入新时代追梦征程，努力成长为堪当民族复兴重任的时代新人。

办教育，必须着眼于促进人的全面发展。如何"树人"，自古以来都备受重视。从"兴于诗，立于礼，成于乐"，到"欲文明其精神，先自野蛮其体魄"，再到"要求人心净化，先要求人生美化"，这些话虽侧重点不同，但都道出了同一个道理：仅用专业知识教育人是不够的。德智体美劳全面发展，字字千金，都是经过多年总结摸索才得出来的。素质教育是教育的核心，坚定教育自信，弘扬我国优秀教育传统，吸收借鉴国际先进经验，构建德智体美劳全面培养的教育体系，就能不断提升学生综合素质，使学生们的知识、才能、身体、精神、个性等都得到全面而丰富的发展。

适合的教育是最好的教育。树立科学的教育观，就要注重以人为本、因材施教，注重学用相长、知行合一，使教育的选择更多样、成长的道路更宽广。从深化新时代教育评价改革，引导确立科学的育人目标；到各级各类学校树立正确办学理念，尊重教育规律和学生成长规律，努力让每个学生都有人生出彩的机会；再到家庭发挥好第一课堂作用，培养孩子的健康心态、优秀品格、实践能力……全社会都牢固树立科学的教育观，坚决克服教育中的短视行为、功利化倾向，才能让孩子在家庭、校园、社会共同营造的良好氛围中健康快乐成长。

"国势之强由于人，人材之成出于学。"时代越是向前，知识和人才的重要性就愈发突出，教育的地位和作用就愈发凸显。今天，奋进强国建设、民族复兴的新征程，我们必须更加重视教育，更加重视树立科学的教育观。以科学的理念为引导，全面提升各级各类教育质量，大力促进教育公平，我们一定能培养出更多更好能够满足党、国家、人民、时代需要的人才，为中华民族伟大复兴提供源源不断的人才支撑。

（2023 年 09 月 07 日）

在全社会树立科学的成才观

张　凡

在主持中共中央政治局第五次集体学习时，习近平总书记强调"要在全社会树立科学的人才观、成才观、教育观"。一个社会秉持怎样的成才观，对人才的长远发展具有重要影响。党的十八大以来，习近平总书记指引广大青年深入新时代中国特色社会主义伟大实践，在实践中学真知、悟真谛，加强磨练、增长本领，指出"坚持在干中学、学中干是领导干部成长成才的必由之路"，强调"学习是成长进步的阶梯，实践是提高本领的途径"，号召"到基层和人民中去建功立业，让青春之花绽放在祖国最需要的地方"，为新时代人才成长指明了方向。

"人才自古要养成，放使干霄战风雨。"一个人要成长成才，不能只读"有字之书"，还要多读"无字之书"，在实践中经受历练，在经风雨、见世面中壮筋骨、长才干。习近平总书记指出："做人做事，最怕的就是只说不做，眼高手低。不论学习还是工作，都要面向实际、深入实践，实践出真知；都要严谨务实，一分耕耘一分收获，苦干实干。"中国农业大学科技小院的学生们走进乡土中国深处，把课堂学习和乡村实践紧密结合起来，不仅让实验室里的科研成果在广袤田野落地生根，还在"接地气""沾泥土"中不断提升自我、快速成长。实践出真知，实践长真才。树立科学的成才观，把实践作为最好的老师，把社会作为最好的课堂，真正做到知行合一，才能成长为堪当大任、能做大事的优秀人才。

人才成长没有捷径可走，要在迎难而上、接"烫手山芋"中砥砺心性、成长成熟。"罗阳青年突击队"的队员们，擎起航空报国的旗帜，在各种急难险重的任务中勇挑大梁、攻坚克难，在推动航空事业发展中成长成才；疫情突袭，北京大学援鄂医疗队的90后党员们不畏艰险、冲锋在前，在抗疫一线淬炼成长，和奋战在各条战线上的青年一起，用青春的臂膀扛起如山的责任。实践证明，越是困难大、矛盾多的地方，越是形势严峻、情况复杂的时候，越能练胆魄、磨意志、长才干。广大青年要勇于担苦、担难、担重、担险，多经历"风吹浪打"，多当几回"热锅上的蚂蚁"，在摸爬滚打中增长才干，在层层历练中积累经验，磨出真功夫、练出"大心脏"。

人才成长不能囿于小我，要在祖国和人民最需要的地方扎根生长、建功立业。每个人的人生目标会有不同，职业选择也有差异，但只有把人生理想融入国家和民族的事业中，才能最终成就一番事业。河北保定学院西部支教毕业生群体，扎根西部、播撒知识，为广袤的土地带去无尽的生命力，写下了充满激情和奋斗的人生历程；80后青年魏巧和丈夫放弃北京安稳的生活、返乡务农，成为数字化大田种植的行家里手，有效带动周边农民致富，在斑斓田野上闯出新的天地。"得其大者可以兼其小"，将个人奋斗的"小目标"融入党和国家事业的"大蓝图"，把个人奋斗融入民族复兴的时代洪流，与时代同步伐、与祖国共命运、与人民齐奋斗，才能更好实现人生价值、书写大我人生。

实现中华民族伟大复兴，尤为需要青年一代坚定信念、真诚奉献、埋头苦干。今天，施展才干的舞台更加广阔、实现梦想的前景更加光明。每个人都要抓住时代赋予的机会，在为人民服务中茁壮成长、在艰苦奋斗中砥砺意志品质、在实践中增长工作本领，努力成为祖国建设的有用之才、栋梁之材。

（2023 年 09 月 01 日）

在全社会树立科学的人才观

盛玉雷

一个社会具有怎样的人才观，影响着人才的成长，也事关国家的未来。在中共中央政治局第五次集体学习时，习近平总书记强调："要在全社会树立科学的人才观、成才观、教育观，加快扭转教育功利化倾向，形成健康的教育环境和生态。"我国是一个大国，对人才数量、质量、结构的需求是全方位的。只有在全社会树立科学的人才观，完善人才战略布局，建设规模宏大、结构合理、素质优良的人才队伍，才能让社会各领域各行业创新活力竞相迸发、聪明才智充分涌流。

功以才成，业由才广。今天，我们比历史上任何时期都更加接近实现中华民族伟大复兴的宏伟目标，也比历史上任何时期都更加渴求人才。习近平总书记深刻指出："实现中华民族伟大复兴，人才越多越好，本事越大越好。"放眼今日之中国，无论是突破"卡脖子"的科技难题，还是书写好乡村振兴的大文章，无论是增进民生福祉、提高人民生活品质，还是讲好中国故事、传播好中国声音，都迫切需要一批又一批德才兼备的有为人才。我们要打破社会上对一些职业、学历等的偏见，在全社会树立"三百六十行，行行出状元"的普遍共识，让不同专业特长、不同职业岗位、不同能力水平的各方面人才各得其所、各展其长，让更多千里马竞相奔腾于伟大时代。

强国之道，要在得人。培养造就大批德才兼备的高素质人才，是国家和民族长远发展大计。建党百年之际，在为我国焊接领域"领军人"艾爱国颁授"七一勋章"时，习近平总书记语重心长地说："大国工匠，国家就需要你这样的人。"殷殷话语，彰显了爱才敬才的深厚情怀，充分体现了对于加快人才队伍建设的关切重视。今天的人才工作，站在了一个新的历史起点上，我们要统筹推进各类人才队伍建设，坚定走好人才自主培养之路，针对人才队伍结构性矛盾，重点抓好战略科学家、顶尖人才、"卡脖子"技术攻关人才、基础研究人才的培养，同时培养造就大批哲学家、社会科学家、文学艺术家等各方面人才，加快建立人才资源竞争优势，让源源不断的人才优势转化为澎湃不竭的发展优势。

得人之要，必广其途以储之。中国工程院院士陈学庚只有中专学历，但他几十年不知疲倦地奔走在大田、实验室、车间中搞创新，填补了我国地膜植棉机械化应用领域空白；文物修复工作寂寞、清贫，但故宫里兀兀穷年的文物修复师们，以精湛的技艺让一件件文物重焕生机，也因极致的匠心赢得全社会的赞誉……他们的故事生动证明：培植好人才成长的沃土，人才根系才能更加发达，一茬接一茬茁壮成长；人人都努力找准个人条件和社会需求之间的定位，不负韶华，砥砺奋进，定能在沃土中成长为栋梁之材。

从三星堆考古现场的年轻人，到在群山深处默默坚守的"探天者"，从返乡创业的"新农人"，到古老长城的守护者……今天，我国各项事业发展正注入源源不断的青春动力。新征程上，我们要树立科学的人才观，继续完善机制、补齐短板，为各类人才干事创业搭建更广阔的舞台，让事业激励人才，让人才成就事业，为推进强国建设、民族复兴伟业筑牢人才之基、汇聚磅礴力量。

（2023 年 08 月 31 日）

调查研究关键看实效

曾军顺

一段时间以来，随着学习贯彻习近平新时代中国特色社会主义思想主题教育深入开展，全党大兴调查研究，积极运用党的创新理论研究新情况、解决新问题、总结新经验、探索新规律，有力推动各项工作取得新成效。

"搞好调查研究必须多层次、多方位、多渠道地调查了解情况""衡量调查研究搞得好不好，不是看调查研究的规模有多大、时间有多长，也不是光看调研报告写得怎么样，关键要看调查研究的实效，看调研成果的运用，看能不能把问题解决好"。调查研究的要义是发现问题、解决问题。询问技术人员机械的工作原理、购买价格、插秧效率，向出租车司机征询对年节打车难的解决办法，走进六盘山区破矮的土坯房舀起一瓢水尝尝水质……习近平总书记每到基层考察调研，总会从最细微的事项问起、从贴近民生的细节入手，确保"真真实实把情况摸清楚"。实践告诉我们，在调查研究中善于以小见大，以小视角、小切口观照全局，有助于解决人民群众急难愁盼问题，用切实有效的具体措施推动工作作风改变、工作效能提升。

易忽视的工作细节、易梗阻的工作流程、容易"灯下黑"的身边小问题，都可以成为调研题目，成为关注问题的切入点。这些事情可能看起来并不重大，却并不意味着不重要。调查研究没有"统一动作"，也不存在

"固定领域"。立足现实国情,审视各项具体工作,只要是惠民生、暖民心、顺民意的事情,都应该研究透、经办好。

真研究问题,研究真问题,要到群众中去,掌握一手资料。经常走出办公室,深入实际、深入基层、深入群众,进行各种形式和类型的调查研究,有益于促进领导干部正确认识客观世界、改造主观世界、转变工作作风、增进同人民群众的感情。周末骑上自行车下乡随访民情,借逛菜市场、水果店的工夫了解民意,在本地网络社区听取民声……进一步拓展调研渠道、丰富调研手段、创新调研方式,真正把功夫下到拜人民为师、向人民学习上,下到察实情、出实招、办实事、求实效上。只有把真实情况摸清楚,真切了解人民群众的所思所盼所忧所虑,把解决问题的好招实招提出来,调查研究才能做到出实招、见实效。

调查研究是基本功,必须抓在经常、融入日常、做在平常。党员干部经常开展调查研究,提高发现问题、研究问题、解决问题的能力,涵养密切联系群众、一切从实际出发的优良作风,开展各项工作就有了良好的基础。

(2023 年 08 月 28 日)

"世界应有的样子"

李浩燃

前不久，南非金砖电视台"电视中国剧场"开播仪式举行。南非配音演员现场用祖鲁语翻译电视剧《山海情》片段，演绎中国人民团结互助、脱贫致富的奋斗场景。这样的文化活动，映照着中非之间日益丰富的人文交流。

"文明多姿多彩、发展道路多元多样，这是世界应有的样子。"近日，在金砖国家领导人第十五次会晤上，习近平主席强调"要加强人文交流，促进文明互鉴"，指出"人类历史不会终结于一种文明、一种制度"。铿锵的话语，务实的建议，给人以深刻启示。

世界怎么了、我们怎么办？这是整个世界都在思考的问题。当前，世界之变、时代之变、历史之变正以前所未有的方式展开，世界进入新的动荡变革期，不确定、不稳定、难预料因素增多，人类社会走到了关键当口。是坚持合作与融合，还是走向分裂与对抗？是在交流与互鉴中增进互信，还是让傲慢与偏见蒙蔽良知？这样的时代之问，亟待作出负责任的回答。

多姿多彩是人类文明的本色。在人类历史的漫长进程中，世界各民族创造了具有自身特点和标识的文明，共同构成了人类文明的百花园。张骞出使西域、玄奘西行、郑和下西洋……中国国家版本馆展藏的版本，讲述着人类文明交往交流历史上的生动故事。成都大运会闭幕式上，东方蜀派古琴与西方小提琴和鸣《高山流水》和《友谊地久天长》，悠扬的音乐声令人难忘。和羹之美，在于合异；点点星光，点亮银河。世界上有 200 多个国家和地区，2500 多个民族、多种宗教，试想，如果只有一种生活方式、一种语言、一种音乐、一种服饰，那将是怎样一种场景？

历史条件、文化传统的多样性，决定了各国选择发展道路的多样性。世界是多向度发展的，既不存在定于一尊的现代化模式，也不存在放之四海而皆准的现代化标准。英国历史学家汤因比曾预言："如果中国能够在社会和经济的战略选择方面开辟出一条新路，那么就会证明自己有能力给全世界提供中国与世界都需要的礼物。"塞尔维亚前总统鲍里斯·塔迪奇认为，中国给"现代化"一词赋予了新的内涵和意义，为其他国家树立了榜样。每一种文明都扎根于自己的生存土壤，凝聚着一个国家、一个民族的非凡智慧和精神追求。中国式现代化的成功实践，打破了"现代化 ＝ 西方化"的迷思，有力表明通往现代化的道路不止一条。

"文明差异不应该成为世界冲突的根源，而应该成为人类文明进步的动力""各种文明本没有冲突，只是要有欣赏所有文明之美的眼睛"。历史的钟摆朝向何方，取决于我们的抉择。文明因交流而多彩，因互鉴而发展。从某种意义上说，文明交流互鉴是促进人类文明进步的重要力量，为实现共同发展提供强大的精神指引。放眼未来，面对风高浪急甚至惊涛骇浪的考验，我们尤应秉持团结合作、共同发展的理念，走共建共享共赢之路，既让本国文明充满勃勃生机，又为他国文明发展创造条件，让世界文明百花园群芳竞艳。

复信孟加拉国儿童阿里法·沁，鼓励她努力学习、追求梦想；复信南非德班理工大学孔子学院师生，鼓励他们学好中文；复信美国华盛顿州"美中青少年学生交流协会"和各界友好人士，希望更多中美青年相知相亲、携手同行……一封封有温度的书信，记录着习近平主席作为大国领袖推动人类文明交流互鉴的努力，彰显出中华文明具有突出的包容性。今日之中国，中华文明闪耀着更加璀璨夺目的光华，人类文明新形态展现出更加美好的前景。和衷共济、和合共生；行而不辍，未来可期。

（2023 年 08 月 26 日）

下足植树造绿的"绣花功"

桂从路

城市绿化，关系生态环境改善、城市治理现代化的大课题。习近平总书记强调"搞好城市内绿化，使城市适宜绿化的地方都绿起来"，指出"建城市、搞工业、保生态都要用地，必须精打细算，排出优先序，绝不能占用耕地和违背自然规律去搞造林绿化"，体现了尊重规律、统筹兼顾、系统施治等科学思维方法，为做好城市绿化工作提供了重要指引。

科学绿化是遵循自然规律和经济规律、保护修复自然生态系统、建设绿水青山的内在要求。现实中，个别地方在规划城市绿化时不尊重科学规律，忽视对当地土地适宜性、水资源的时空分布和承载能力等进行科学论证；在开展绿化设计施工时大干快上、急功近利，缺乏有效监督管理；在城市绿化的养护管护中大而化之、一"种"了之，管理责任落实不到位，等等。思想理念上存在偏差、治理能力上存在短板、工作机制上还有缺陷，正是城市绿化中形式主义问题屡禁不绝的原因。让城市绿化更加科学，就要充分认识到城市绿化是一项系统性工程，必须以系统思维加强统筹谋划、以科学精神推进工作落实。

当前，人民群众对优美生态环境的需要日益提升，城市绿化也要坚持数量和质量并重、质量优先。这对城市的建设者、管理者提出了更高要求。北京市结合城市更新和"疏解整治促提升"专项行动，科学布局设置休闲公园、城市森林等；上海市用好"边角料"见缝插绿，一个个小微绿地、"口袋公园"出现在市民身边；河北雄安新区秉持先植绿、后建城的理念稳步推进"千年秀林"工程，规划图上的绿色雄安正一步步变成现实。这些都启示我们，为民植绿，既要有恢弘大气的写意之笔，也要下精工细作的绣花功夫。坚持保护优先、自然恢复为主，统筹考虑生态合理性和经济可行性，才能不断提升城市绿化的质量和效益。

提升城市绿化的精准性、科学性，关键是尊重自然、顺应自然、保护自然，走科学、生态、节俭的绿化发展之路。一方面要增强统筹兼顾之谋，处理好城市绿化和耕地保护、生态修复、生物多样性保护等关系，统筹推进山水林田湖草沙一体化保护和修复，充分考虑水资源承载能力，统筹考虑生态合理性和经济可行性，合理布局绿化空间。另一方面要提升组织实施之能，进一步完善政策机制、健全管理制度、强化科技支撑、加强组织领导，坚持节约优先、量力而行，节俭务实开展国土绿化。与此同时，要坚持广大人民群众在城市建设和发展中的主体地位，倾听人民呼声、了解群众意愿，充分发挥群众积极性主动性创造性。特别是社会普遍关心且政府主导的重大绿化项目，必须经过科学论证，广泛听取各方面意见。

其实不光是城市绿化，城市治理的方方面面都要以绣花功夫把工作做扎实、做到位。那种不尊重规律的胡干、不注重效益的蛮干、简单化一刀切的乱干，不仅办不成事，甚至还会耽误事，说到底就是一种懒政。注重在科学化、精细化、智能化上下功夫，强化系统观念，统筹解决好工作中两难、多难问题，把握好时度效，防止"单打一"，才能通过绣花般的细心、耐心、巧心提高精细化水平，绣出城市的品质品牌。

一流城市要有一流治理，人民城市要始终为人民。坚持把让人民宜居安居放在首位，不断提高城市治理水平，推动治理手段、治理模式、治理理念创新，我们就一定能构建和谐优美生态环境，把城市建设成为人与人、人与自然和谐共生的美丽家园。

（2023 年 08 月 22 日）

共绘美丽中国的更新画卷

崔　妍

"生态文明建设是关系中华民族永续发展的根本大计，是关系党的使命宗旨的重大政治问题，是关系民生福祉的重大社会问题。"习近平总书记在首个全国生态日之际作出重要指示强调："希望全社会行动起来，做绿水青山就是金山银山理念的积极传播者和模范践行者，身体力行、久久为功，为共建清洁美丽世界作出更大贡献。"

举办以生态环保为主题的书法作品展，开展科普宣讲、增殖放流、护水护树等多种活动，发布无塑减塑、绿色出行全民倡议书……连日来，各地各相关部门开展多种形式的生态文明宣传教育活动，有力调动公众参与环境保护的热情，推动绿水青山就是金山银山理念更加深入人心。

生态文明是人民群众共同参与共同建设共同享有的事业。新时代以来人工造林规模世界第一，背后是十年累计 55.03 亿人次义务植树的持续用力；全国地表水优良水质断面比例提高 23.8 个百分点，离不开河湖长制促进全民护水；经济社会发展绿色转型，得益于光盘行动、垃圾分类、低碳出行等绿色生产生活方式蔚然成风……正是因为始终坚持人民主体地位，充分调动亿万人民的积极性主动性创造性，我国生态文明建设取得举世瞩目成就，美丽中国建设迈出重大步伐，万里河山更加多姿多彩。

建设美丽中国是全面建设社会主义现代化国家的重要目标，促进人与自然和谐共生是中国式现代化的一项本质要求。习近平总书记强调："必须以更高站位、更宽视野、更大力度来谋划和推进新征程生态环境保护工作，谱写新时代生态文明建设新篇章。"新征程上，我们要保持加强生态文明建设的战略定力、锚定战略目标，坚持真抓实干、久久为功，不断提高全社会生态文明意识，增强全民生态环境保护的思想自觉和行动自觉，激发起全社会共同呵护生态环境的内生动力，推动形成人人、事事、时时、处处崇尚生态文明的良好社会氛围，共绘美丽中国的更新画卷。

环境就是民生，青山就是美丽，蓝天也是幸福。保护和改善生态环境，为了我们自己的幸福生活，每个人都应增强使命感责任感，提高积极性主动性。从曾经"油锯一响，黄金万两"到现在"不砍一棵树，照样能致富"，在内蒙古大兴安岭，1.6 万林业工人响应号召由"砍树人"转变为"看树人"。得益于生态环境改善，当地因地制宜发展旅游产业、林下经济带动群众增收致富，越来越多人主动加入护林植绿的行列。事实证明，每个人都是生态环境的保护者、建设者、受益者。只有牢固树立和践行绿水青山就是金山银山的理念，内化于心、外化于行，才能让良好生态环境造福人民、泽被子孙。

"既在广袤祖国大地上种下片片绿色，也在广大人民心中播撒绿色种子"。新时代以来，习近平总书记身体力行，连续 11 年参加首都义务植树，号召大家都做生态文明建设的实践者、推动者。"积力之所举，则无不胜也"。无论是参与植树种绿、扮靓祖国山川大地，还是杜绝铺张浪费、自觉节约用水用电，抑或是提高环保意识、主动参与环保事业，我们每个人都贡献一份力量，从自身做起、从小事做起，把美丽中国建设转化为自觉行动，形成节约适度、绿色低碳、文明健康的生活方式和消费模式，定能汇聚全面推进美丽中国建设的强大合力，让人与自然和谐共生的现代化蓝图一步一步变为现实。

生态文明建设功在当代、利在千秋；让祖国大地绿起来、美起来，是共同的责任。让我们积极行动起来！

（2023 年 08 月 16 日）

"为人民种树，为群众造福"

孟繁哲

良好的生态环境，是最普惠的民生福祉。有没有增进民生福祉、能不能给群众带来方便，很大程度上检验城市绿化的质量和效益。近年来，我国城市绿化工作持续稳步推进，不少地方通过见缝插绿、拆违建绿、留白增绿等方式，因地制宜优化绿色共享空间，持续提升群众的获得感和幸福指数。

习近平总书记指出："要坚持以人民为中心的发展思想，持之以恒开展国土绿化，因地制宜，科学规划，不刻意追求奇花异草、名贵树木，真正做到为人民种树，为群众造福。"为人民种树，为群众造福，应当是城市绿化始终秉持的价值底色，是做好城市绿化工作的出发点和落脚点。辽宁锦州对小凌河和女儿河进行环境综合整治，沿河修建 10 余公里绿化带，市民健身步道、运动广场等设施一应俱全；浙江杭州启动西溪湿地综合保护工程，依托山水脉络、本土特色植物进行合理规划，成为人民群众共享的绿色空间。这些城市绿化成果之所以赢得群众赞誉、深受群众欢迎，正是因为始终坚持以人民为中心，聚焦群众所思所忧所盼，把好事实事做到群众心坎上。

有什么样的政绩观，就有什么样的城市绿化观。谋划推进城市绿化工作，一定要坚持全心全意为人民服务的根本宗旨，牢记为民造福是最大政绩。现实来看，个别地方城市绿化出现跟风引种"网红"树种、过度追求

"四季有花"、搞形象工程等走偏苗头，值得高度警惕并坚决纠正。盲目追求"四季见景""成景好看"，不考虑群众实际需要的过度"美化""彩化"，说到底是形式主义、官僚主义作祟，背离了城市绿化的初衷。为了所谓"绿色政绩"，一味追求"短、平、快"效应，不惜搞劳民伤财的形象工程、景观工程，是政绩观错位、发展观走偏、责任心缺失，不仅会引发群众不满，损害党群、干群关系，也会贻误国土绿化事业。

城市绿化和老百姓的生产生活息息相关。坚持以人民为中心，一方面要把群众满意不满意作为城市绿化的评判标准，针对群众反映强烈的问题立行立改。另一方面也要坚持人民群众在城市建设和发展中的主体地位，坚持问需于民、问计于民，找准工作的发力点，提升各项措施的科学性有效性。上海黄浦区持续开展"绿街坊"建设，依靠街坊议事会等机制，让社区绿化工作成为大家的事；宁夏银川金凤区为建设"最美回家路"，到沿街商铺和单位走访调研；海南三亚市召开专题咨询会，针对乡土树种利用率不高等问题，邀请专家学者、群众代表等出谋划策……与群众积极沟通，让百姓踊跃参与，有助于把城市绿化这件好事办好，办成市民满意和支持的民生项目。

"城，所以盛民也"。进一步来看，老百姓每天的吃用住行，一刻都离不开城市管理和服务，必须有"在任何时候都把群众利益放在第一位"的思想自觉。无论是绿化，还是治水，无论是推进城市轨道交通建设，还是健全便民服务设施，无论是营造创业良好环境，还是解决新市民、青年人等群体住房困难问题……每一项工作都考验治理者的政绩观和发展观，需要有温度、有精度的城市治理。坚持以人民为中心的发展思想，苦练内功、下足绣花功夫，才能使城市更安全、更宜居，成为人民群众高品质生活的空间。

城市绿化工作推进的成效，事关城市高质量发展，事关人民群众切身利益。坚决破除绿化中的形式主义，强化以人民为中心的城市底色，持之以恒以高质量绿化改善城市人居环境，就必定能不断提高人民生活品质，不断增强人民群众的获得感、幸福感、安全感。

（2023 年 08 月 14 日）

青春的盛会，拼搏成就梦想

——成都大运盛会启示录①

彭　飞

　　成都大运会上，一场跌宕起伏的网球赛令人印象深刻。刚满20岁的哥伦比亚代表团女选手帕迪拉，在女单首轮首盘比赛中出现10多次双发失误，但她随后调整状态、敢打敢拼，最终战胜对手晋级。初出茅庐而富有活力，状态起伏却坚韧顽强，这大概就是青春最真实的样子，也是大运会的独特魅力所在。

　　8月8日晚，简约、安全、精彩的第三十一届世界大学生夏季运动会在四川成都圆满落下帷幕。大运会期间，来自113个国家和地区的6500名青年运动员挥洒汗水、奋勇争先，奉献了一场又一场扣人心弦的比赛。"世界大学生运动会自诞生以来，就一直是青春的盛会、团结的盛会、友谊的盛会。"习近平主席指出，"中国愿同国际大体联和各国各地区代表团一道努力，把成都大运会办成一届具有中国特色、时代气息、青春风采的国际体育盛会"。成都大运会的圆满成功，兑现了中国对世界的庄严承诺，集中展现了当代青年的青春活力与风采。

　　青春点燃激情，拼搏成就梦想。作为代表世界大学生最高竞技水平的体育盛会，大运会为广大青年提供了施展才华、追求梦想的舞台。在女子反曲弓团体金牌赛中，中国代表团选手王黎敏顶住压力，在关键一箭射出 10 环，助队夺冠。匈牙利代表团选手凡妮·皮格尼茨基刻苦训练，只为在艺术体操比赛中呈现出一套完美动作。瑞士代表团体操运动员马可在单杠项目上失误后，及时调整状态，坚持完赛，以积极的心态享受比赛。无奋斗，不青春，大运会运动员永不言弃，不断超越自我，赢得无数掌声与喝彩。"一代年轻人的精彩表现，可以影响下一代年轻人。"中国代表团女子跨栏运动员吴艳妮，道出大运会的深远影响。拼搏精神、青春力量，早已超出比赛本身，扎根广大青年心中，鼓舞更多人为梦想而奋斗。

清澈的爱，只为中国。成都大运会上，运动员平均年龄只有 22.9 岁的中国代表团，获得 103 金 40 银 35 铜，居金牌榜和奖牌榜首位，以优异的运动成绩、精彩的赛场表现、昂扬的精神风貌，为祖国和人民赢得了荣誉，也成就了属于自己的闪光时刻。游泳运动员覃海洋，"认真对待每一场比赛"，继游泳世锦赛后，又在成都续写包揽蛙泳"三金"的传奇。女篮运动员李双菲，170 厘米的身高是全队最小的个头，却能在比赛中抢下最多的篮板。跆拳道选手李婉和队友，不畏强手，在上场前 30 分钟决定挑战"踺子后空多腿"这一在平时训练中都很少完成的高难度动作，最终顺利完成，收获一枚宝贵银牌。出色的表现，生动诠释了中华体育精神，传递出强大正能量，也激励着全国各族人民在强国建设、民族复兴新征程上踔厉奋发、砥砺前行。

青春孕育无限希望，青年创造美好明天。习近平主席强调："我们要携手世界青年，以青春的活力促进世界和平与发展。"成都大运会是一扇窗口，让世界看到当代青年的进取精神、刚强意志、挺膺担当。近年来，从 55 个国家 166 名青年发起《携手抗疫，成就无悔青春》的倡议，号召团结一心战胜疫情，到来自中国、法国、印度、利比里亚的青年，以多国语言共同向全世界发出《2022 全球青年应对气候变化倡议》，呼吁携手应对全球性挑战，再到世界青年发展论坛为世界人民团结发出青年之声，为全球发展进步注入青春之力……实践充分证明，全球青年有理想、有担当，人类就有未来，和平与发展的崇高事业就有希望。面向未来，中国始终把青年看作推动社会发展的有生力量，鼓励青年在参与推动构建人类命运共同体的实践中展现青春活力。

"我会想念成都，想念中国的""我会坚持努力训练，期待下次发挥得更加出色""在未来的赛场上继续拼搏"……盛会虽已落幕，但青春永不散场。当代世界青年携手共进，始终弘扬和平、发展、公平、正义、民主、自由的全人类共同价值，展现青春作为、青春担当，必将为建设更加美好的世界注入澎湃的青春动能。

（2023 年 08 月 09 日）

团结的盛会，凝聚奋进力量

——成都大运盛会启示录②

孟繁哲

成都大运会赛场上，有这样暖心一幕：在羽毛球男单一场比赛中，乌干达代表团选手穆扬贾·阿莫斯的球拍断线却没有可替换的球拍，中国代表团选手王正行把自己的备用球拍借给了他。赛后，王正行把球拍正式送给了远道而来的阿莫斯，两名年轻人在场边高兴地合影留念。场上是对手，场下是朋友。一支球拍，联结起跨越国界的团结和友谊。

在闭幕不久的成都大运会上，体育健儿既相互切磋，也相互成就，收获了深厚的友谊，留下了难忘的回忆。"和平的庆典""团结的故事"，国际大体联代理主席艾德这样形容成都大运会，"世界青年因体育在这里相聚，进行相互尊重的竞争，拥抱期待已久的精彩"。

奋斗创造奇迹，力量生于团结。成都大运会见证了太多团结友爱、携手共进的动人瞬间。男篮赛场上，中国队与巴西队激战正酣，"中国队雄起"的助威声震耳欲聋，"巴西队加油"的鼓励声同样振奋人心。体操赛场上，斯里兰卡队运动员阿马娅·卡洛克塔吉孤身出战，土耳其队教练厄·居米什吕直接站到高低杠旁，全程保护她完成比赛。跆拳道赛场上，伊朗队选手塔瓦科利与土耳其队选手阿拉布克在比赛中激烈对抗，却在赛后领奖时紧紧抱在一起。尽管来自世界各地，尽管语言、文化、信仰不尽相同，但他们胸怀同样的梦想和追求。事实充分证明，成都大运会是团结的盛会，架起了友谊的桥梁，凝聚起昂扬奋进的磅礴力量。

体育有一种独特力量。从奥林匹克格言加入"更团结"，到北京冬奥会和冬残奥会主题口号"一起向未来"，再到成都大运会的"以体育促团结"，体育，早已成为人类社会的共同语言，把来自不同国家、不同地区的人紧密联系在一起。难忘里约奥运会，中国队羽毛球选手林丹在落败后，与马来西亚队选手李宗伟互赠球衣，拥抱告别，英雄相惜之情令人动容；难忘东京奥运会，无缘金牌的美国队体操运动员西蒙·拜尔斯在比赛结束后，特意走过去祝贺中国队选手管晨辰夺得冠军，友谊与风度闪耀赛场；难忘北京冬奥会，当原本领先的法国队滑雪运动员苔丝·勒德出现失误，中国队选手谷爱凌给她送去安慰，寥寥数语传递温暖力量。以体育为媒，来自不同国家和地区的"你"和"我"，在一次次比拼竞技中成为"我们"，凝聚起团结合作的强烈共识，形成推动构建人类命运共同体的强大合力。

当今世界变乱交织，百年变局加速演进，一方面，和平、发展、合作、共赢的历史潮流不可阻挡，人心所向、大势所趋决定了人类前途终归光明。另一方面，恃强凌弱、巧取豪夺、零和博弈等霸权霸道霸凌行径危害深重，和平赤字、发展赤字、安全赤字、治理赤字加重，人类社会面临前所未有的挑战。团结还是分裂？和平还是冲突？合作还是对抗？再次成为时代之问。习近平主席强调："我们要弘扬大运会宗旨，以团结的姿态应对全球性挑战""我们要以体育促团结，为国际社会汇聚正能量，共同应对气候变化、粮食危机、恐怖主义等全球性挑战，合作开创美好未来"。成都大运会成功举办启示我们，坚定站在历史正确的一边、站在人类文明进步的一边，坚持团结协作，共同应对全球性挑战，人类一定能迎来美好的明天。

成都大运会开幕式上，由五大洲经典音乐串联而成的代表团入场背景音乐响彻全场，象征着友谊，彰显着团结。人类只有一个地球，人类也只有一个共同的未来。顺应时代潮流，全世界人民凝心聚力、携手同行，就一定能推动历史车轮向着光明的前途前进。

（2023 年 08 月 11 日）

友谊的盛会，深化交流互鉴

——成都大运盛会启示录③

崔　妍

　　成都大运村，"汉语桥"中文学习互动体验区，来自塞浦路斯代表团的田径运动员埃琳娜仔细对照《大运中文 100 句》手册，特意找出了与阿拉伯数字"196"对应的汉字，用笔写下"一九六"。原来，这是她跳高的目标高度，她希望这 3 个汉字能带给自己好运。一座"汉语桥"，是文化之桥，也是友谊之桥，世界各地的青年朋友因成都大运会相聚相知、增进理解，留下多少美好回忆。

　　习近平主席指出："62 年前，国际大体联创始人施莱默先生就说过，'大运会是友谊的盛会。'这一著名的大运会宣言和'友谊、博爱、公平、坚毅、正直、协作、奋发'的大运会宗旨，为世界大学生体育运动提供了精神启示，也为应对当今世界之变、时代之变、历史之变提供了有益借鉴。"成都大运会上，来自世界各地的青年运动员在竞技中结下深厚友谊，也在交流中感受不同文化的魅力，共同描绘出一幅文明交融、心灵相通的青春画卷。

　　体育的盛会，文化交流的舞台。国际大体联秘书长艾瑞克·森超这样评价："大运会的可贵之处，在于青年人可以面对面地交流和沟通"。在大运村艺术中心，"体育力量　中国精神"中国体育文化展吸引来自世界各地的参赛人员、媒体记者参观，一幅幅历史图片、一件件珍贵展品讲述着中国竞技体育、体育文化和对外交往的精彩故事。在媒体酒店，由成都皮影非遗传承人表演的皮影戏《白蛇传·盗仙草》引得观众阵阵叫好。在街头巷尾，成都串串、川式火锅等美食受到欢迎，展现中华饮食文化的魅力。成都大运会打开了文化体验和交流互鉴的窗口，让世界触摸到中华文化的时代脉动，也让中国感受到世界各地多元文化的别样魅力。

"一花独放不是春，百花齐放春满园"。中华文明具有突出的包容性，从根本上决定了中华民族交往交流交融的历史取向，决定了中华文化对世界文明兼收并蓄的开放胸怀。新时代以来，从成功举办博鳌亚洲论坛、上海进博会、亚洲文明对话大会等一系列主场外交活动，彰显"天下一家"的中国胸怀，到提出全球发展倡议、全球安全倡议、全球文明倡议，为推动人类社会现代化进程、促进人类文明进步贡献中国智慧，再到积极推进"一带一路"文化交流与合作，建立丝绸之路国际剧院联盟、博物馆联盟、艺术节联盟……在以习近平同志为核心的党中央坚强领导下，我们不遗余力促进世界各国文明开展平等对话、相互启迪，探索出一条交流互鉴、美美与共的文明之路，让各国文明在交流互鉴中熠熠生辉。

文明是多样的，世界是多彩的，交流互鉴是文明发展的本质要求。习近平主席指出："我们要深化交流互鉴，以包容的胸怀构建和而不同的精神家园。"成都大运会的成功举办充分证明，人类社会能够以平等、包容、友爱的视角看待和而不同，用欣赏、互学、互鉴的态度对待多种文化。面向未来，中国将始终弘扬平等、互鉴、对话、包容的文明观，以文明交流超越文明隔阂，以文明互鉴超越文明冲突，以文明共存超越文明优越，促进人类文明持续发展进步。

物之不齐，物之情也；和羹之美，在于合异。成都大运会闭幕式上，当东方蜀派古琴与西方小提琴和鸣《高山流水》和《友谊地久天长》的旋律，全球青年的心声也在此唱响。实践充分表明，世界各国人民携手并肩，共同开创人文交流、文化交融、民心相通新局面，必能让世界文明百花园姹紫嫣红、生机盎然，谱写构建人类命运共同体的崭新篇章。

（2023 年 08 月 12 日）

入心见行　善思善用

——科学、客观评估主题教育实效①

李浩燃

　　"要对主题教育的实效进行科学、客观评估。"近日，习近平总书记在四川考察时，对做好评估工作、确保主题教育取得实效提出明确要求，深刻指出"检验理论学习成效，要看党的创新理论是否入心见行、党员干部是否做到善思善用"。对主题教育的实效进行科学、客观评估，是一次有力的督促；理论学习的成果，必须靠实践成效来检验。方此之际，尤应坚持实事求是、求真务实，突出问题导向，教育引导广大党员、干部把理论学习贯穿始终。

　　入心见行，才能正本清源、固本培元。理论学习不能浮在面上，关键是要入脑入心。要通过理论学习和思想洗礼，激发干事创业的热情。在绿水青山就是金山银山理念引领下，浙江、安徽两省签署《共同建设新安江—千岛湖生态保护补偿样板区协议》，完善区域联动的生态环境治理制度，更加自觉地促进"两山"转化；完整、准确、全面贯彻新发展理念，京津200余所中小学幼儿园与河北273所学校开展跨区域合作办学，京津冀7000余家定点医疗机构实现异地就医普通门诊费用直接结算，一盘棋、一条心，京津冀协同发展增进了人民福祉，让三地干部群众更加奋发有为。实践告诉我们，把自己的思想摆进去、把工作摆进去、把职责摆进去，坚持学思用贯通、知信行统一，才能真切感悟到党的创新理论的真理力量和实践伟力，筑牢信仰之基、补足精神之钙、把稳思想之舵。

善思善用，才能架起理论联系实际的桥梁。学而不思则罔，思考是学习的灵魂。怎样理解"中国特色的关键就在于两个结合"的理论逻辑和实践逻辑？如何因地制宜，创造性落实"把全面深化改革作为推进中国式现代化的根本动力"？"思"是学用结合的关键环节，多思多想，能够有效克服"学习走形式装样子""学习不系统不深入"等问题，真正做到知其然又知其所以然。为学之实，固在践履。正是始终坚持以习近平新时代中国特色社会主义思想武装头脑、指导实践、推动工作，新时代以来，"奋斗者"号万米深潜，"复兴号"驰骋神州，"太空之家"遨游苍穹，城乡居民人均可支配收入之比由 2.88∶1 降到 2.45∶1，我国发展独立性、自主性、安全性稳步提升，高质量发展动能增强。学习的目的全在于运用，在于把习近平新时代中国特色社会主义思想变成改造主观世界和客观世界的强大思想武器。只有从中汲取奋发进取的智慧和力量，熟练掌握其中蕴含的领导方法、思想方法、工作方法，不断提高履职尽责的能力和水平，凝心聚力促发展，驰而不息抓落实，立足岗位作贡献，才能创造经得起历史和人民检验的实绩。

"我们的干部要上进，我们的党要上进，我们的国家要上进，我们的民族要上进，就必须大兴学习之风，坚持学习、学习、再学习，坚持实践、实践、再实践。"历史和现实表明，理论学习不深入不彻底，思想统一就没有基础，党的团结统一就会受到严重影响。眺望前方的奋进路，党的理论武装工作必须持续往深里走、往实里走。铆足劲头、久久为功，坚持贯通理论学习与实践运用，持续在学习贯彻习近平新时代中国特色社会主义思想的深化、内化、转化上见实效，应成为新时代奋斗者的执着追求。

慎终如始，则无败事。牢记"最根本的本领是理论素养"，常思"马克思主义不是书斋里的学问"，科学、客观评估主题教育实效，进一步推动主题教育走深走实，以学铸魂、以学增智、以学正风、以学促干，就一定能汇聚强国建设、民族复兴的磅礴伟力，赢得更加伟大的胜利和荣光。

（2023 年 08 月 07 日）

摸清社情民意 解决实际问题

——科学、客观评估主题教育实效②

彭 飞

为享受"低保户免押金"政策，住院患者不得不先到医院看床位，再到社区开证明，最后回医院办手续。看到群众奔波之苦，上海市徐汇区天平路街道两名工作人员将建议发送给市人民建议征集邮箱："困难居民来回奔波、耗时耗力，与近年来沪上推行'让数据多跑腿、群众少跑路'便民措施不符"，建议出台"无障碍衔接"医保与民政的惠民措施。不到一周，市委主要负责同志"上门问计"、实地调研；一个月左右，多部门协同破题，"免申即享"成为现实。

调查研究是谋事之基、成事之道，大兴调查研究是这次主题教育的重要内容和鲜明特点。习近平总书记近日在四川考察时强调，"检验调查研究成效，要看是否摸清社情民意、是否解决实际问题"。主题教育开展以来，广大党员、干部聚焦主责主业，从群众急难愁盼问题入手开展调查研究，把社情民意收集上来，把有效举措落实下去，用心用情为群众办实事、解难题，改进了工作，赢得了认可。

开展调查研究就是走群众路线，必须深入基层一线，摸清社情民意。开展"关键小事""根在基层"等调研实践活动，推动青年干部进村入户与农民面对面交流；以信访积案"拔钉清零"行动为抓手，深入开展"大走访大调研大服务大解难"等活动，促进党员、干部扑下身子剖析问题症结……作出科学合理的决策，需要大量客观、真实、有效的信息，对现实情况的掌握越是全面、准确，就越能为谋划工作、制定决策提供科学支撑。树牢群众观点、站稳群众立场，真诚倾听群众呼声、真实反映群众愿望，才能让调查研究真正成为转变工作作风、密切联系群众、提高履职本领、强化责任担当的有效途径。

调查研究的根本目的，在于解决实际问题。"在哪里查询公司注册进度""成立小区业委会有哪些流程"，有地方将各类急难愁盼问题统一收集、形成涵盖超过4万条信息的智能搜索问答服务知识库，给企业群众办事带来便利。这样的务实举措，源自当地有关部门聚焦问题开展调查研究，并采取针对性措施，持续提升全市政务服务"一网通办"能力。事实证明，衡量调查研究搞得好不好，不是看调查研究的规模有多大、时间有多长，也不是光看调研报告写得怎么样，关键要看调查研究的实效，看调研成果的运用，看能不能把问题解决好。拿出符合实际、针对性强、可行性优的对策举措，切实推动工作开创新局面，才算为调研画上圆满句号。

调查研究是我们党的传家宝。党的二十大报告提出："弘扬党的光荣传统和优良作风，促进党员干部特别是领导干部带头深入调查研究，扑下身子干实事、谋实招、求实效。"前进道路上，我们要持续推动调查研究走深走实，进一步梳理发现问题，真实准确全面掌握情况。坚持问题导向、需求导向、目标导向、结果导向相结合，推动调查研究形成常态长效，发挥调研优化决策、改进政策、促进工作的作用，把调研成果转化为推动高质量发展、解决群众急难愁盼问题、防范化解风险、全面从严治党的实际成效，我们就能惊涛骇浪从容渡，风雨无阻向前行。

练好调查研究这个基本功，深入实际、深入基层、深入群众，切实把调研成果转化为解决问题、改进工作的实际举措，努力把惠民生的事办实、暖民心的事办细、顺民意的事办好，这是推进主题教育走深走实的一条经验，也必将助力我们扎实推进中国式现代化、走向更加美好的未来。

（2023 年 08 月 10 日）

实现"新突破""新提升"

——科学、客观评估主题教育实效③

邹　翔

超 600 亿件，我国的快递业务量同比增长超 17%；2.3 万亿元，国内旅游收入同比增长 95.9%；19672 元，全国居民人均可支配收入，扣除价格因素实际增长 5.8%……上半年的数据成绩单，显示我国经济持续恢复、总体回升向好。主题教育开展以来，各地区各部门实干担当促发展，切实增强人民群众的获得感、幸福感、安全感。

开展任何一项工作，首先看态度，关键看行动，最终看效果。前不久，习近平总书记在四川考察时强调，"检验推动发展成效，要看高质量发展是否有新突破、人民生活品质是否有新提升"。全力推动高质量发展是这次主题教育的重要着力点，"践行宗旨为民造福"是具体目标之一。新征程上，必须坚定不移推动高质量发展，以满足人民日益增长的美好生活需要为出发点和落脚点，把发展成果不断转化为生活品质。

实现高质量发展是中国式现代化的本质要求之一。"一平二坡七分山"，先天不足的"巴掌田""鸡爪田"，严重制约四川农业规模化集约化发展。建设高标准农田、整治撂荒地、推进丘区农田宜机化改造……四川努力让地块"小变大""短变长""陡变缓""弯变直"，提高土地综合生产能力，以夏粮的大丰收打赢一年中粮食生产的首场战役。不久前，湖北省首次发布一季度 16 个市州和 31 个重点工业县（市、区）工业经济运行综合评价"五色图"，围绕工业运行、工业后劲、企业培育等考核评价指标，分绿、蓝、黄、橙、红五色标注，对应不同评价等级，一目了然；创造性实施"赛马制"，激发了县域工业潜力，为发展增添动力。实践表明，一切从实际出发，紧盯本地区本部门本单位影响和制约高质量发展的问题短板及其根源，奔着问题去、带着问题学、对着问题改，锚定目标真抓实干，就能以新气象新作为推动高质量发展取得新成效。

人民幸福安康是推动高质量发展的最终目的。增进民生福祉、提高人民生活品质，必须落实到各项决策部署和实际工作之中。陕西聚焦困难群体需求和社会关注热点，推进"智慧民政"建设，形成"一本账、一朵云、一张网、一个治理体系"。甘肃全面落实"省内无异地"政策，对于在甘肃省内已接入国家医疗保障信息平台的所有定点医疗机构就医的人员，无需备案即可直接结算，进一步为参保群众减轻了垫资负担。惠民生、暖民心、顺民意，一项项政策密集推出，桩桩实事直指急难愁盼，让老百姓看见变化、得到实惠。自觉把群众满意不满意作为评判主题教育成效的根本标准，把惠民生的事办实、暖民心的事办细、顺民意的事办好，就能更好造福广大人民群众。

"高质量发展，就是能够很好满足人民日益增长的美好生活需要的发展"。当前，我国改革发展稳定面临不少深层次矛盾躲不开、绕不过，推进高质量发展还有许多卡点瓶颈。民生建设的总体水平与人民群众的期待和需求相比还有差距，群众在就业、教育、医疗、托育、养老、住房等方面面临不少难题。着眼未来，我们要满怀信心，坚持稳中求进工作总基调，坚持增进民生福祉，把高质量发展同满足人民美好生活需要紧密结合起来。

百舸争流，奋楫者先；中流击水，勇进者胜。坚定"越是艰险越向前"的意志，激扬"狭路相逢勇者胜"的精神，直面一切难题和挑战，凝心聚力、攻坚克难，就一定能不断开辟发展新境界，更好实现人民对美好生活的向往。

（2023 年 08 月 17 日）

问题症结找准　整改整治到位

——科学、客观评估主题教育实效④

盛玉雷

在贵州，有家企业产品供不应求，但因资金不足很难扩产。贵州省有关部门了解情况后，专门成立调研组，聚焦发展所需，为企业发展排忧解难。如今，该企业生产线已从2条增至7条，年产可达70万吨，解决了周边300多人就业问题。针对乡村振兴领域突出问题，着力促进重点人群持续增收；针对旅游领域存量项目问题，盘活销号30多个闲置低效项目；针对生态环境突出问题，实行"厅长包市州、处长包县区"督导机制……贵州省聚焦短板弱项深入检视整改，以整改实效推动主题教育走深走实。

主题教育开展得好不好，主要看检视问题、整改问题彻不彻底、到不到位。抓好检视整改，是这次主题教育的一项重点措施。前不久，习近平总书记在四川考察时强调，"检验检视整改成效，要看问题症结是否找准、整改整治是否到位"。一段时间以来，广大党员、干部坚持边学习、边对照、边检视、边整改，把问题整改贯穿主题教育始终，把"问题清单"转化为"成效清单"，让人民群众切实感受到解决问题的实际成效。

问题是时代的声音。找准问题症结，是解决问题的前提。审判管理效率高不高？对调研工作的重视够不够？这是某地法院"不留情面、直击要害"

工作检视会的重要议题；招商引资队伍建设还不够完善、企业自主创新能力有待加强、助企纾困打通政策兑现最后一公里与先进省市还有差距，这是某地结合发展所需、基层所盼、民心所向梳理出的迫切课题。事实证明，聚焦理论学习、政治素质、能力本领、担当作为、工作作风、廉洁自律等方面的突出问题，一条一条把脉问诊，一项一项找准病灶，不掩盖、不回避、不推脱，才能找准找实问题症结和矛盾本质所在，为抓好整改提供精准靶向。

发现问题是起点，整改落实是关键。习近平总书记强调："能改的马上改，一时解决不了的，要盯住不放、持续整改，确保整改到位，防止久拖不决、整而不改。"主题教育开展以来，电信网络诈骗犯罪问题群众反映强烈，有关部门深入开展"云剑""断卡""断流""拔钉"等专项行动，开展"全民反诈在行动"集中宣传月活动，坚决维护人民群众财产安全和合法权益；安全生产事关重大，各地区各部门紧盯苗头问题，加强企业、学校、建筑工地、非煤矿山等重点行业和领域督查，开展安全隐患排查专项整治。确保整改整治到位，就要真刀真枪、动真碰硬、攻坚克难、一抓到底，坚决防止表面整改、虚假整改、纸上整改，真正做到把自己摆进去、把工作摆进去、把职责摆进去，不解决不松劲、不到位不放手，务求取得实效。

制度管根本、管长远。着眼未来，必须善于运用制度力量。这次主题教育中，对涌现出来的学习贯彻习近平新时代中国特色社会主义思想的好做法好经验，要及时以制度形式固定下来。对反复出现的问题，要注重从制度上找原因，做好完善机制、建章立制的工作。坚持"当下改"与"长久立"相结合，将检视整改融入日常、抓在经常，在"常""长"二字上下功夫，就能不断巩固和深化主题教育成果。

敢于直面问题、勇于修正错误，是我们党的显著特点和优势。在强国建设、民族复兴的新征程上，保持正视问题的自觉、刀刃向内的勇气，奔着问题去、带着问题学、对着问题改，不断提升履职尽责的本领和能力，就一定能以新气象新作为推动高质量发展取得新成效，在新的赶考之路上书写不负时代、不负人民的崭新答卷。

（2023 年 08 月 19 日）

锻造忠诚干净担当的高素质干部队伍

——科学、客观评估主题教育实效⑤

孟繁哲

开展主题党日活动，重温入党誓词；以案明纪，"零距离"开展纪法教育；进行廉政家访，引导干部深化家风和作风建设……近期，中央和国家机关各部门扎实推进干部队伍教育整顿，示范带动主题教育走深走实。

中央和国家机关在主题教育中抓好机关和系统内干部队伍教育整顿，是深化全面从严治党的重要举措，是践行"两个维护"、走好第一方阵的内在要求。前不久，习近平总书记在四川考察时强调，"检验干部队伍教育整顿成效，要看思想不纯和组织不纯现象是否纠正、政治隐患是否消除。"切实加强政治教育、党性教育，找准突出问题，用好整改整治，以严肃教育纯洁思想，以严格整顿纯洁组织，才能确保干部队伍教育整顿取得实效。

保持党在思想上的纯洁性，是保证党的正确政治方向和党的团结统一的思想基础；保持党在组织上的纯洁性，是保持全党步调一致和推进党的事业发展的组织保证。以开展全国纪检监察干部队伍教育整顿为契机，各级纪检监察机关刀刃向内自剜腐肉，清理整顿纯洁组织，今年上半年运用监督执纪"四种形态"批评教育帮助和处理纪检监察干部 1.31 万余人次。

突出问题导向，加强理想信念教育和党内政治文化建设，着力纠正思想不纯和组织不纯现象，就能不断增强党员队伍的凝聚力、战斗力。

政治问题，任何时候都是根本性的大问题。只有善于从党和人民的立场、党和国家工作大局出发想问题、作决策、办事情，善于从繁杂问题中把握事物的规律性、从苗头问题中发现事物的趋势性、从偶然问题中认识事物的必然性，善于驾驭复杂局面、凝聚社会力量、防范政治风险，不断在实践中提升政治能力，才能切实担负好党和人民赋予的政治责任，真正成为政治上的明白人。要不断提高政治判断力、政治领悟力、政治执行力，增强政治敏锐性和政治鉴别力，做到眼睛亮、见事早、行动快，接受政治体检，打扫政治灰尘，纠正行为偏差，涵养风清气正的政治生态。

党的二十大报告提出："坚持把政治标准放在首位，做深做实干部政治素质考察，突出把好政治关、廉洁关。"培养选拔干部必须坚持把政治标准放在首位，把严把紧政治关这个首要之关，锻造忠诚干净担当的高素质干部队伍，确保选出的干部政治上站得稳、靠得住、能放心。好干部是选出来的，更是管出来的，严管就是厚爱。要坚持严管和厚爱结合、激励和约束并重，坚持"三个区分开来"，更好激发广大党员、干部的积极性、主动性、创造性，形成奋进新征程、建功新时代的浓厚氛围和生动局面。

建设堪当民族复兴重任的高素质干部队伍，事关党和国家事业兴旺发达、长治久安。永葆自我革命精神，坚决消除一切损害党的先进性和纯洁性的因素，坚持增强党组织政治功能和组织力凝聚力，锻造敢于善于斗争、勇于自我革命的干部队伍，我们就一定能把党的政治优势和组织优势不断转化为制胜优势，在新的赶考之路上创造新的历史伟业。

（2023 年 08 月 21 日）

落实落细各项防汛救灾措施

林翊岚

这是防汛救灾中的感人一幕。8月3日，河北省涿州市刁窝镇靖雅中学，消防救援人员驾驶橡皮艇来到这里营救被困群众，由于二楼窗口的平台到救援舟艇有一米多的高度差，而被困群众多半是老人与孩童，参与救援任务的消防队员曹博源便半蹲着，用手抓住平台，以肩为梯、以背为桥，用自己的身体搭建救生通道，让被困人员踩在他的肩膀上登上舟艇。连日来，京津冀等地和有关部门全力开展防汛救灾工作，各方救援力量争分夺秒抢险救援。

防汛救灾关系人民生命财产安全，关系粮食安全、经济安全、社会安全、国家安全，做好防汛救灾工作十分重要。在江苏考察时，习近平总书记指出"各地区各部门要立足于防大汛、抗大旱、救大灾，坚持人民至上、生命至上，守土有责、守土负责、守土尽责"；在四川考察时，总书记强调"要全面落实防汛救灾主体责任"；近日，总书记又专门对防汛救灾工作作出重要指示，要求"全力保障人民群众生命财产安全和社会大局稳定"……一系列重要指示，为做好防汛救灾工作指明了方向。

防汛救灾是一场大考，检验防灾救灾体系和应急管理能力，考验为民情怀和责任担当。"前面还有20多个村庄失联，老百姓在等着我们进去"，这是一个人民子弟兵排除万难的坚定决心。"作为党员，我必须挺身而出"，这是一位年轻共产党员奋不顾身的铿锵誓言。"保障受灾群众生命健康安全，容不得一丝马虎"，这是一名基层医生护佑健康的不变信念。抢险救援，关系群众安危，等不得，慢不得。坚持人民至上、生命至上，就是要想尽一切办法，采取一切手段，创造一切条件，排除一切困难，切实保障人民生命财产安全。

人民利益高于一切，防汛责任重于泰山。眼下正值"七下八上"防汛最吃劲的阶段。海河流域洪水正流向下游平原区，超汛限水库数量多，蓄滞洪区启用增加，东北地区雨势仍较强，今年第 6 号台风"卡努"给江浙沿海带来较强风雨影响，防汛救灾任务艰巨。形势越复杂，越要绷紧弦，越要保持时时放心不下的责任感、增强刻不容缓的紧迫感、提振担当作为的精气神。只有把责任牢牢扛在肩上，以各项举措的确定性来应对汛情的不确定性，才能最大限度减少人员伤亡和财产损失。各地区和有关部门务必树牢底线思维、极限思维，用大概率思维应对小概率事件，主动防范化解风险，强化监测预报预警，加强巡查值守，紧盯防汛重点部位，落实落细各项防汛救灾措施。

日前由于强降雨，K396 次列车被迫滞留在北京市门头沟区落坡岭站附近，为了让近千名乘客得到最大可能的照顾，落坡岭社区居民毫无保留，拿出家里物资帮助被困乘客。风雨同舟、守望相助的故事，感动了无数网友。把防汛之弦绷得更紧、应急准备做得更细、责任措施落得更实，不惧风雨、迎难而上，团结一心、众志成城，我们就一定能汇聚起战胜洪水的磅礴力量，打赢防汛救灾这场硬仗。

（2023 年 08 月 06 日）

跨越时空　历久弥新

——弘扬伟大抗美援朝精神①

徐　隽

今年是抗美援朝战争胜利 70 周年。70 多年前，英雄的中国人民志愿军高举保卫和平、反抗侵略的正义旗帜，毅然走上抗美援朝战场，同朝鲜人民和军队一道，历经 2 年零 9 个月艰苦卓绝的浴血奋战，赢得了抗美援朝战争伟大胜利，锻造了由爱国主义精神、革命英雄主义精神、革命乐观主义精神、革命忠诚精神、国际主义精神组成的伟大抗美援朝精神。习近平总书记强调："伟大抗美援朝精神跨越时空、历久弥新，必须永续传承、世代发扬。"

祖国和人民利益高于一切、为了祖国和民族的尊严而奋不顾身的爱国主义精神，是伟大抗美援朝精神的重要组成部分。在波澜壮阔的抗美援朝战争中，广大志愿军将士秉持着"我们的身后就是祖国，为了祖国人民的和平，我们不能后退一步"的信念，勇往直前、浴血奋战。不畏生死的壮举，深刻诠释了伟大的爱国主义精神。志愿军飞行员韩德彩曾深情回忆："保家卫国是我们坚定的信念，也是战斗中不畏强敌、奋不顾身、视死如归的力量源泉！"

最深沉的情感是爱国，最伟大的力量是同心合力。习近平总书记深刻指出：“在抗美援朝战争中，中国人民在爱国主义旗帜感召下，同仇敌忾、同心协力，让世界见证了蕴含在中国人民之中的磅礴力量，让世界知道了‘现在中国人民已经组织起来了，是惹不得的。如果惹翻了，是不好办的’！”为了祖国和人民利益，志愿军将士义无反顾、血染沙场；举国上下众志成城、同仇敌忾，“有人出人，有钱出钱，有粮出粮”，爱国主义精神成为凝聚民族力量的伟大旗帜、创造战争奇迹的力量之源。

从抗美援朝的战场，到经济社会发展的现场，时代在变，但中国人爱国的情感、为国奉献的传统始终未变。“不相信有完不成的任务，不相信有克服不了的困难，不相信有战胜不了的敌人”，这是特级战斗英雄杨根思在抗美援朝战场上立下的铿锵誓言；“只要祖国需要，我当然愿意”，这是青年彭士禄在组织征求他意见，是否愿意改行学原子能核动力专业时的坚定回答；“家是玉麦，国是中国”，这是西藏自治区隆子县玉麦乡牧民卓嘎、央宗姐妹从小树立并践行的坚定信念；“清澈的爱，只为中国”，这是戍边烈士陈祥榕的深情告白……这样的爱国情、报国志，激励着一代代中华儿女为祖国发展繁荣而不懈奋斗、砥砺前行，驱动着中华民族这艘航船乘风破浪。

爱国主义是具体的、现实的，既要扎根内心，又要付诸行动。面向未来，面对可能遇到的各种风险挑战，我们更需继承和发扬以国家民族命运为己任的爱国主义精神，让“苟利国家生死以，岂因祸福避趋之”的爱国之情，引领中国人民和中华民族迸发排山倒海的历史伟力、战胜前进道路上一切艰难险阻。在乡村振兴主战场，为致富增收想实招、办实事；在科技攻关最前沿，为科技自立自强挑重担、闯难关；在抗洪抢险第一线，逆行出征，不畏艰险……每个人在各自岗位上默默奋斗、发光发热，用实际行动践行爱国主义精神，我们就能汇聚起风雨同舟、共创未来的磅礴伟力，把新时代中国特色社会主义伟大事业不断推向前进。

“无论时代如何发展，我们都要汇聚万众一心、勠力同心的民族力量。”习近平总书记的话语掷地有声、催人奋进。铭记伟大胜利，推进伟大事业，我们无比坚定、无比自信。让我们弘扬伟大抗美援朝精神，雄赳赳、气昂昂，向着实现中华民族伟大复兴的中国梦，继续奋勇前进，在接续奋斗中创造中华民族更加灿烂的明天。

（2023 年 07 月 27 日）

以"钢少气多"力克"钢多气少"

——弘扬伟大抗美援朝精神②

桂从路

　　1952年10月14日，上甘岭战役打响。敌人向志愿军不足4平方公里的高地倾泻炮弹190余万发，甚至连山头都被削低了2米。年仅27岁的孙占元率领突击排进行反击，双腿被敌人炮弹炸断。战友相继伤亡，弹药告罄，他忍着剧痛艰难爬行，从敌人尸体上解下手雷继续战斗。敌军拥上阵地，他拉响最后一颗手雷，与敌人同归于尽，英勇捐躯。志愿军第15军的《抗美援朝战争战史》中这样记载："上甘岭战役中，危急时刻拉响手雷、手榴弹、爆破筒、炸药包与敌人同归于尽，舍身炸敌地堡、堵敌枪眼等，成为普遍现象。"这种血性令敌人胆寒，让天地动容！

　　天地英雄气，千秋尚凛然。每每重温抗美援朝战争历史，都为志愿军将士英勇顽强、舍生忘死的革命英雄主义精神所感动，为他们"不上英雄墙，便涂烈士墙"的信念所震撼。习近平总书记指出："在朝鲜战场上，志愿军将士面对强大而凶狠的作战对手，身处恶劣而残酷的战场环境，抛头颅、洒热血，以'钢少气多'力克'钢多气少'，谱写了惊天地、泣鬼神的雄壮史诗。"70多年前，正是千千万万像孙占元这样的志愿军将士，以"不能后退一步"的血性胆气，以"人在阵地在"的英雄气概，冒着枪林弹雨

· 151 ·

勇敢冲锋，顶着狂轰滥炸坚守阵地，用胸膛堵枪眼，以身躯作人梯，抱起炸药包、手握爆破筒冲入敌阵，忍饥受冻绝不退缩，烈火烧身岿然不动，敢于"空中拼刺刀"，拼了山河无恙、家国安宁。

革命英雄主义精神是人民军队克敌制胜的重要精神因素，也是我们战胜一切敌人、克服一切困难的强大精神力量。70多年来，从抗美援朝战争"打得一拳开，免得百拳来"，到改革开放"杀出一条血路来"，再到新时代党和国家事业取得历史性成就、发生历史性变革，这样的精神熔铸于中国共产党人和中国人民的血液之中，激发无坚不摧的磅礴力量。伸开双臂阻挡来犯的祁发宝，是新时代卫国戍边英雄官兵的一员，他们用生命践行"决不把领土守小了，决不把主权守丢了"的誓言；回乡奉献、舍身忘我的黄文秀，是牺牲的1800多名同志中的一分子，他们将生命定格在脱贫攻坚征程上；身患渐冻症却冲锋第一线的张定宇，是"以生命赴使命，用大爱护众生"的医护人员杰出代表，他们用血肉之躯筑起阻击病毒的钢铁长城……无论面对多大困难、遭遇多少挑战，中国人民始终发扬革命英雄主义精神，以敢于压倒一切困难而不被任何困难所压倒的顽强意志，书写下可歌可泣、荡气回肠的壮丽篇章。

"这一仗打得很激烈，官兵战斗作风很顽强。我军历来是打精气神的，过去钢少气多，现在钢多了，气要更多，骨头要更硬。"2018年1月3日，习近平总书记视察中部战区陆军某师，在师史馆反映该师抗美援朝战争期间激战松骨峰情况的展板前感慨地说。今天，彻底扫除了任人宰割的耻辱、远离了血与火的战争硝烟，我们稳居世界第二大经济体的地位，夯实了民族复兴的物质基础。但无论时代如何发展，我们都要砥砺不畏强暴、反抗强权的民族风骨，都要锻造舍生忘死、向死而生的民族血性。面对世界百年未有之大变局加速演进，面对前进道路上各种可以预见和难以预见的狂风暴雨、惊涛骇浪，只有发扬革命英雄主义精神，增强志气、骨气、底气，敢于斗争、善于斗争，做到不信邪、不怕鬼、不怕压，才能牢牢掌握历史主动权。

从苦难走向辉煌，我们永远不能忘记谱写气壮山河英雄赞歌的志愿军将士，永远不能忘记那些为祖国和人民抛头颅、洒热血的革命先烈。奋进充满光荣和梦想的远征，大力弘扬伟大抗美援朝精神，砥砺"为有牺牲多壮志"的大无畏品格，激发"越是艰险越向前"的英雄气概，我们就没有什么强敌战胜不了，没有什么目标不能实现！

（2023 年 07 月 28 日）

以高昂士气战胜一切艰难困苦

——弘扬伟大抗美援朝精神③

邹　翔

　　用缴获美军的避弹衣、降落伞带等自制的书签；用美机残骸制作的笔筒、墨水盒；用美机残骸、炮弹壳等制作的刀叉、碗碟……在位于辽宁丹东的抗美援朝纪念馆，一件件馆藏文物，为观众无声讲述着抗美援朝战场上的故事。志愿军战士们的一个个"发明创造"，生动彰显了这群"最可爱的人"在严酷战火中的革命乐观主义精神。

　　不畏艰难困苦、始终保持高昂士气的革命乐观主义精神，是伟大抗美援朝精神的重要组成部分。中国国家博物馆里，存放有一铲来自上甘岭阵地的土，其中土和弹片的比例几乎可以达到一比一，充分反映了上甘岭战役的惨烈和抗美援朝战争的艰难。就是在这样艰苦卓绝的战斗中，志愿军将士始终保持着革命乐观主义精神，以敢打必胜的革命意志、不畏艰难的高昂士气，冲锋陷阵、顽强拼搏。他们冒着零下30多摄氏度的严寒，踏冰履雪、浴血奋战；他们与敌人斗智斗勇，建立起"打不断、炸不烂"的钢铁运输线；他们搏击长空，以"空中拼刺刀"的勇气，创造世界空战史上的奇迹……志愿军将士用意志的力量战胜了钢铁，以高昂士气战胜一切艰难困苦，谱写了气吞山河的英雄壮歌。

　　人心是最大的政治，正义是最强的力量。志愿军将士的革命乐观主义精神，源自正义必胜的信念。抗美援朝战争，是一场保卫和平、反抗侵略的正义之战。正因为是正义之战，志愿军将士才会有旺盛斗志和高昂士气，愈战愈勇、愈战愈强。正如战士们在信中所写："我们的心情永远都是愉快的，丝毫没有因被敌人封锁和闭塞坑道口而感到恐惧，因为我们知道任务的重大，明确战斗的意义，坚信我们一定胜利。"在战斗间隙讲故事、演小戏，互相激励斗志；给自己的防炮洞起名叫"立功洞""胜利洞"；除夕夜敌机在空中投下一颗颗照明弹，他们笑言"敌人给我们送来了节日礼花"……这种"战苦军犹乐"的战斗豪情，让他们一次次在绝境中杀出希望之路、战出胜利之路。中国人民志愿军的力量源泉及其获得胜利的根本原因，是伟大的抗美援朝斗争的正义性，正义的事业是任何敌人也攻不破的！

　　不畏艰难困苦、始终保持高昂士气，这样的精神不仅激荡在抗美援朝的战场上，更贯穿于波澜壮阔的百年党史之中。长征途中，当巍峨的雪山被踩在脚下时，有红军战士举起手中的木棍自豪地笑道："雪山高，但没有我这根木棍高"；面对重重困难，八路军第三五九旅一把镢头一把枪，把昔日荆棘遍野、荒无人烟的"烂泥湾"变成"陕北的好江南"；开山岛上环境恶劣，王继才夫妇却始终保持着坚守孤岛的信心和决心，坚持在岛上开荒，在石头缝里种树种菜，让孤岛更有生机……挑战难不住，困难压不垮，这样的革命乐观主义精神，激励着我们一路栉风沐雨、披荆斩棘，也必将引领我们在前进道路上劈波斩浪、战胜一切艰难险阻。

　　今天，我们正奋进在强国建设、民族复兴的新征程上，推进着前无古人的开创性事业，进行着具有许多新的历史特点的伟大斗争。越是伟大的事业，越是充满着挑战，越需要知重负重、奋力前行。面对前进道路上的"娄山关""腊子口"，我们要发扬不畏艰难困苦、始终保持高昂士气的革命乐观主义精神，以"越是艰险越向前"的英雄气概、"狭路相逢勇者胜"的斗争精神，直面改革、建设中的发展难题，攻克一个又一个难关险阻，不断创造新的业绩。

　　"重温这段历史，再一次深刻感悟伟大抗美援朝精神""礼赞英雄、勇担使命"……观看电影《长津湖》后，许多观众在社交平台上致敬"最可爱的人"。我们在礼赞英雄中感悟伟大精神的磅礴力量，也要在重温历史中激发乘势而上的奋斗豪情。新征程上，敢于斗争、善于斗争，知难而进、坚韧向前，我们的事业必将无往而不胜。

（2023 年 07 月 31 日）

涵养忠诚之魂，永葆赤子之心

——弘扬伟大抗美援朝精神④

张　凡

在重庆铜梁，保留着一封感人至深的家书。"我报名参加了中国人民志愿军""到朝鲜后，一定要拼命打仗，不怕死。为了让所有的受苦人都像我们一家过上好日子"……写下这封信的人，正是家喻户晓的战斗英雄邱少云。70多年前，在那个血与火的战场上，邱少云严守潜伏纪律、烈火焚烧而岿然不动，直至壮烈牺牲。他以"纪律重于生命、以生命诠释忠诚"的伟大壮举，兑现了自己在入党志愿书中写下的铮铮誓言："为了世界革命，为了战斗的胜利，我愿意献出自己的一切！"

为完成祖国和人民赋予的使命、慷慨奉献自己一切的革命忠诚精神，是伟大抗美援朝精神的重要组成部分。习近平总书记曾深刻指出："忠诚，造就了人民军队对党的赤胆忠心，造就了人民军队和人民的鱼水情意，造就了人民军队为党和人民冲锋陷阵的坚定意志。"70多年前，中国党和政府以非凡气魄和胆略作出抗美援朝、保家卫国的历史性决策，志愿军将士闻令而动，毅然决然奔赴战场。他们把对党、对祖国、对人民的无限忠诚，化作"决不畏惧，决不动摇"的战斗意志，化作"为了整体，为了胜利"的大局观念，化作"党指到哪里，就冲到哪里"的果敢行动，慷慨奉献自己的一切，视死如归、向死而生，圆满完成了祖国和人民赋予的使命。抱起炸药包冲向敌人的杨根思、和战友一道打退敌人40余次进攻的胡修道、用身体导电接通电话线的牛保才、零下40摄氏度四肢冻到毫无知觉仍想冲锋杀敌的周全弟……志愿军将士坚忍执着的理想信念，对党和人民的赤胆忠心，正是革命忠诚精神的有力彰显。

我们党一路走来，经历了无数艰险和磨难，但任何困难都没有压垮我们，任何敌人都没能打倒我们，靠的就是千千万万党员的忠诚。蔡和森在短暂的一生中，节衣缩食，毁家纾难，把一切都献给党、献给人民，是因为他"忠诚印寸心，浩然充两间"；熊亨瀚面对敌人的威胁，大义凛然地说出"杀就杀，何必多说"，是因为他坚信"吾道终当行九域，慷慨以身相许"；张富清悄悄封存赫赫战功，扎根偏远山区默默奉献，是因为他誓言"为党为人民，我可以牺牲一切"；黄大年坚持为深地资源探测鞠躬尽瘁，是因为他立志"呼啸加入献身者的滚滚洪流"……百余年来，一代代中国共产党人不忘初心、不移其志，以"九死亦无悔"的价值追求和精神品格不懈奋斗，铸就了党和人民的辉煌事业，谱写了壮丽的忠诚赞歌。

无往不胜因有"魂"，矢志不渝因有"根"。今天，面对具有许多新的历史特点的伟大斗争，更需用知重负重、攻坚克难的实际行动，诠释对党的忠诚、对人民的赤诚。忠诚是具体的、实践的，必须一心一意、一以贯之，必须表里如一、知行合一。革命战争年代，忠诚在血与火的考验中锻造。和平建设时期，忠诚也要在为党和人民事业的拼搏奉献中检验。征途漫漫，惟有奋斗。前进道路上，传承红色基因，涵养忠诚之魂，永葆赤子之心，把对党和人民的忠诚和热爱牢记在心中、落实在行动上，做到平常时候看得出来、关键时刻站得出来、危难关头豁得出来，真正为党分忧、为国尽责、为民奉献，才能在民族复兴的伟业中为党和人民建功立业。

不朽功勋，镌刻史册；精神之光，照亮征程。回望过去，中华民族从站起来到富起来再到强起来的迢迢征途中，没有哪一次进步不是靠伟大精神引领。今天，奋进新的伟大征程，我们尤须从历史中汲取前进力量，以雄健的精神闯关夺隘。大力弘扬伟大抗美援朝精神，不断锤炼对党和人民的无限忠诚，对革命事业的矢志不渝，对崇高责任的勇毅担当，不畏艰难、勇往直前，英雄的中国人民一定能战胜一切艰难险阻，在新征程上创造新的辉煌。

（2023 年 08 月 01 日 ）

为了人类和平与正义事业而奋斗

——弘扬伟大抗美援朝精神⑤

彭　飞

1952 年 1 月 2 日，朝鲜平安南道成川郡石田里。地冻天寒中，志愿军战士罗盛教三次潜入冰冷的水底，救出朝鲜少年崔莹，自己却壮烈牺牲。那一年，罗盛教刚满 21 岁。朝鲜人民在罗盛教牺牲的地方竖起木牌，上面写着："生长在朝鲜土地上的人民，都应该永远记着我们的友人罗盛教同志，学习他伟大的国际主义精神。"在朝鲜人民心中，志愿军将士是"真正的国际主义的军队"。

为了人类和平与正义事业而奋斗的国际主义精神，是伟大抗美援朝精神的重要组成部分。习近平总书记指出："伟大的抗美援朝战争，抵御了帝国主义侵略扩张，捍卫了新中国安全，保卫了中国人民和平生活，稳定了朝鲜半岛局势，维护了亚洲和世界和平。"70 多年前，英勇的中国人民志愿军高举保卫和平、反抗侵略的正义旗帜，以正义之师行正义之举，不仅拼来了山河无恙、家国安宁，更充分展示了中国人民维护世界和平的坚定决心。在这场正义之战中，志愿军将士前赴后继，舍生忘死，19.7 万余名英雄儿女献出了宝贵生命，昭示了伟大的国际主义精神。经此一战，第二次世界大战结束后亚洲乃至世界的战略格局得到深刻塑造，全世界被压迫民族和人民争取民族独立和人民解放的正义事业受到极大鼓舞，有力推动了世界和平与人类进步事业。

中华民族是爱好和平的民族，中国人民是爱好和平的人民。70 多年来，无论遇到任何艰难险阻、风险挑战，中国人民不畏强暴、维护世界和平的决心意志从未改变、历久弥坚。特别是新时代以来，从推动构建人类命运共同体，倡导践行真正的多边主义，到积极建设覆盖全球的伙伴关系网络，推动构建新型国际关系，再到展现负责任大国担当，积极参与全球治理体系改革和建设……中国始终秉持以和为贵理念，与国际社会一道共谋和平、共护和平，成为维护世界和平的中流砥柱。一批又一批中国"蓝盔"为世界和平英勇出征，被国际社会誉为"维和行动的关键因素和关键力量"；"和平方舟"号医院船先后 10 次走出国门，服务 43 个国家和地区，为 25 万余人次提供医疗服务；设立中国—联合国和平与发展基金，设立南南合作援助基金并整合升级为"全球发展和南南合作基金"，成立南南合作与发展学院，为广大发展中国家提供资金、技术、人才支持……实践充分证明，中国始终是世界和平的建设者、全球发展的贡献者、国际秩序的维护者，必将为世界和平与发展注入更多稳定性、确定性和正能量。

和平来之不易，和平必须捍卫。今天，中国共产党正带领人民全面建设社会主义现代化国家、以中国式现代化全面推进中华民族伟大复兴。党的二十大报告明确提出，中国式现代化是走和平发展道路的现代化。中国实现现代化是世界和平力量的增长，是国际正义力量的壮大，无论发展到什么程度，中国永远不称霸、永远不搞扩张。中国将铭记抗美援朝战争伟大胜利，大力弘扬国际主义精神，始终站在历史正确的一边、站在人类文明进步的一边，坚定维护世界和平和正义，坚决反对霸权主义和强权政治，坚守和平、发展、公平、正义、民主、自由的全人类共同价值，坚定不移走和平发展、开放发展、合作发展、共同发展道路，为人类和平与发展的美好未来而不懈奋斗。

1958 年，朝鲜领导人在欢送中国人民志愿军的盛大国宴上，充满深情地说："中国人民志愿军在朝鲜留下了我们人民永远不能忘记的伟大功绩……你们所建立的伟大功勋是无产阶级国际主义的榜样。它将永远记载在进步人类的史册上。"面向未来,一个拥有 5000 多年璀璨文明史的大国,一个有着深厚天下情怀和贡献人类抱负的民族,矢志不渝推动构建人类命运共同体,必将为人类和平与发展的崇高事业作出新的更大贡献!

（2023 年 08 月 03 日）

激发呵护生态环境的内生动力

盛玉雷

每天天微亮，内蒙古乌兰浩特市义勒力特镇义勒力特嘎查党支部书记李德生便驱车往山里赶。哪里的树倒了，哪棵树病了，哪里有垃圾……李德生的巡山日志，记录着林长制推动"林长治"的变化。在内蒙古一些地方，从"年年栽树不见树"到"人人一棵树、户户一片林"，这体现的是加强生态文明建设的战略定力，也是共同呵护生态环境的内生动力。

青山行不尽，绿水去何长。在全国生态环境保护大会上，习近平总书记强调："要激发起全社会共同呵护生态环境的内生动力。"新时代以来，生态文明建设从理论到实践都发生了历史性、转折性、全局性变化，山川葱郁、天空澄澈，绿色版图不断延伸，美丽中国建设迈出重大步伐，亿万人民保护生态环境的积极性空前高涨。实践告诉我们，只有人人动手、人人尽责，形成全社会共同参与的良好风尚，才能让中华大地蓝天永驻、青山常在、绿水长流。

浙江安吉县余村，关停矿山、水泥厂，修复生态环境，发展绿色产业，走出一条生态美、产业兴、百姓富的新路，生动诠释了绿水青山就是金山银山的理念。江苏南通五山及沿江地区，关停散乱污企业，修复腾出岸线，"工业锈带"变身"休闲绿带"，有力践行了"共抓大保护、不搞大开发"的要求。变化的背后，是"保护生态环境就是保护生产力，改善生态环境就是发展生产力"日益成为广泛共识，是全社会绿色循环低碳发展的积极性、主动性、创造性不断激发，是全社会共同呵护生态环境的内生动力不断增强。

在安徽滁州南谯区施集镇的芦柴河万亩麻栎产业基地，当地合作社重点经营麻栎人工林 30 万亩，深耕食用菌、柞蚕养殖和生物质发电等相关产业，年产值超过 10 亿元。在福建长汀濯田镇园当村，村民马雪梅承包的 600 多亩山场种满板栗、脐橙、油茶等，实现荒山变绿、土地生金。让看山、护林、保水的群众实现就业增收，让"护绿""增绿"的企业实现更大发展，有助于充分调动社会各界参与生态环境保护的积极性，努力形成推动生态保护的合力。

生态文明是人民群众共同参与、共同建设、共同享有的事业，每个人都是生态环境的保护者、建设者、受益者。合理设定室内空调温度，适度适量点菜践行"光盘行动"，购物少用塑料袋、自备环保袋，优先选乘公共交通……从自身做起、从身边小事做起，涓滴细流就能汇聚成生态文明的江河。当越来越多"民间河长""生态卫士""环保守夜人"投身环保事业，当少废一张纸、少耗一度电、珍惜每一滴水、节约每一粒粮食成为更多人的选择，当节约适度、绿色低碳、文明健康的生活方式和消费模式蔚然成风，天更蓝、山更绿、水更清、环境更优美的美丽中国必将渐行渐近。

"今天，我们一起参加植树，就是号召大家都行动起来，既在广袤祖国大地上种下片片绿色，也在广大人民心中播撒绿色种子，共同迎接希望的春天，共同建设美丽中国。"今年 4 月，习近平总书记冒雨参加首都义务植树活动，强调"让我们积极行动起来，从种树开始，种出属于大家的绿水青山和金山银山，绘出美丽中国的更新画卷。"奋进强国建设、民族复兴新征程，从自己做起、从现在做起，一起来为祖国大地绿起来、美起来尽一份力量，激发呵护生态环境的内生动力，我们就一定能推动城乡人居环境明显改善、美丽中国建设取得显著成效，携手共建人与自然和谐共生的现代化。

（2023 年 07 月 25 日）

"天更蓝、地更绿、水更清"

桂从路

一湖碧水折射治理思路之变。位于黄河"几字弯"顶部的乌梁素海，曾经芦苇泛滥、黄藻密布，最初"就水治水"，迟迟不见效。遵循习近平总书记综合治理、系统治理的理念，把山、水、林、田、湖、草、沙放在一起统筹考虑，格局和效果明显改观。如今，未到岸边，已闻鸟语，行至湖畔，更见鱼游。

"塞外明珠"重放异彩，是新时代生态文明建设"从理论到实践都发生了历史性、转折性、全局性变化"的生动缩影，有力见证美丽中国建设迈出重大步伐。在全国生态环境保护大会上，习近平总书记深刻指出："经过顽强努力，我国天更蓝、地更绿、水更清，万里河山更加多姿多彩。新时代生态文明建设的成就举世瞩目，成为新时代党和国家事业取得历史性成就、发生历史性变革的显著标志。"从以前所未有的力度打好污染防治攻坚战，到用最严格制度、最严密法治保护生态环境……在习近平生态文明思想的指引下，我们全方位、全地域、全过程加强生态环境保护，交出了一份人民满意、世界瞩目的"绿色答卷"。

数据最有说服力。本世纪以来，我国为全球贡献了约1/4的新增绿化面积，成为全世界森林资源增长最多最快的国家；新时代以来，全国重点城市PM2.5平均浓度下降57%，全国城市重污染天数比例首次下降到1%

以内；2022 年，全国地表水水质优良断面比例升至 87.9%……一个个突出成果，浸润着"人不负青山，青山定不负人"的努力，展现了生态文明建设的成色。如今，生态环境保护让"苍山不墨千秋画，洱海无弦万古琴"的美景永驻，长江大保护让"一江碧水向东流"，塞罕坝等实现"绿进沙退"的历史性转变，一幅天更蓝、地更绿、水更清的大美图景正在神州大地徐徐铺展。

良好生态环境是最普惠的民生福祉，生态文明建设的成果，老百姓最有获得感、最有发言权。北京市民邹毅从 2013 年开始坚持每天早上拍摄同一地点的天空。3800 多张照片，从"灰蒙蒙的色调为主"到"蓝天成为常态"，记录看得见、实打实的大气质量改善成效，见证人民群众不断增强的获得感和幸福感。当越来越多的人在美丽中国建设中享受到蓝天白云、清水绿岸、鸟语花香，我们愈发感受到"坚持以人民为中心"的发展温度，坚定"像保护眼睛一样保护自然和生态环境"的决心和信心。

"天更蓝、地更绿、水更清"的背后，是发展理念、发展方式的绿色升级。新时代以来，以习近平同志为核心的党中央坚定不移贯彻新发展理念，推动经济社会发展绿色化、低碳化，让"绿水青山就是金山银山"的理念深入人心，让绿色低碳的生产方式和生活方式蔚然成风。十年间，我们以年均 3% 的能源消费增速支撑了年均 6% 以上的经济增长，能耗强度累计下降 26.2%，相当于少用约 14 亿吨标准煤，少排放约 29.4 亿吨的二氧化碳。今天，我国不仅成为全球能耗强度降低最快的国家之一，更建成了全球最大的清洁能源系统，水电、风电、光伏、生物质发电和在建核电规模多年位居世界第一，新能源汽车的产销量连续 8 年位居世界第一……一个个"全球之最""世界第一"，擦亮了绿色发展的鲜明底色，为经济社会高质量发展注入澎湃动能。

"从历史长河来看，如果说我们这一代人能留给后人点什么，我看生态文明建设就是很重要的一个方面。"去年 8 月份，习近平总书记考察辽宁锦州生态环境修复保护情况，驻足经过环境综合整治的小凌河畔，一番话发人深省、催人奋进。新征程上，深入贯彻习近平生态文明思想，以时不我待的精神全面推进美丽中国建设，就一定能让中华大地蓝天永驻、青山常在、绿水长流，让生态文明建设的成果造福人民、泽被后世。

（2023 年 07 月 24 日）

形成亲清统一的新型政商关系

石　羚

经济社会的持续健康发展，离不开良好的政治生态作保障，而亲清政商关系，是清朗政治生态的题中应有之义。

党的十八大以来，习近平总书记指出"新型政商关系应该是什么样的？概括起来说，我看就是'亲'、'清'两个字"，要求"构建亲清新型政商关系，促进非公有制经济健康发展和非公有制经济人士健康成长"，强调"各级领导干部要光明磊落同企业交往，了解企业家所思所想、所困所惑"。在学习贯彻习近平新时代中国特色社会主义思想主题教育工作会议上，习近平总书记再次强调推动形成亲清统一的新型政商关系。

政商交往"亲"，就要坦荡真诚接触交往、积极作为靠前服务。公有制经济和非公有制经济都是社会主义市场经济的重要组成部分，民营经济是创业就业的主要领域、技术创新的重要主体、国家税收的重要来源。企业快速发展，离不开政企良性互动。不少地方提出为企业当好"店小二"、做好"贴心人"，彰显了服务企业发展的决心。当前，国内经济恢复向好，同时市场需求仍显不足，一些企业在经营中面临这样那样的问题。这就更加需要各级政府部门和党员、干部及时了解企业具体诉求，加大力度纾困解难，搬开"绊脚石"、铺就"快速路"，增强企业发展的信心和底气。

政商交往"清"，就要清清白白、坦坦荡荡，不存贪心私心，杜绝以权谋私，不搞权钱交易。清正廉洁是中国共产党人的政治本色，廉洁自律是为官从政的底线。党员、干部同企业的一切正常交往，都应是为了帮助企业解决问题、推进工作、提升效益，切不可见钱眼开、搞权钱交易。一旦借权力谋私利，出现政商勾连行为，不仅破坏营商环境与经济发展环境，还会影响社会风气和政治生态，必将受到党纪国法的严惩。

为做好招商工作，廖俊波同志总结出"接待真心真意、交流专业专注、服务贴心用心"的经验，每逢外地客商来总要亲自迎送、陪同、讲解。同时，他坚持"君子之交淡如水"，和企业家清清爽爽，拒收送来的礼品礼金。党员干部应当如何维护政商关系？亲而有度，清而有为，廖俊波同志用实践给出了答案。推动形成新型政商关系，"亲"是要求，"清"是底线，关键要将二者统一起来。"亲而不清"，容易在推杯换盏、勾肩搭背中逾越底线；"清而不亲"，容易不担当不作为，成为"甩手掌柜"。对于党员、干部而言，必须明确公与私的界限，坚持有所为有所不为。一方面，时刻警醒自己，谋取私利、私相授受与"公"无关，须以内无妄思保证外无妄动；另一方面，深化认识，联系企业、服务企业不是私事，应把提升交往能力、服务水平作为分内之事、应尽之责。

亲不逾矩，清不远疏，"亲清统一"才能推动有为政府和有效市场更好结合。随着学习贯彻习近平新时代中国特色社会主义思想主题教育深入开展，各地拿出务实举措，推动党风政风持续向好，助力营商环境不断优化。新征程上，广大党员、干部永葆清廉本色，锤炼过硬本领，把握好"亲清统一"，定能为推动高质量发展贡献更大力量。

（2023 年 07 月 19 日）

读懂中国经济的"含金量"

李　拯

进入暑期,消费市场一片火热。亲子游、跨省游复苏明显;逛夜市、吃夜宵、乘船夜游等夜间经济,正在丰富城市新业态。红红火火的暑期消费,折射出中国经济发展的旺盛活力。

可感可知的微观场景,印证着回升向好的宏观经济。7月17日,国家统计局公布的经济数据显示,上半年5.5%的经济增速,明显快于去年全年3%的经济增速,也快于疫情三年年均4.5%的增速。这不仅表明中国经济逐步摆脱疫情影响,向常态化运行轨道回归,且经济增长回升态势比较明显,更显示出较高的"含金量"。

这份"含金量",体现在巨大的发展韧性。贸易结构优化,为之提供了鲜活注脚。今年以来,世界经济复苏乏力,全球贸易低迷不可避免影响我国进出口增长。在此背景下,我国以锂电池、太阳能电池、电动载人汽车为代表的"新三样"产品出口增长61.6%,附加值较高的一般贸易进出口占进出口总额的比重上升到65.5%,跨境电商等外贸新业态发展较快,这不仅有效对冲了外需收缩的压力,更进一步推进了贸易多元化。事实上,这种总能战胜各种风险挑战的意志,总能在外部压力下灵活应对腾挪、完成自我迭代升级的能力,正是中国经济的强大韧性所在。以全球视角看中国,上半年中国经济增速在主要经济体中是较快的,为全球经济发展提供了重要支撑;立足当前看长远,只要保持战略定力、增强发展信心,我们完全有能力在一个较长的周期内，推动中国经济在高质量发展轨道上行稳致远。

这份"含金量"，体现在澎湃的发展活力。就在这几天，第二架国产C919大型客机正式入列东航机队，国产大型客机商业运营飞出"加速度"。今年以来，首艘国产大型邮轮出坞、长征二号丁运载火箭创下我国一次发射卫星数量最多纪录、"华龙一号"全球首堆示范工程通过竣工验收……创新发展释放高质量发展的新动能。从这个视角来看，中国经济回升向好体现着结构优化、发展方式转变。上半年，高技术产业投资同比增长12.5%，新能源汽车产量增长35%，最终消费支出对经济增长贡献率超过70%。这说明，中国经济不仅继续扩大规模，更注重提升质量效益；不仅在"量的合理增长"方面发生整体的物理变化，更在"质的有效提升"方面产生深刻的化学反应。随着新动能成长壮大、发展质量稳步提升，中国经济将不断向形态更高级、分工更复杂、结构更合理的阶段演化。

疾风知劲草，烈火见真金。应该清醒认识到，当前我国正处在经济恢复和产业升级的关键期，结构性问题、周期性矛盾交织叠加。实现经济运行持续整体好转、推动高质量发展取得新突破，要坚持以习近平新时代中国特色社会主义思想为指导，坚持稳中求进工作总基调，完整、准确、全面贯彻新发展理念，围绕高质量发展这个首要任务和构建新发展格局这个战略任务，全面深化改革开放，加快建设现代化产业体系，着力畅通经济循环，在转方式、调结构、增动能上下更大功夫，注重打好政策的"组合拳"，围绕稳增长、稳就业、防风险等，及时出台、抓紧实施一批针对性、组合性、协同性强的政策措施。

风雨多经人不老，关山初度路犹长。中国经济从来都是在战胜挑战中发展、在风雨洗礼中成长、在历经考验中壮大。挑战从一时看是阻碍，从长远看则是中国经济迈向更高发展境界的阶梯。在上半年回升向好的基础上，深入了解新情况新问题，及时改进政策举措，把各方面的优势和活力真正激发出来，我们完全有信心、有条件也有能力完成全年经济社会发展预期目标任务。

（2023 年 07 月 18 日）

形成规规矩矩的上下级关系

于　石

"一、不做寿；二、不送礼；三、少敬酒……"2013 年 7 月，习近平总书记在西柏坡考察时，在"六条规定"的展板前驻足沉吟。随后，在九月会议旧址，习近平总书记指出："这里是立规矩的地方。党的规矩、制度的建立和执行，有力推动了党的作风和纪律建设。"对于我们这样一个拥有 9800 多万名党员的马克思主义政党来说，要思想统一、意志统一、行动统一，就必须在"规矩"上严起来。

讲规矩是对党员、干部党性的重要考验，是对党员、干部对党忠诚度的重要检验。在主题教育工作会议上，习近平总书记再次强调推动形成规规矩矩的上下级关系。主题教育开展以来，各地区各部门紧紧锚定"廉洁奉公树立新风"的目标，教育引导广大党员、干部增强纪律意识、规矩意识，其中一个重要方面就是推动形成规规矩矩的上下级关系。坚持原则、恪守规矩，把纪律挺在前面；襟怀坦白、光明磊落，对上对下讲真话、实话，有利于在全党形成又有集中又有民主、又有纪律又有自由、又有统一意志又有个人心情舒畅生动活泼的政治局面。

习近平总书记强调："党内上下关系、人际关系、工作氛围都要突出团结和谐、纯洁健康、弘扬正气，不允许搞团团伙伙、帮帮派派，不允许搞利益集团、进行利益交换。"党章规定"下级组织服从上级组织"，要求"上下级组织之间要互通情报、互相支持和互相监督"。组织严密、纪律严明是党的优良传统和政治优势，也是我们党的力量所在。全党上下，任何一级组织、任何一名党员和干部都要严格遵守党的组织制度和党的法规纪律，对党忠诚，光明磊落，公道正派。

形成规规矩矩的上下级关系，意味着上级对下级不能颐指气使，下级对上级不能阿谀奉承。严格党的纪律，要坚持党纪面前党员人人平等。任何一名党员，不论职务高低、资历深浅、成就大小，都必须自觉遵守党内政治生活准则，各级党员领导干部要率先垂范。如果整天琢磨拉关系、找门路，寻靠山、走捷径，一味投机钻营，只会把上下级关系变成小山头、小圈子、小团伙那一套，严重破坏党内政治生活和政治生态。有的案件一查处就是一串人，拔出萝卜带出泥，其中的一个重要原因就是形成了事实上的人身依附关系。广大党员、干部要自觉形成尊崇党章、遵守党规、严明纪律、严守规矩的良好习惯，时刻铭记：不能把党组织等同于领导干部个人，对党忠诚不是对领导干部个人尽忠，党内不能搞人身依附关系。

民主集中制是我们党的根本组织制度和领导制度。形成规规矩矩的上下级关系，就要坚持按民主集中制原则处理党内组织和组织、组织和个人、同志和同志、集体领导和个人分工负责等重要关系，发扬党内民主、增进党内和谐，实行正确集中、维护党的团结统一。党员、干部不论做什么工作、级别多高，都是党的干部、组织的人，要牢记第一职责是为党工作。领导干部不准把分管工作、分管领域和地方当作"私人领地"，不准搞独断专行。把民主基础上的集中和集中指导下的民主有机结合起来，把上级对下级、同级之间以及下级对上级的监督充分调动起来，就能推动形成决策科学、执行坚决、监督有力的权力运行机制。

欲知平直，则必准绳；欲知方圆，则必规矩。立规矩、讲规矩、守规矩，形成规规矩矩的上下级关系，党员、干部才能行稳致远，党和国家事业才能兴旺发达。

（2023 年 07 月 17 日）

形成清清爽爽的同志关系

李浩燃

长期以来，在党内道一声"同志"，是我们党的优良传统。在新时代，倡导清清爽爽的同志关系，是党内关系正常化、纯洁化的必然要求。

"推动形成清清爽爽的同志关系、规规矩矩的上下级关系、亲清统一的新型政商关系，当好良好政治生态和社会风气的引领者、营造者、维护者。"在学习贯彻习近平新时代中国特色社会主义思想主题教育工作会议上，习近平总书记再次强调推动形成清清爽爽的同志关系，深刻指明了党内同志之间的交往原则。

"江南无所有，聊赠一枝春"的清新，"鹅毛赠千里，所重以其人"的淳朴，"虽无丝竹管弦之盛，一觞一咏，亦足以畅叙幽情"的高洁……回溯历史，中华民族推崇"君子之交淡如水"，鼓励道义之交、平等之交、心灵之交，讲求真诚、清淳、坦荡。胸怀千秋伟业的中国共产党人，自建党之初就重视从中华优秀传统文化中汲取智慧力量，倡导纯洁的同志关系。从石库门到天安门，从兴业路到复兴路，保持清清爽爽的同志关系，一直是我们党的政治规矩和纪律要求。

同德则同心，同心则同志。清清爽爽的同志关系，源自共同信仰和崇高理想。一大党纲规定："凡承认本党党纲和政策，并愿成为忠实的党员者，经党员一人介绍，不分性别，不分国籍，都可以接收为党员，成为我们的同志。"延安时期,毛泽东同志指出:"我们都是来自五湖四海,为了一个共同的革命目标,走到一起来了。"信仰信念是政治灵魂,理想信念是事业和人生的灯塔。建立在共同理想信念基础上,同志关系才能清清爽爽;以共同事业为目标,党的团结才能牢不可破。肩负新使命、奋进新征程,尤需我们坚定理想信念、奋斗意志、恒心韧劲。

为政廉洁、严以用权,方有"清清爽爽"。权力不越界,权利有保障,人与人之间的关系就能简单顺畅。要时刻保持解决大党独有难题的清醒和坚定,一刻不停推进全面从严治党,切实筑好权力运行的"防火墙"。对广大党员、干部而言,必须以干净为本,严守党的政治纪律和政治规矩,牢记"党内决不能搞封建依附那一套,决不能搞小山头、小圈子、小团伙那一套,决不能搞门客、门宦、门附那一套",用党章党规党纪约束自己的一言一行,杜绝"七个有之"。坚持以学正风,弘扬清廉之风,牢固树立正确权力观,做到公正用权、依法用权、为民用权、廉洁用权,才能以实际行动当好良好政治生态和社会风气的引领者、营造者、维护者。

正人先正己,推动形成清清爽爽的同志关系,领导干部带头是关键。所谓"官风正则民风淳",在这方面,领导干部的一言一行都具有示范效应。上有所好,下必甚焉;上有不好,下必戒之。以身作则、率先垂范,力戒特权思想、不良作风,尊重党员主体地位,用真情联系群众、用真爱关心干部、用真干推动发展,才能带动形成风清气正、担当作为的浓厚氛围,也才能让党内关系自上而下清爽起来。

同志之交若清泉。党内同志关系传承着中国共产党人共同的政治基因,传递着党员之间坦荡质朴、清爽纯洁的情谊,传达着平等尊重、民主团结、互信互助的交往原则。追求清的境界、坚守清的本色、呵护清的风尚,同志之间便会多一分纯粹、真诚,彼此的交往就能行稳致远,从而促进党内政治生态更加风清气正,为强国建设、民族复兴凝聚更多正能量。

(2023 年 07 月 14 日)

"更要在心里传承好"

盛玉雷

文明弦歌不辍，文脉绵延不绝。日前，习近平总书记在江苏考察时，来到位于苏州古城东北隅的平江历史文化街区，步行察看古街风貌，观看苏绣制作，体验年画印刷，强调"平江历史文化街区是传承弘扬中华优秀传统文化、加强社会主义精神文明建设的宝贵财富，要保护好、挖掘好、运用好，不仅要在物质形式上传承好，更要在心里传承好"。

历史发其源，文化铸其魂。源远流长的中华文明，在世界文明百花园里独树一帜，为人类文明进步做出了不可磨灭的贡献。走进中国国家版本馆中央总馆文瀚阁，宋代石刻天文图穹顶高悬，寓意着中华文明如星空般浩瀚璀璨。不仅是天文历法，中国的造纸术、火药、印刷术、指南针、哲学思想、民本理念等在世界上影响深远，有力推动了人类文明发展进程。中华优秀传统文化是中华文明的智慧结晶和精华所在，是中华民族的根和魂，是我们在世界文化激荡中站稳脚跟的根基。"没有中华五千年文明，哪有我们今天的成功道路。"拥有博大精深的中华文化、中华精神，这是我们文化自信的源泉。

守住我们的根和魂，需要物质上的继承保护，更需要精神上的积淀与升华。"自强不息"的奋斗品质，"精忠报国"的爱国情怀，"革故鼎新"的创新思想，"民惟邦本"的治国理念，"居安思危"的忧患意识，"和而不同"的东方智慧……中国人独特的价值体系、文化内涵和精神品质，为中华民族克服困难、生生不息提供了强大精神支撑。习近平总书记在江苏考察时指出："中华优秀传统文化代代相传，表现出的韧性、耐心、定力，是中华民族精神的一部分。"走向复兴的民族，离不开价值追求的指引；砥砺奋进的征程，必定有精神力量的支撑。今天，弘扬民族精神，淬炼"没有任何力量能够阻挡中国人民和中华民族的前进步伐"的韧性，增强"我们对于时间的理解，不是以十年、百年为计，而是以百年、千年为计"的耐心，保持"把中国发展进步的命运牢牢掌握在自己手中"的定力，从5000多年文明发展的苦难辉煌中走来的中国人民和中华民族，必将在新时代的伟大征程上一路向前。

自古以来，中华文明就是在继承创新中不断发展，在应时处变中不断升华。今天，站上新的历史起点，赓续精神血脉，激扬中国力量，更当以坚定的文化自觉，在传承中华优秀传统文化中推进文化创新。3天、8小时、55出……今年初，由上海昆剧团推出的全本《牡丹亭》，在中央歌剧院上演。浓缩经典的历史意蕴和美学风范，同时注入全新的时代风采和文化内涵，使这版《牡丹亭》叫好又叫座。正是在历史与现代的交融、继承与发展的碰撞中，我们凝万古之志、汇千载之思，推动中华优秀传统文化创造性转化、创新性发展，以守正创新的正气和锐气，赓续历史文脉、谱写当代华章。仰望历史星空，脚踏深厚大地，以坚定的文化自信汲取继往开来的澎湃力量，以高度的文化自觉激荡波澜壮阔的万千气象，时不我待、只争朝夕。

文化如水，岁月如歌。福州三坊七巷北隅，历经百年沧桑的林觉民故居静立其间。往来的游客不会想到，故居曾经面临着拆除的风险。时任福州市委书记习近平同志在这里主持召开现场办公会，提出"要在我们的手里，把全市的文物保护、修复、利用搞好，不仅不能让它们受到破坏，而且还要让它更加增辉添彩，传给后代。"不忘本来才能开创未来，善于继承方能更好创新。认识中华文明的悠久历史、感知中华文化的博大精深，在物质形式上传承好，更要在心里传承好，我们定能创造属于我们这个时代的新文化，建设中华民族现代文明。

（2023 年 07 月 13 日）

"一辈子办成一件事"

彭 飞

近日，习近平总书记在江苏考察时强调，"国家现代化建设为年轻人提供了广阔舞台"，寄语年轻研发人员"要把握历史机遇，大显身手，勇攀科技高峰"，勉励大家"要立志高远、脚踏实地，一步一步往前走，以十年磨一剑的韧劲，以'一辈子办成一件事'的执着，攻关高精尖技术，成就有价值的人生"。

"工贵其久，业贵其专。"用心专一、持之以恒，是古往今来成就一番事业的必备品质。中国极地科考史上在站时间最长的大学生王煜尘，矢志科研报国，创造北极高纬度浮冰区光学监测设备的最长自主观测纪录；80后工程师陈亮，不懈淬炼匠艺，练就把模具精度控制在微米之间的绝活；95后砌筑工邹彬，自我施压，精进技能，成长为世界技能大赛获奖者……无数新时代青年，干一行、专一行，以"千万锤成一器"的卓越追求，勇敢逐梦，让奋斗的青春焕发绚丽的光彩。无论世事如何变迁，不管理想多么高远，"一辈子办成一件事"的执着始终是青年人应有的品格。

时代造就青年，盛世成就青年。习近平总书记在党的二十大报告中指出："当代中国青年生逢其时，施展才干的舞台无比广阔，实现梦想的前景无比光明。"从科技创新最前沿到工厂车间第一线，从三尺讲台到广袤山乡，从积极投身国内建设到热情参与国际交往……新时代提供了难得机遇、打开了新的空间，广大青年选择更多、赛道更宽、天地更广，正全身心投入、向梦想奔跑。牢牢把握历史机遇，锚定奋斗目标，以更加昂扬的姿态和更加饱满的热情，拼搏奋斗、锐意进取，一定能展现新担当、实现新作为。

闪亮的梦想，依靠奋斗打磨。每一项事业，不论大小，都是踏踏实实、一点一滴拼出来、干出来的。青年时期是苦练本领、增长才干的黄金时期，最忌好高骛远、浮于空想，最怕做事三天打鱼、两天晒网。中国农业大学科技小院的师生们，将实验室"搬"到田间地头，与老乡同吃、同住、同劳动，把科研报国的豪情壮志转化为沾泥土、带露珠的实际行动。参与科技小院的张福锁教授曾这样解读"实"字："这个字像一个人头戴着一顶草帽——我们要下到地里，老老实实帮老百姓解决问题。"刀在石上磨，人在事上练。对于青年而言，怀抱梦想，方有行动目标；埋头苦干，才能行稳致远。广大青年自信自立、务实奋斗、善作善成，梦想才不是空想，未来才会更加美好。

青春孕育无限希望，对青年而言，什么才是真正有价值的人生？00后冬奥冠军苏翊鸣瞩望"能够赢得单板滑雪职业生涯里的大满贯，未来要让国歌在更多比赛中奏响"；85后航天员桂海潮笃定"'祖国利益高于一切'这八个大字，时刻激励着我们刻苦训练，为祖国的载人航天事业贡献自己的青春和力量"；85后返乡青年杨宁感言"我无悔当初回乡的选择，农村广阔天地真的大有可为"……实践充分证明，把个人奋斗融入民族复兴的时代洪流，与时代同步伐、与祖国共命运、与人民齐奋斗，定能成就一番事业、更好实现人生价值。

不久前，当选女篮亚洲杯决赛最有价值球员和赛会最有价值球员双料MVP的中国女篮主力中锋韩旭说："我从来就不是完美的，但我从未放弃追求完美。"青春有为，人生无悔。新时代新征程，呼唤广大青年把个人的理想追求融入党和国家事业之中，忘我付出、专注向前，不负时代、不负韶华，让青春之花在祖国最需要的地方绽放。

（2023 年 07 月 11 日）

"当下改"与"长久立"

欧阳奇

坚持问题导向是马克思主义的鲜明特点，也是我们党重要的思想方法和工作方法。在学习贯彻习近平新时代中国特色社会主义思想主题教育工作会议上，习近平总书记就"抓好检视整改"提出明确要求，强调"坚持'当下改'与'长久立'相结合"。这为推动主题教育走深走实、更有针对性地解决现实中存在的突出问题，提供了科学方法指引。

习近平总书记指出："历史总是在不断解决问题中前进的。我们党领导人民干革命、搞建设、抓改革，都是为了解决我国的实际问题。"新时代以来，聚焦人民群众急难愁盼问题，补齐民生保障短板、坚持在发展中保障和改善民生，紧紧抓住解决不平衡不充分的发展问题，着力在补短板、强弱项、固底板、扬优势上下功夫……始终跟着问题走、奔着问题去、迎着困难上，我们党团结带领人民不断开创事业发展新局面。新征程上，坚持"当下改"与"长久立"相结合，既重视施药动刀的治病之法，又注重固本培元的强身之举，既敢于动真碰硬，祛除沉疴积弊，又能够举一反三，做好完善机制、建章立制的工作，才能以问题整改的实效检验主题教育成果、推动高质量发展迈上新台阶。

俗话说"小洞不补，大洞吃苦"。整改要严，实效要长。坚持"当下改"与"长久立"相结合，要有改的干劲和立的魄力，不能"雷声大，雨点小"

或是"只听楼梯响，不见人下来"。新时代全面从严治党以落实中央八项规定精神破题，从遏制舌尖上的腐败，到刹住会所里的歪风，从剔除月饼里的奢侈，到整治车轮上的铺张……一个痼疾一个痼疾纠治，一个问题一个问题解决，一年接着一年坚守，以从严从实查摆问题、真刀真枪整改问题换来风清气正。习近平总书记在党的群众路线教育实践活动总结大会上指出："广大干部群众最担心的是问题反弹、雨过地皮湿、活动一阵风，最盼望的是形成常态化、常抓不懈、保持长效。"这启示我们，在抓实整改上必须立行立改，盯住不放、持续用力，一锤接着一锤敲，确保整改到位，把一个个"问题清单"变为"成果清单"，做到"件件有反馈、事事有落实"。

制度是管根本、管长远的。对于那些一时解决不了的问题、容易反复出现的问题，关键要推进"长久立"，在制度建设上下功夫。就拿长江流域生态修复保护来说，曾经"长江病了，而且病得还不轻"。新时代以来，治污、减排、理水、禁渔，盯紧一个个突出问题加速整改；颁布实施《中华人民共和国长江保护法》、制定出台《深入打好长江保护修复攻坚战行动方案》，夯实长江大保护的制度基石。正是因为坚持"当下改"与"长久立"相结合，护航"一江碧水向东流"。实践表明，不论是改的措施，还是立的制度，都要对症下药、综合施策，不在形式花哨，而在务实管用，不在内容繁杂，而在力求实效。整改方案要细，建章立制要实，才能使"当下改"有"规"可依，让"长久立"有"章"可循。

古人讲"人不率则不从，身不先则不信"。坚持"当下改"与"长久立"相结合，关键在人，关键在知行合一。党员、干部特别是领导干部要把自己摆进去、把职责摆进去、把工作摆进去，增强"检身若不及"的自觉、发扬动真碰硬的精神，防止久拖不决、整而不改，以上率下、身体力行把问题整改落到实处。唯其如此，定能理顺破与立的关系、把握改与治的要求、做到当下与长久的统一，确保主题教育取得实实在在的成效。

（2023 年 07 月 07 日）

涵养"自找苦吃"的精气神

吕晓勋

苦难成就辉煌，困难磨砺青春。"你们在信中说，走进乡土中国深处，才深刻理解什么是实事求是、怎么去联系群众，青年人就要'自找苦吃'，说得很好。"不久前，习近平总书记给中国农业大学科技小院的同学们回信，充分肯定同学们走进乡土中国深处"自找苦吃"的精神，强调"新时代中国青年就应该有这股精气神"。

"自找苦吃"就是要敢于挑急难险重的担子，敢于到条件艰苦、环境复杂的岗位锻炼，在经历大风大浪、艰难困苦中磨炼意志、增长才干。青年人要成长成才，就要到更广阔的天地、更复杂的环境中去历练锻造，多经历一点摔打、挫折、考验，这样才能增益其所不能，练就担当的宽肩膀、成事的真本领。

肯吃苦、能吃苦，是一代又一代中国青年茁壮成长的必经之路。犹记上世纪 60 年代，300 名青年组成突击队，迎难而上、不怕啃"硬骨头"，将地势险要、石质坚硬的岩壁凿通，将红旗渠渠线延伸了最艰难的 616 米。进入新时代，无论是逐梦星辰大海的年轻航天队伍，还是积极参与支教支边、用脚步丈量祖国大地的青年学生；无论是奋战在脱贫攻坚一线、用汗水和赤诚践行驻村诺言的第一书记，还是在边防一线为保卫祖国奉献青春的 95 后、00 后……无数青年不怕苦、不畏难，在"自找苦吃"中经风雨、见世面，在热火朝天的社会实践中努力书写青春芳华，展现出刚健有为、甘于奉献的精神风貌。

梅花香自苦寒来。青年时代，选择吃苦也就选择了收获，选择奉献也就选择了高尚。有驻村第一书记坦言，基层工作艰苦、琐碎，但正是在全心全意为人民服务的过程中，自己找到了把所学知识转化为业务优势的切入点。科技小院的学生们"自找苦吃"、进村"读研"，为当地村民带来了无数的"甜"，也在摸爬滚打中练就了"十八般武艺"：从一开始讲展板就紧张得腿肚子发抖，到下面坐着一群人也能侃侃而谈；从只会理论知识不会种地，到能够独立管护30亩油菜花田……刀在石上磨，人在事上练。对于青年而言，多经历"风吹浪打"、多捧"烫手山芋"、多当几回"热锅上的蚂蚁"，才能真正长本事、长才干。

人间万事出艰辛。越是美好的梦想，越需要发扬"自找苦吃"的精神；越是伟大的事业，越需要拿出"事不避难"的劲头。习近平总书记指出："只要青年都勇挑重担、勇克难关、勇斗风险，中国特色社会主义就能充满活力、充满后劲、充满希望。"实现人生梦想，需要青年迎难而上；推动国家发展，呼唤青年挺膺担当。青年人要不怕吃苦，把艰苦环境、艰巨任务作为磨炼自己的机遇，把肯吃苦、敢吃苦当作成就更好人生的选择，主动到条件艰苦的基层、国家建设的一线、项目攻关的前沿，成就一番事业。在鼓励青年人"自找苦吃"的同时，也要完善支持青年发展的体制机制，为青年建功立业创造更有利的条件，让每个青年都能各尽其能、各得其所。

青春是用来奋斗的，奋斗的青春更值得回忆。在最能吃苦的年纪不忘"自找苦吃"，坚定百折不挠的进取精神，锤炼担当作为的过硬本领，广大青年定能舒展青春最美的模样，在实现民族复兴的赛道上跑出最好成绩。

（2023 年 07 月 06 日）

"激发强国有我的青春激情"

彭 飞

近年来，行走乡村，发现扎根田野的年轻人越来越多了。农创客、文创客、科创客，新农人、乡村运营师、农村职业经理人……无数青年在乡村振兴的大舞台上挥洒汗水、奉献青春。一名返乡创业的青年由衷感慨，在外做出点成绩后，把产业带回家、让乡亲们在家门口挣钱的念头愈发浓烈："这是我们年轻人应该挑起的责任！"

青年兴则国家兴，中国发展要靠广大青年挺膺担当。6月26日，习近平总书记同团中央新一届领导班子成员集体谈话并发表重要讲话，强调"共青团要把牢新时代青年工作的主题，最广泛地把青年团结起来、组织起来、动员起来，激励广大青年增强历史责任感和使命感，激发强国有我的青春激情，在强国建设、民族复兴伟业中勇当先锋队、突击队"，鼓舞着广大青年报效祖国、服务人民。

一个时代的精神风貌，总是在青年身上得到最生动的体现。在新时代的伟大实践中，广大青年施展抱负、奋力驰骋、建功立业。他们中，有苦学本领、钻研技术，迅速成长为重大工程顶梁柱的大国工匠；有海外学成归来，将满腔热情和聪明才智贡献给祖国科技创新事业的科研专家；有以身许国、无悔逆行，投身于伟大抗疫斗争的白衣战士；有几乎把所有时间都投入训练，感言"出生在一个伟大的国家，成长在一个最好的时代"的00后奥运冠军……在党和人民最需要的时刻豁得出来、顶得上去，广大青年用青春的激情奏响"清澈的爱、只为中国"的时代强音，用青春的行动践行"请党放心、强国有我"的铮铮誓言。事实充分证明，新时代的中国青年是好样的，是堪当大任的！

时代总是把历史责任赋予青年。党的二十大擘画了全面建设社会主义现代化国家、以中国式现代化全面推进中华民族伟大复兴的宏伟蓝图，吹响了奋进新征程的时代号角。习近平总书记强调："实现强国建设、民族复兴宏伟目标，需要全党全国各族人民包括广大青年团结一致、全力以赴、继续爬坡过坎、攻坚克难。"必须清醒认识到，实现中国梦是一场历史接力赛，从现在起到本世纪中叶实现第二个百年奋斗目标，也就是一两代人的事。新时代的中国青年，生逢其时、重任在肩，施展才干的舞台无比广阔，实现梦想的前景无比光明。广大青年要勇挑重担、冲锋在前，怀抱梦想又脚踏实地，敢想敢为又善作善成，继续创造无愧于时代、无愧于人民、无愧于历史的新的青春业绩。

青春孕育无限希望，青年创造美好明天。习近平总书记指出："立足新时代新征程，中国青年的奋斗目标和前行方向归结到一点，就是坚定不移听党话、跟党走，努力成长为堪当民族复兴重任的时代新人。"85 后航天员桂海潮，完成儿时航天梦，顺利进驻空间站，开启紧张工作；北京东城区青年环卫工作者李萌，以"一人脏"换来万家净，赢得居民认可；浙江景宁畲族自治县毛垟乡党委书记雷晓华，扎根偏远乡镇 13 年，坚信在基层可以"舞出人生'大精彩'"……新时代是追梦者的时代，也是广大青年成就梦想的时代，无论身处何地、什么岗位，把个人的理想追求融入党和国家事业之中，为党、为祖国、为人民多作贡献，在担当中历练，在尽责中成长，必将让青春在新时代新征程的火热实践中绽放绚丽之花。

青春无边，奋斗以成。对中国青年来说，生逢伟大时代，更应不负时代、不负韶华。前进道路上，厚植家国情怀、涵养进取品格，激发强国有我的青春激情，不懈奋斗、永远奋斗，广大青年定能在强国建设、民族复兴伟业中书写壮丽青春篇章！

（2023 年 07 月 03 日）

"有理想、敢担当、能吃苦、肯奋斗"

石　羚

　　青春，如艳阳下百卉之萌动；青春，如星火汇聚成希望和力量。回望历史，一批批热血澎湃的青年高擎真理的火炬，为革命、建设、改革事业而不懈奋斗；立足当下，无数意气风发的青年担当历史的重任，奋进强国建设、民族复兴的壮阔征程。

　　前不久，习近平总书记在同团中央新一届领导班子成员集体谈话时强调"青年人有理想、敢担当、能吃苦、肯奋斗，中国青年才会有力量，党和国家事业发展才能充满希望"，激励着广大青年坚定理想、勇担使命、不畏困苦、不懈奋斗，在火热的青春中放飞人生梦想，在拼搏的青春中成就事业华章。

　　理想是指引青年成长进步的灯塔。有了理想，奋斗才有目标，人生才有航向。习近平总书记曾寄语广大高校毕业生"把个人的理想追求融入党和国家事业之中，为党、为祖国、为人民多作贡献"。今天，乡村振兴、科技创新、产业报国、教书育人……党和国家事业发展为青年实现理想、施展抱负提供了广阔舞台。一个人可以有很多志向，但人生最重要的志向应该同祖国和人民联系在一起。广大青年结合自身兴趣与所学，把个人理想融入民族复兴伟大梦想，与时代同步伐、与人民共命运，就一定能让青春在强国建设、民族复兴的火热实践中绽放绚丽之花。

　　青年有担当，民族有希望。国家的前途、民族的命运、人民的幸福，是一代代中国青年勇担的重任。80后占比过半的港珠澳大桥建设者，坚定不移走自主创新之路，最终实现一桥连三地、天堑变通途；天津经开区八大街消防救援站的年轻消防员，成立灭火救援"尖刀班"，"哪里任务重、哪里有危险，第一个冲上去的就是我们"；全国1000多个科技小院内的青年学子，与村民同吃同住同劳动，在服务乡村振兴中解民生、治学问……新时代新征程，广大青年要在担当中历练，在尽责中成长，勇做走在时代前列的奋进者、开拓者、奉献者，努力成为堪当民族复兴重任的时代新人。

　　苦难成就辉煌，困难磨砺青春。当代青年沐浴着新时代的阳光雨露，有了更好的生活条件，但肯吃苦、能吃苦的优良传统不能丢。2020年，春节假期回家的00后谢小玉赶上疫情，主动报名成为武汉东湖新城社区最年轻的志愿者，为近200户居民跑腿买菜、买药、取快递。这年3月，习近平总书记在新城社区考察时听了谢小玉的汇报，深有感触地说："过去有人说他们是娇滴滴的一代，但现在看，他们成了抗疫一线的主力军，不怕苦、不怕牺牲。"近年来，从数十万名大学生村官奉献基层，到数百万名青年学生参与"三下乡"社会实践活动，越来越多青年向下扎根，在复杂艰苦环境中磨砺本领。事实表明，青年时代，选择吃苦也就选择了收获。摒弃骄娇二气，勇于担苦、担难、担重、担险，广大青年定能以奋发有为的精神风貌，不断克服前进路上的艰难险阻。

　　实现伟大梦想需要一代一代青年矢志奋斗。在第二十七届"中国青年五四奖章"获得者中，奥运冠军切阳什姐以10多万公里的训练里程向金牌冲击；快递员秦文冲每天驾驶百多公里将货物安全送达家家户户；科研工作者吴丹面对技术难题和未知挑战百折不挠、孜孜不倦……他们高扬奋斗风帆，在实现个人价值的同时创造社会价值。新时代是奋斗者的时代。幸福源自奋斗，奋斗才会成功。广大青年当以永不懈怠的精神状态、永不停滞的前进姿态，接续奋斗、苦干实干，为强国建设、民族复兴铺路架桥、添砖加瓦。

　　新征程上，正涌现越来越多有理想、敢担当、能吃苦、肯奋斗的新时代好青年。用脚步丈量祖国大地，用真情感应时代脉搏，让实干成就精彩人生，当代中国青年定能在强国建设、民族复兴新征程上书写壮丽青春篇章，继续创造无愧于时代、无愧于人民、无愧于历史的青春业绩。

（2023 年 07 月 04 日）

"展现青春的朝气锐气"

尹双红

　　是到南方大企业挣高薪，还是回更需要人才的家乡小镇？黑龙江省漠河市副市长、北极镇党委书记文竹，24岁那年毅然选择后者，回乡成为一名大学生村官。几年间，她带领乡亲们利用当地地理优势，发展观光型农业，打造的北极光节、"极昼马拉松"等广受欢迎。勇敢追光、拼搏向前，一大批像文竹一样的新时代青年，以蓬勃的朝气、昂扬的锐气，在各自岗位上发光发热、挥洒青春。

　　青年向上，国家向前。青年是国家和民族的希望。不久前，习近平总书记在同团中央新一届领导班子成员集体谈话时强调："共青团要坚持围绕中心、服务大局，主动对接国家重大战略和重大任务，组织动员广大青年立足本职岗位，积极投身中国式现代化建设，在科技创新、乡村振兴、绿色发展、社会服务、卫国戍边等各领域各方面工作中争当排头兵和生力军，展现青春的朝气锐气。"

　　奋斗的青春最美好，奉献的人生最充实。党和人民事业发展离不开一代又一代有志青年的拼搏奉献。水下机器人领航员韩超，带领平均年龄不足30岁的青年团队，完成一系列高难度海底作业；天津大学机械工程学院博士生王鹏，以副领队的身份，带着国之重器"海燕"在马里亚纳海沟刷新世界纪录；上海农林职业技术学院青年教师杨灵芝，站上世界技能大赛领奖台，带动更多年轻人学习花艺、扮靓生活……无数新时代青年脚踏实地、奉献青春，在平凡岗位上创造了不平凡的业绩，收获了精彩人生。实践表明，广大青年既是追梦者，也是圆梦人，必将在拼搏奉献中点燃青春、谱写华章。

青年是社会上最富活力、最具创造性的群体，理应走在创新创造前列，勇做新时代的弄潮儿。参加"嫦娥五号"任务的青年人才平均年龄32.5岁，长征三号甲系列运载火箭总体设计团队平均年龄不到30岁，中国天眼FAST研发团队平均年龄30岁……今天，从提升科技自立自强能力、建设现代化产业体系的最前沿，到全面深化改革、扩大高水平对外开放的第一线，处处活跃着敢闯敢干的青春身影，迸发出敢拼敢赢的青春力量。青春活力的可贵之处，就在于不断开拓进取、创新创造。新征程上，广大青年永葆青春的朝气与活力，勇立时代潮头、争做时代先锋，就一定能为强国建设、民族复兴伟业注入源源不断的青春动力。

无锐气，不青春。李大钊同志曾热情称赞："青年之字典，无'困难'之字，青年之口头，无'障碍'之语"。敢为人先、百折不挠，是广大青年应有的精神气质。建功重大工程，青年建设者不畏艰险、矢志创新，"青年突击队""青年攻坚组"的旗帜高高飘扬；面对世纪疫情，32万余支青年突击队、550余万名青年拼搏在医疗救护、交通物流、项目建设等抗疫一线；奋战脱贫攻坚，千千万万青年扶贫干部深入农村，在岗位上呕心沥血，与乡亲们同甘共苦……危难之中显精神，关键时刻见真章，新时代中国青年用实际行动，彰显出应有的锐气与担当。前进道路上，广大青年要保持"初生牛犊不怕虎"的锐气，鼓起"越是艰险越向前"的拼劲，在应对重大挑战、抵御重大风险、克服重大阻力、解决重大矛盾中经风雨、见世面、壮筋骨、长才干，担负起时代赋予的重任。

习近平总书记强调："实现中国梦是一场历史接力赛，当代青年要在实现民族复兴的赛道上奋勇争先。"击鼓催征，时不我待；奋楫扬帆，正当其时。亿万青年展现青春的朝气锐气，把青春播撒在民族复兴的征程上，把光荣镌刻在历史行进的史册里，必将用青春的智慧和汗水打拼出一个更加美好的中国。

（2023 年 07 月 05 日）

"坚持一切从实际出发"是关键

邹　翔

　　近年来，随着大规模国土绿化行动深入推进，我国城市绿地面积大幅提升，各大城市不断"绿起来""美起来"。城市绿化在总体持续增量提质的同时，个别地方也出现了一些盲目跟风、贪美求洋、急功近利等形式主义问题，亟须加以纠正。

　　作为城市重要的基础设施，城市绿化对保护城市生态、改善居住环境、促进可持续发展具有重要意义，是城市建设中不可或缺的重要组成部分。种树植绿，是为了美化环境、修复生态、增进民生福祉。那种一味追求观赏效果、生长速度而忽视自然规律的错误倾向，过度追求"美化彩化"、盲目跟风引种"网红"树种等做法，不仅会导致资金和资源浪费，而且会给城市生态系统的安全性和稳定性带来不容忽视的影响，使绿化效果大打折扣。正因如此，2021年国务院办公厅印发的《关于科学绿化的指导意见》明确提出："尊重自然规律，坚决反对'大树进城'等急功近利行为，避免片面追求景观化，切忌行政命令瞎指挥，严禁脱离实际、铺张浪费、劳民伤财搞绿化的面子工程、形象工程。"

　　城市绿化不是种几棵树、铺几丛花那么简单，而是一项复杂的系统工程，更是一项重要的民生工程、民心工程。近年来，北京市在造林绿化过程中不追求奇花异草、名贵树木，坚持走科学、生态、节俭的绿化发展之路，取得良好效果；天津市和平区因地制宜种植乡土树种、开展树木调查登记、建立古树后备资源库，并通过科学管护、生态修复等手段，打造了整体风格统一又各具特色的景观；辽宁省锦州市对小凌河和女儿河进行环境综合整治，沿河修建 10 余公里绿化带，形成了滨河健身休闲带状公园……实践告诉我们，做好城市绿化工作，必须牢固树立和践行正确的政绩观、发展观，秉持"绿水青山就是金山银山"理念，统筹推进山水林田湖草沙一体化保护和修复，坚持系统思维、尊重科学规律，脚踏实地，久久为功。

我国地域辽阔，各地的自然条件千差万别，决定了城市绿化绝不能千篇一律。坚持一切从实际出发、按客观规律办事，应当是城市绿化必须遵循的基本原则。就拿绿化树种草种来说，应当根据自然地理气候条件、植被生长发育规律、生活生产生态需要合理选择。江河两岸、湖库周边要优先选用抗逆性强、根系发达、固土能力强、防护性能好的树种草种。干旱缺水、风沙严重地区要优先选用耐干旱、耐瘠薄、抗风沙的灌木树种和草种。水土流失严重地区要优先选用根系发达、固土保水能力强的防护树种草种。从实际出发、从科学出发，因地制宜、适地适绿，充分考虑水资源承载能力，宜乔则乔、宜灌则灌、宜草则草，让城市绿化更符合生物链、生态链要求，才能构建健康稳定的生态系统，更好为城市增绿添彩。

良好生态环境是最公平的公共产品和最普惠的民生福祉，高质量绿化是生态文明建设的重要方面。坚持一切从实际出发、尊重自然规律，坚决破除城市绿化中的形式主义，科学推进城市园林绿化工作，努力建设人与自然和谐共生的宜居环境，定能让城市绿化成果更好惠及人民群众。

（2023 年 06 月 29 日）

在传统节日中增进文化自信力量

王　巍

做香囊、包粽子等亲子活动备受欢迎，龙舟、桨板、皮划艇等多样化水上活动颇受追捧……刚刚过去的端午假期，各地文旅产品供给充足，民俗活动丰富多彩，浓郁的节日氛围不仅让人们感受到厚重的历史文化底蕴，也推动健康文明过节成为新风尚。

中国文化源远流长，中华文明博大精深。不久前在文化传承发展座谈会上，习近平总书记强调："只有全面深入了解中华文明的历史，才能更有效地推动中华优秀传统文化创造性转化、创新性发展，更有力地推进中国特色社会主义文化建设，建设中华民族现代文明。"春节、端午、中秋、重阳等传统节日，具有丰富的文化内涵和深厚的历史底蕴，是中华优秀传统文化的重要载体，生动反映中华民族的价值观念和精神追求。深入挖掘传统节日的文化意蕴，推出更多富有时代气息的节庆活动，有助于我们真切感受文化力量，更加坚定文化自信。

从农耕文明进入工业时代，从乡土社会转为城市聚居，生活方式的变化为传统节日注入许多新的元素。原有节日仪式的简化、转化，并不意味着节日文化内涵和价值会彻底改变。传统节日不断融入生活，就能获得生生不息的力量。

创新才能把握时代、引领潮流。文化发展自有其规律，人的主观能动性同样具有重要作用。比如，最近几年的端午节，内涵丰富的具有端午文化特色的线上科普、文艺演出、民间游戏、特色旅游等活动接地气、有人气，让人们得到文化的滋养。再如，"云观展"、沉浸式体验等数字技术广泛应用，也让文化传承创新获得强劲动能，开启无限空间。以文化创意、数字技术赋能传统节日文化，发展好多种文化业态，有助于提升大众参与度，增强审美韵味，提升美育素养，也有利于立足中华民族伟大历史实践和当代实践，更有效地推动中华优秀传统文化创造性转化、创新性发展。

我们的节日文化，总在传承发展中别开生面。除夕守夜的年俗，从围炉夜话到一起看春晚，再到边看春晚边晒年夜饭，形式越来越丰富；端午节不少地方推出读诗、赛诗活动，诗意过节过出清新感。从更广视角看，中华文明的浩荡长河，既有深沉厚重的历史积淀，也有大浪淘沙的实践再造，还有奔腾澎湃的创新汇流。因为坚守正道，所以敢于推陈出新、海纳百川；因为主动求变，所以时代气息更浓、生机活力更足。

在新的历史起点上继续推动文化繁荣、建设文化强国、建设中华民族现代文明，传统节日具有重要作用。坚定文化自信，秉持开放包容，坚持守正创新，传统节日文化定会在新时代焕发更加夺目的光彩，我们也必能赓续历史文脉、谱写当代华章。

（2023 年 06 月 25 日）

把工作抓实、基础打实、步子迈实

桂从路

"在察实情、出实招、求实效上下功夫，把工作抓实、基础打实、步子迈实"。习近平总书记在内蒙古考察时对扎实开展主题教育、抓实以学正风提出明确要求，强调要大兴务实之风。奋进强国建设、民族复兴新征程，打开事业发展新天地、取得改革发展新突破，关键在一个"实"字。

新时代以来，我们坚持"精准扶贫、尽锐出战"，不断完善扶贫思路和扶贫举措，攻克一个个贫中之贫、坚中之坚；我们发扬钉钉子精神，推动全面深化改革夯基垒台、蹄疾步稳；我们坚持在发展中保障和改善民生，一件事情接着一件事情办……坚持从实际出发、实事求是，既是思想方法、工作原则，也是党性党风的要求。只有求客观规律之真、务为民造福之实，才能以实干推动发展、以实绩赢得民心。

习近平总书记强调："不注重抓落实，不认真抓好落实，再好的规划和部署都会沦为空中楼阁。"新时代新征程，实现党的二十大擘画的宏伟蓝图、战胜前进道路上的各种风险挑战，需要广大党员干部冲锋在前、担当作为、善作善成、狠抓落实。正所谓"抓而不紧，等于不抓；抓而不实，等于白抓"，只有以抓铁有痕、踏石留印的作风一抓到底，不获全胜不收兵，才能不断取得新突破。抓落实，既要有真抓的实劲、敢抓的狠劲，也要有善抓的巧劲、常抓的韧劲。通过调查研究真正把情况摸实摸透，找到事物的本质和规律，找到解决问题的办法，正是抓实工作的"金钥匙"。

地基打得牢，大厦才能建得高。把基础打实，这是着眼高质量发展的必然要求。做好夯基垒台、立柱架梁的基础性工作，逐一破解影响长远发展的基础性问题，才能最终取得明显的治理成效。新时代以来，生态文明建设从认识到实践都发生了历史性、转折性、全局性的变化，靠的是"一系列根本性、开创性、长远性的工作"；雄安新区拔地而起，背后是"把每一寸土地都规划得清清楚楚"的远见和定力。我们共产党人干事创业历来如此，既有"功成不必在我"的境界，也有"功成必定有我"的担当。多办打基础、利长远的事，定能在夯基固本中站稳脚跟，在厚积薄发中行稳致远。

事要一件一件做，路要一步一步走。越是任重道远、越是滚石上山，越要把步子迈实。无论是推进中国式现代化建设，还是促进全体人民共同富裕，抑或是建设现代化经济体系，都是需要久久为功的长期任务，也都是紧迫而重大的现实任务，既急不得也等不得。唯有一步一个脚印，才能闯新路、建新功、成大业。不提脱离实际的高指标，不喊哗众取宠的空口号，不搞劳民伤财的假政绩，稳扎稳打向前走、踏踏实实干工作，才能干出经得起检验的真业绩。

新征程上，广大党员干部干事创业的舞台无比广阔，实现宏伟目标的重任在肩。扎实推动学习贯彻习近平新时代中国特色社会主义思想主题教育走深走实，凝心聚力促发展，驰而不息抓落实，我们的事业必将无往而不胜，我们的奋斗定能不负时代、不负人民。

（2023 年 06 月 24 日）

坚持守正创新，赓续文脉谱写华章

达　仁

北京冬奥会开幕式上，二十四节气倒计时短片融合中华节气、经典诗文和冰雪运动精神，惊艳全世界；"北斗"组网、"嫦娥"探月、"羲和"逐日、"天问"探火、"天和"遨游苍穹，重大科技成果烙印传统文化，中国人自古以来的美好夙愿正变为现实；道法自然、天人合一的哲学融入新发展理念，求同存异、和而不同的智慧助推构建人类命运共同体，传统文化中的思想精华不断为新时代治国理政提供滋养……在继承中发展，在守正中创新，用以马克思主义为指导的、具有中国特色的经典文化塑造时代精神、推动社会发展，增强了实现中华民族伟大复兴的精神力量。

知常明变者赢，守正创新者进。在新时代伟大变革中，我国文化建设在正本清源、守正创新中取得历史性成就、发生历史性变革，为新时代坚持和发展中国特色社会主义、开创党和国家事业全新局面提供了强大正能量。习近平总书记在文化传承发展座谈会上强调，在新的历史起点上继续推动文化繁荣、建设文化强国、建设中华民族现代文明，"要坚持守正创新，以守正创新的正气和锐气，赓续历史文脉、谱写当代华章"。坚持守正创新，是遵循文化发展规律的必然选择，也是继续推进实践基础上的理论创新的根本要求。在强国建设、民族复兴的新征程上，更好担负起新的文化使命，我们必须坚持守正创新，继续推进"两个结合"，更有效地推动中华优秀传统文化创造性转化、创新性发展，更有力地推进中国特色社会主义文化建设，努力向着建设中华民族现代文明的目标不断迈进。

守正才能不迷失方向、不犯颠覆性错误。中华文明的连续性，从根本上决定了中华民族必然走自己的路。习近平总书记在党的二十大报告中提出"全面建设社会主义现代化国家，必须坚持中国特色社会主义文化发展道路"，在文化传承发展座谈会上进一步强调"中国式现代化是赓续古老文明的现代化，而不是消灭古老文明的现代化；是从中华大地长出来的现代化，不是照搬照抄其他国家的现代化"。坚持守正创新，就要坚持中国特色社会主义文化发展道路，坚持马克思主义在意识形态领域指导地位的根本制度，不断以"两个结合"巩固文化主体性，巩固全党全国各族人民团结奋斗的共同思想基础。

创新才能把握时代、引领时代。中华民族从来不缺少创新精神，中华文明具有突出的创新性。创新创造是文化的生命所在，是文化的本质特征。全面深化改革深入推进，许多领域实现历史性变革、系统性重塑、整体性重构；数字文博、数字文旅、数字公共服务等新探索层出不穷，文化数字化方兴未艾；文创崛起、文体融合，新型文化业态和文化消费模式不断涌现；《国家宝藏》《典籍里的中国》等节目赢得广泛好评，《长津湖》《流浪地球》等影视作品深受观众青睐，高质量文化供给增强了人们的文化获得感……当代中国正在进行着人类历史上最为宏大而独特的创新发展，给文化创新创造提供了强大动力和广阔空间。坚持不忘本来、吸收外来、面向未来，在继承中转化，在学习中超越，就能不断推动文化创新创造。

坚定文化自信，秉持开放包容，坚持守正创新，赓续千年文脉。以中国特色社会主义文化发展道路为依托，以中华优秀传统文化为根脉，守正创新、推陈出新，就能创造无愧于民族、无愧于时代的文化精品、文明辉煌。

（2023 年 06 月 16 日）

培养探索性、创新性思维品质

李浩燃

国家同步辐射实验室、量子光学与光量子器件实验室、极端服役性能精准制造实验室等全国（国家）重点实验室向公众开放，组织青少年进行科普直播、线下参观、交流讨论、科学实验，天津市机器人大赛、吉林省流动科技馆、湖南省"科学之夜"等活动妙趣横生……不久前，以"热爱科学 崇尚科学"为主题的 2023 年全国科技活动周闭幕。丰富多彩的科普活动，引人入胜的科技体验，激发了青少年的好奇心、想象力、探求欲。

教育是国之大计、党之大计。建设教育强国，基点在基础教育。前不久，中共中央政治局就建设教育强国进行第五次集体学习。习近平总书记在主持学习时强调："基础教育既要夯实学生的知识基础，也要激发学生崇尚科学、探索未知的兴趣，培养其探索性、创新性思维品质。"这为我们扎实推动基础教育高质量发展、更好培养创新人才指明了方向。

济济多士，乃成大业；人才蔚起，国运方兴。民族复兴伟大事业呼唤创新人才脱颖而出。一段时间以来，与掌握具体的知识技能相较，一些中小学生缺乏探索性、创新性思维。如何更好求解"钱学森之问"，造就具有创新能力的新时代人才？从某种意义上说，创新人才离不开创新的基础教育。从基础教育破题，培养学生探索性、创新性思维，是推进创新型国家建设的题中应有之义。

呵护好奇心，激发想象力。好奇心是人的天性，也是创新性思维的源泉，科学研究特别是基础研究的出发点往往是科学家探究自然奥秘的好奇心。中国科学院院士、古生物学家周忠和喜欢上古生物探秘，源于高中班主任给他订的《化石》杂志；中国科学院院士祝世宁小学时代读到《科学家谈 21 世纪》，让他对未来产生了美好憧憬。引导孩子们感受"神秘"科学的美妙，鼓励孩子们多问"为什么"，敢于大胆探求，才能引导和培养青少年的科学兴趣，让其懂得，创新并不神秘、无所不在，是一件人人可为的事情。

将科学的种子撒向充满好奇的心灵。习近平总书记强调："要在教育'双减'中做好科学教育加法，激发青少年好奇心、想象力、探求欲，培育具备科学家潜质、愿意献身科学研究事业的青少年群体。"在"开学第一课"上请来航天英雄、院士专家等与师生面对面，通过科学实验课培养孩子们科学思维，开辟"高校＋基础教育"联动育人新路径……近年来，各地各有关方面积极推进实践创新，提升中小学生科学素质。近日，教育部等 18 部门联合印发关于加强新时代中小学科学教育工作的意见。面向未来，仍须突出实效、久久为功，完善中小学科学教育体系，有机整合社会各方资源，为孩子们提供良好环境和氛围，助其奔向科学的星辰大海。

因材施教，方能各展其才。孩子们天生携带创新基因，对新鲜事物有着浓厚兴趣，既善于模仿，也乐于求索。但是，每个孩子的潜质是不一样的。持续深化教育改革，照顾好每个孩子的需求，最大限度做到因材施教，帮助他们发现自己的兴趣和禀赋，最大程度激发个体探索性思维、创造性潜能，充分提升思考力、判断力、表达力、观察力，才能让青少年都对未来充满希望。

少年智则国智，少年强则国强。"基础教育搞得越扎实，教育强国步伐就越稳、后劲就越足。"在强国建设、民族复兴的新征程上，把握教育规律，提高教育质量，着力培养学生探索性、创新性思维品质，就能为打造创新型人才队伍筑牢基础，进而赢得优势、赢得主动、赢得未来。

（2023 年 06 月 15 日）

秉持开放包容，不断铸就中华文化新辉煌

李洪兴

走进中国国家版本馆中央总馆，洞库拱顶的飞天壁画，吸引不少参观者驻足欣赏。这一作品选取敦煌壁画中的传统飞天形象，融入现代美学元素创作绘制而成，呈现别具一格的东方美学韵味。博大精深的中华优秀传统文化在新时代大放光彩，成为全民族文化创新创造活力充分释放、新时代中国特色社会主义文化繁荣发展的生动见证。

中华文明自古就以开放包容闻名于世，张骞出使西域、玄奘西行天竺、郑和七下西洋，中华文明在同其他文明的一次次交流互鉴中不断焕发新的生命力。在文化传承发展座谈会上，习近平总书记指出："中华文明具有突出的包容性，从根本上决定了中华民族交往交流交融的历史取向，决定了中国各宗教信仰多元并存的和谐格局，决定了中华文化对世界文明兼收并蓄的开放胸怀。"中华文明5000多年发展史充分说明，无论是物种、技术，还是资源、人群，甚至于思想、文化，都是在不断传播、交流、互动中得以发展、得以进步的。中华文明是历史的也是当代的，是民族的也是世界的。

中国特色社会主义道路，是在马克思主义指导下走出来的，也是从5000多年中华文明史中走出来的。马克思主义和中华优秀传统文化来源不同，但彼此存在高度的契合性。坚持把马克思主义基本原理同中国具体实

际相结合、同中华优秀传统文化相结合，结果是互相成就，让马克思主义成为中国的，中华优秀传统文化成为现代的，让经由"结合"而形成的新文化成为中国式现代化的文化形态。在新的历史起点上继续推动文化繁荣、建设文化强国、建设中华民族现代文明，正如习近平总书记强调的："要秉持开放包容，坚持马克思主义中国化时代化，传承发展中华优秀传统文化，促进外来文化本土化，不断培育和创造新时代中国特色社会主义文化。"

在各国前途命运紧密相连的今天，不同文明包容共存、交流互鉴，在推动人类社会现代化进程、繁荣世界文明百花园中具有不可替代的作用。以茶、酒作喻阐述东西方文明异同，借汤显祖、莎士比亚两位文学巨匠的故事推动人文交流，用造访海明威酒吧的亲身经历表达深入了解不同文化和文明之意……习近平总书记以"文化外交"推动文明对话，受到国际社会好评。今天，我们比以往任何一个时代都更有条件破解"古今中西之争"，也比以往任何一个时代都更迫切需要一批熔铸古今、汇通中西的文化成果。秉持开放包容，以文明交流超越文明隔阂、文明互鉴超越文明冲突、文明包容超越文明优越，以海纳百川的宽阔胸襟借鉴吸收人类一切优秀文明成果，我们就能不断铸就中华文化新辉煌。

在中国国家版本馆中央总馆的文瀚阁，池畔古亭匾额点以"汇流澄鉴"四字，寓意"汇集知识之源，洞悉古今之理"。古往今来，文明因交流而多彩，文明因互鉴而丰富。过去，我们在开放包容中涵养了中华文明；未来，我们必能以更加开放包容的姿态与胸怀，建设中华民族现代文明。这是对历史最好的继承，也是对人类文明最大的礼敬。

（2023 年 06 月 14 日）

坚定文化自信，实现精神上的独立自主

李 斌

文化关乎国本、国运。在文化传承发展座谈会上，习近平总书记深刻阐释"在新的起点上继续推动文化繁荣、建设文化强国、建设中华民族现代文明"的新的文化使命，强调"要坚定文化自信，坚持走自己的路，立足中华民族伟大历史实践和当代实践，用中国道理总结好中国经验，把中国经验提升为中国理论，实现精神上的独立自主"。

党的十八大以来，中国共产党历史展览馆拔地而起，国家版本馆开馆迎客，中华文明探源工程取得重要进展，国家文化数字化战略快速推进，长城、大运河、长征、黄河、长江国家文化公园建设有序推进，党和国家功勋荣誉表彰的精神引领、典型示范作用持续发挥……一项项重大文化工程、重要文化成就，进一步增强了亿万人民的志气、骨气、底气。正是在新时代伟大变革中，中国人民的前进动力更加强大、奋斗精神更加昂扬、必胜信念更加坚定，焕发出更为强烈的历史自觉和主动精神。

自信源于历史传承与创新发展。中国文化源远流长，中华文明博大精深。今天，《千里江山图》、何尊等收藏在博物馆里的文物活起来，故宫、莫高窟等陈列在广阔大地上的文化遗产火起来，《诗经》《论语》等经典古籍持续畅销，北京琉璃厂、福州三坊七巷等历史文化街区得以活态保护，全民族文化创新创造活力竞相迸发。坚定文化自信，必须立足中华民族伟大历史实践和当代实践，更有效地推动中华优秀传统文化创造性转化、创新性发展，让深厚的中华文化为中华民族历经千难万险而不断复兴提供强大精神支撑。

实践中是要出道理的。我们党坚持把马克思主义基本原理同中国具体实际相结合、同中华优秀传统文化相结合，筑牢了道路根基，打开了创新空间，巩固了文化主体性。坚定文化自信，必须用中国道理总结好中国经验，把中国经验提升为中国理论，实现精神上的独立自主，为民族复兴立根铸魂，为广大干部群众不断前进提供坚强思想保证。

坚定中国特色社会主义道路自信、理论自信、制度自信，说到底是要坚定文化自信。没有高度的文化自信，没有文化的繁荣兴盛，就没有中华民族伟大复兴。只有文化自信自强起来，才能彻底避免"跟人脚迹，学人言语"问题，才能建设好中华民族共有精神家园，才能在文化上对世界有所贡献。站立在960多万平方公里的广袤土地上，吸吮着中华民族漫长奋斗积累的文化养分，深化新时代以来文化建设规律性认识，我们有信心也有能力不断推动中华文明重焕荣光。新的文化使命，新的壮丽征途，中国的前进步伐更加勇毅而沉稳。

（2023 年 06 月 13 日）

追梦不止，踏实奋斗

马祖云

　　神舟十六号载人飞船发射圆满成功，浩瀚宇宙再现中国人太空"会师"的画面；神舟十五号载人飞船返回舱成功着陆，神舟十五号航天员乘组不仅刷新了中国航天员单个乘组出舱活动次数的纪录，还见证了中国空间站全面建成的历史时刻；前期撤离空间站组合体、已独立在轨飞行33天的天舟五号货运飞船，完成与空间站组合体再次交会对接……近期，我国航天事业捷报频传。多年来，筑梦苍穹的过程，就是一棒接一棒的接力赛，背后是广大科技工作者攻坚克难、不懈追梦的艰辛付出。

　　习近平总书记在党的二十大报告中寄语广大青年，"怀抱梦想又脚踏实地，敢想敢为又善作善成"。对青年人而言，这既是殷切勉励，也指明了逐梦圆梦的现实路径。怀抱梦想，方有行动目标；脚踏实地，才能行稳致远。梦在远方，路在脚下，幸福是奋斗出来的，成功属于积极进取、不懈追求的人们。自信自立、务实奋斗、善作善成，人生便有无限可能，事业就能绽放光彩。

　　脚踏实地苦干，才会梦想成真。伟大事业都始于梦想、基于创新、成于实干。没有辛勤耕耘，哪有沉甸甸的收获；没有栉风沐雨，哪有绚丽的彩虹。在决战脱贫攻坚、决胜全面小康的战场上，无数追梦人在困难面前豁得出，关键时候顶得上，把心血和汗水洒遍千山万水、千家万户。嫦娥揽月、北斗组网、天问探火、蛟龙入海……回望过往的奋斗路，一项项重点工程、一个个国之重器、一次次创新突破，无不印证着朴素哲理：伟大梦想不是等得来、喊得来的，而是拼出来、干出来的。

脚踏实地登攀，才能"会当凌绝顶"。前进路途中，难免会遇到难以预料的险境，惟有迎难而上、百折不挠，才有希望抵达光辉的顶点。三十五年如一日扎根太行山、用科技把荒山秃岭抛进历史的李保国，为研制核潜艇"甘做隐姓埋名人"、三十年"水下长征"无怨无悔的黄旭华，为深地资源探测鞠躬尽瘁、甘愿"加入献身者的滚滚洪流中"的黄大年……在奔跑中拥抱梦想，用汗水浇灌未来，无数努力拼搏的追梦人，彰显了"咬定青山不放松"的韧劲、"越是艰险越向前"的勇毅、"山登绝顶我为峰"的自强。向着至高目标攀爬，尽最大努力拼搏，一步一个脚印前行，才能成为登顶者。

梦想有多么伟大，征程就有多么壮阔。回首过往，我们通过奋斗，披荆斩棘，走过了万水千山，创造了无数辉煌。实践证明，追梦的路，是一条继往开来的路、一条接续奋斗的路、一条奔向美好未来的路。今天，我们比历史上任何时期都更接近、更有信心和能力实现中华民族伟大复兴的目标。同时，我们也更加清醒：中华民族伟大复兴绝不是轻轻松松、敲锣打鼓就能实现的，也绝不是一马平川、朝夕之间就能到达的。"明天的中国，奋斗创造奇迹。"眺望未来，我们还要继续奋斗，勇往直前。实干是实干者的通行证，只要有愚公移山的志气、滴水穿石的毅力，脚踏实地，埋头苦干，我们就一定能把美好蓝图变为现实。

雄关漫道真如铁，而今迈步从头越。新时代是追梦者的时代。在强国建设、民族复兴的新征程上，勇立潮头、锐意进取，不驰于空想、不骛于虚声，踏踏实实干好工作，每个追梦人都有机会梦想成真，成就更有价值的人生。

（2023 年 06 月 12 日）

努力成为本职工作的行家里手

马明阳

干事创业，既要政治过硬，又要本领高强。党的十八大以来，习近平总书记多次强调要着力解决"本领恐慌"、能力不足的问题，指出："履行好党和人民赋予的新时代职责使命，领导干部必须全面增强各方面本领，努力成为本职工作的行家里手。"为广大党员干部提高能力素质、更好建功新时代指明了努力方向。

"褚小者不可以怀大，绠短者不可以汲深。"身处前所未有的变革时代，如果知识不够、眼界不宽、能力不强，就会耽误事；对于个人成长进步而言，如果德不配位、能力平庸，没有金刚钻、缺少几把刷子，难以干成事。习近平总书记指出："现在的领导干部学历都比较高，很多人有博士、硕士学位，但仍然存在'本领恐慌'、能力不足的问题。"现实来看，头脑思维固化、工作方法简单、知识存在盲区，在推动本地区本单位高质量发展时心中无策；工作经验不足、缺乏斗争历练，在重大风险挑战面前惊慌失措；坐而论道多、调查研究少，陷入事务主义，面对老百姓的"急难愁盼"和遇到的"烫手山芋"时常常心余力绌……这些虽然是少数，但任其发展势必贻误党的事业。以时不我待的精神，及时填知识空白、补素质短板、强能力弱项，不断提高专业化水平，才能为党和人民履好职、尽好责。

胜任领导工作，最根本的本领是理论素养。解决"本领恐慌"问题，必须抓住理论素养不够这个最根本的本领不足。马克思主义立场、观点、方法是做好工作的看家本领，是指导我们认识世界、改造世界的强大思想武器。广大党员干部要加强理论学习、厚实理论功底，从习近平新时代中国特色社会主义思想中悟规律、明方向、学方法、增智慧，把看家本领、兴党本领、强国本领学到手，增强工作的科学性、预见性、主动性、创造性，使各项工作朝着正确方向、按照客观规律推进。要坚持学以致用，在真学、勤学、深学、善学中实现"渐悟"到"顿悟"的转化，做到理论清醒、政治坚定、行动自觉；在实践的熔炉里淬炼成钢，越干越会干、越干越能干、越干越想干；在人民的智慧中俯拾仰取，躬下身子、放下架子、舍下面子主动融入群众，解决好群众最关心最直接最现实的问题。

古人云："非学无以广才，非志无以成学"。善于学习、勤于学习，是克服"本领恐慌"、成为行家里手的关键。现在，我国发展领域不断拓宽、分工日趋复杂、形态更加高级、国际国内联动更加紧密，对党领导发展的能力和水平提出了更高要求。只有保持"业精于勤荒于嬉"的清醒认识，砥砺"吾生也有涯，而知也无涯"的学习品格，增强"一物不知，深以为耻，便求知若渴"的求知精神，才能练就"独当一面""胜人一筹"的真本领、硬功夫。

中国共产党人依靠学习走到今天，也必然要依靠学习走向未来。在"桅杆尖头"中洞悉事物发展的趋势和规律，在"穿荆度棘"中磨砺攻坚克难的本领与技巧，在推动高质量发展、服务人民群众、防范化解风险领域成为独当一面的行家里手，我们的工作定能打开新局面，我们的事业定能无往而不胜。

（2023 年 06 月 09 日）

既要学会调查，也要擅长研究

孙小勇

调查研究是我们党的传家宝，是做好各项工作的基本功。在学习贯彻习近平新时代中国特色社会主义思想主题教育工作会议上，习近平总书记就"深入调查研究"提出明确要求，强调"注重调研成果转化运用，在调查的基础上深化研究，提高调研成果质量，切实把调研成果转化为解决问题、改进工作的实际举措，防止调查多研究少、情况多分析少，提出的对策建议大而化之、空洞抽象、不解决实际问题"。这一重要要求，为全党大兴调查研究，运用党的创新理论研究新情况、解决新问题，提供了重要遵循。

事实是真理的依据，矛盾是事物发展的根本动力。现实中，真实的情况往往被表象掩盖、受距离阻隔，只有深入一线、掌握第一手材料，才能发现问题所在；也只有善于透过现象看本质，深刻把握问题实质和矛盾规律，才能"求解"出科学决策。调查研究必须注意处理好调查和研究两个环节的关系，既要坚持一切从实际出发，做好真实情况和各种问题的调查摸底，也要在调查的基础上进行深入细致的研究，把零散的认识系统化，把粗浅的认识深刻化。

"上之为政，得下之情则治，不得下之情则乱。"毛泽东同志在寻乌搞调查时，对寻乌的行政区划、交通状况、商业情况以及多个行业的状况作了细致深入调查，甚至把当地家畜、特产、价格，各行业人员数量、比例等都摸排得清清楚楚，力求弄清当时的农业和工商业状况，为解决党在土地革命中的路线和政策问题提供参考。调查必须扎下去、实起来，把真实情况搞清楚，才能透过现象看本质。相反，或是走马观花、浅尝辄止，或是一得自矜、以偏概全，就不可能真正掌握基层治理的难题难点、准确了解群众的所思所想、所忧所盼。有的人把"下去了"当成"调研了"，以"逐级要材料"代替深入调查，不可避免陷入官僚主义、形式主义的泥淖。

调查是全面、客观、准确掌握情况的过程，并不自然产生科学观点、得出正确结论。要使调查发挥应有价值，还需要对所掌握的材料进行系统分析和整合。早年在福建省工作时，针对福建林农守着"金山银山"过穷日子的状况，习近平同志抓住"山要怎么分""树要怎么砍""钱从哪里来""单家独户怎么办"四个难题深入调研，推出了有针对性的改革举措，推出了全国第一个省级林改文件。研究不仅仅是调研的后续，也可以指导深入调研。研究捋得顺、析得透，就能把客观规律把握得更准确、认识得更深刻。

开展调查研究，既要善于抓问题，也要善于求答案，既要善于找现象，也要善于析机理。只调查不研究，就会只见树木、不见森林，也就提不出解决问题的有效对策；只研究不调查，就如同闭门造车、向壁虚构，决策难免成为无源之水、无本之木。只有把调查和研究很好统筹起来，调查研究才能成为治理者获得真知灼见的源头活水，调查研究的过程才能成为领导干部提高认识能力、判断能力和工作能力的过程。

（2023 年 06 月 08 日）

以自立自强勇攀科技高峰

孟繁哲

最近，两则消息令人振奋。5月30日，神舟十六号载人飞船发射圆满成功，3名航天员顺利进驻中国空间站，与神十五航天员乘组拍下"全家福"，浩瀚宇宙再现中国人太空"会师"的画面；5月28日，穿过隆重的"水门礼"，国产大飞机C919圆满完成商业航班首飞，标志着C919的研发、制造、取证、投运全面贯通……从载人航天到大飞机，广大科技工作者不断书写新时代的创新答卷，让中国人的飞天梦、科学梦延展到更远的天际。

功以才成，业由才广。"科技强国，离不开一个个科技尖兵、科技方阵"，不久前在河北石家庄考察调研时，习近平总书记勉励科技工作者，"希望你们再接再厉、勇攀高峰，不断攻克前沿技术，打造更多大国重器，为构建新发展格局提供坚强保障。"回眸新时代十年，"天眼"探空，"墨子"传信，"北斗"组网，"蛟龙"入海，"九章"问世，天和、问天、梦天三舱齐聚天宇……大国重器相继涌现，凝结着科技工作者的辛劳，见证着科技工作者的功勋。今天，迈步新的征程，广大科技工作者更应激扬雄心壮志，努力实现更多"从0到1"的突破，让科技自立自强成为促进发展大局的根本支撑。

建设科技强国，离不开科技工作者薪火相传的精神、前赴后继的奋斗。从埋名戈壁数十载的邓稼先，到毕生为"天眼"奉献的南仁东、一生执着

"超级稻"的袁隆平，再到"向地下要空间"的杨春和、为玉米嵌入"中国芯"的番兴明、"向海图强"的万步炎……一代代科技工作者接续奋斗，在祖国大地上树立起一座座科技创新的丰碑，也铸就了独特的精神气质。这种自立自强的志气骨气，正激励着更多科研人员在迈向科技强国的征程中不惧艰险、勇往直前。

奋进新征程，依然离不开这股强大的精神动力。无论是增强我国发展的竞争力和持续力，还是维护国家安全和战略利益，无论是构建新发展格局，还是实现人民高品质生活，都必须向科技创新要答案，我们也有能力给出正确的答案。广大科技工作者肩负着特殊职责使命，要勇于立时代之潮头、担创新之重任，不断攻克"卡脖子"关键核心技术，不断向科学技术广度和深度进军，把论文写在祖国大地上，把科技成果应用在全面建设社会主义现代化国家的伟大事业中。

科研之路道阻且长，保护科技工作者的拼劲、闯劲、韧劲，就要做好排忧解难、松绑减负、加油鼓劲的工作。2005 年 11 月，在杭州研发新药已近三年的海归博士丁列明，心急如焚之下，给时任浙江省委书记的习近平同志写了一封信，反映自己和团队克服重重困难完成一种新型肺癌靶向药的临床前研究，然而因没拿到批文临床试验无法推进。信发出仅 5 天，习近平同志就在这封信上作出批示。浙江省有关部门落实批示要求积极协调，推动审批加速。丁列明凭借这个项目，获得 2015 年度国家科技进步奖一等奖。创新之道，唯在得人。不断深化人才评价改革，完善科技创新激励，着力解决科技人才的所思所想所盼，营造有利于科技创新的生态环境，才能充分激发广大科技人员的积极性、主动性、创造性。

5 月 23 日，我国 13 名科考队员成功登顶珠穆朗玛峰，巍巍珠峰再次见证历史。无限风光在险峰，科技创新同样如此。使命召唤，梦想催征。弘扬追求真理、勇攀高峰的科学精神，传承老一辈科学家以身许国、心系人民的光荣传统，广大科技工作者定能让更多科技创新成果闪耀在强国复兴的伟大征程。

（2023 年 06 月 07 日）

以教育之强夯实国家富强之基

尹双红

近日，神舟十六号载人飞船发射取得圆满成功，3 名航天员顺利进驻中国空间站，振奋人心。我国执行载人飞行任务的首位载荷专家桂海潮，来自北京航空航天大学；航天员随身佩戴的辐射剂量仪，其核心元件采用了西北工业大学研发的探测器；在发射前，航天员顺利完成了由北京理工大学科研团队负责的两项科学实验的在轨操作培训及考核……源自高校的智慧和力量，为科教兴国写下生动注脚。

教育兴则国家兴，教育强则国家强。日前，中共中央政治局就建设教育强国进行第五次集体学习。习近平总书记在主持学习时指出"建设教育强国，是全面建成社会主义现代化强国的战略先导"，强调"以教育之强夯实国家富强之基"，为新征程上加快建设教育强国指明了前进方向。

从学前教育着力构建以普惠性资源为主体的办园体系，到全国 2895 个县级行政单位全部实现义务教育基本均衡；从建成世界最大规模的高等教育体系、高等教育进入普及化发展阶段，到现代职业教育体系建设明显加快、高职院校三年扩招 413.3 万人……党的十八大以来，以习近平同志为核心的党中央坚持把教育作为国之大计、党之大计，作出加快教育现代化、建设教育强国的重大决策，推动新时代教育事业取得历史性成就、发生格局性变化。我国各级教育普及程度达到或超过中高收入国家平均水平，教育现代化发展总体水平跨入世界中上国家行列，教育强国指数居全球第二十三位。

教育是民族振兴、社会进步的重要基石，是功在当代、利在千秋的德政工程。当前，世界百年未有之大变局加速演进，党和国家事业发展对教育的需要、对科学知识和优秀人才的需要，比以往任何时候都更为迫切；实现高水平科技自立自强等目标任务，对教育提出了新的更高要求。眺望前方的奋进路，尤应胸怀"国之大者"，为加快建设教育强国凝心聚力。

筑牢理念，始终坚持教育优先发展战略。全面建设社会主义现代化国家，科技是关键，人才是基础，教育是根本。回顾历史，国家繁荣昌盛、经济持续发展、人民生活美好的背后，无不蕴藏着科技立国、教育立国的基本逻辑。今天，人才越来越成为推动经济社会发展的战略性资源，教育的基础性、先导性、全局性地位和作用更加突显。必须深刻认识到，强国必先强教，中国式现代化需要教育现代化的支撑。要坚持把优先发展教育事业作为推动党和国家各项事业发展的重要先手棋，把教育置于强国建设、民族复兴的优先位置来谋划和推进。

实干奋斗，加快推进教育高质量发展。党的二十大报告提出"加快建设教育强国"，明确到2035年"建成教育强国"的目标。实现这样的战略目标，必须深刻把握我国教育发展的历史方位，加快推进教育现代化。坚持把高质量发展作为各级各类教育的生命线，把服务高质量发展作为建设教育强国的重要任务，以改革创新为动力，坚持系统观念，统筹推进育人方式、办学模式、管理体制、保障机制改革，坚决破除一切制约教育高质量发展的思想观念束缚和体制机制弊端，全面提高教育治理体系和治理能力现代化水平，才能实现从教育大国到教育强国的系统性跃升和质变。

国势之强由于人，人材之成出于学。如今，中小学已全部接入互联网、教学条件全面升级，职业教育吸引力不断提高，未来技术学院、现代产业学院、高水平公共卫生学院等高校专业特色学院培养大量紧缺人才，教师综合素质、专业化水平和创新能力大幅提升，终身学习体系和学习型社会建设日新月异……高质量教育体系正加快形成。锚定目标、凝聚合力、久久为功，我们一定能办好教育强国事业，为中华民族伟大复兴注入澎湃动能。

（2023 年 06 月 06 日）

立志为强国建设、民族复兴而读书

盛玉雷

少年强则国强，少年进步则国进步。在"六一"国际儿童节到来之际，习近平总书记来到北京育英学校，看望慰问师生，向全国广大少年儿童祝贺节日，强调"今天的少年儿童是强国建设、民族复兴伟业的接班人和未来主力军"，勉励同学们"立志为强国建设、民族复兴而读书，不负家长期望，不负党和人民期待"。

一言一语，语重心长。指出"少年儿童是祖国的未来，是中华民族的希望"，鼓励"努力做祖国和人民需要的好孩子，做祖国和人民事业发展的接班人"，嘱咐"我国社会主义现代化、中华民族伟大复兴的中国梦，将来要在你们手中实现"……新时代以来，习近平总书记从红色江山后继有人、中国特色社会主义事业薪火相传的战略高度，关心少年儿童健康成长，谋划少年儿童工作发展进步，激励新时代少年儿童奋发有为，努力成长为德智体美劳全面发展的社会主义建设者和接班人。

"人惟患无志，有志无有不成者。"志向是人生的航标。一个人要做出一番成就，就要有自己的志向。习近平总书记指出："一个人可以有很多志向，但人生最重要的志向应该同祖国和人民联系在一起，这是人们各种具体志向的底盘，也是人生的脊梁。"立志报国是中国人的红色基因。"为中华之崛起而读书"，是少年周恩来发出的时代强音，当年校长深情赞叹"有志者当效周生！"福建长汀"红军桥"上 1.5 米高的刻痕，是上了刺刀的步枪高度，见证着革命年代"人比枪高当红军"的热血与坚贞。建党百年的光荣时刻，广大少年儿童发出"请党放心，强国有我"的无悔誓言，彰显了同心向党、奔赴远方的精神风貌。少年有志，国家有望。"自古英雄出少年"的成长奥秘，蕴藏在拳拳爱国情、殷殷报国志的信念里，凝练在"有志向、有梦想，爱学习、爱劳动，懂感恩、懂友善，敢创新、敢奋斗"的行动中。

十年树木，百年树人。祖国的未来属于下一代。党和人民事业发展需要一代代中国共产党人接续奋斗，必须抓好后继有人这个根本大计。当代中国少年儿童既是实现第一个百年奋斗目标的经历者、见证者，更是实现第二个百年奋斗目标、建设社会主义现代化强国的生力军。在人生的"拔节孕穗期"，新时代少年儿童要把"为强国建设、民族复兴而读书"作为一种责任、一种追求，珍惜美好时光，刻苦学习，全面发展，掌握真才实学，努力成为建设伟大祖国的栋梁之材；要把"争做堪当民族复兴重任的时代新人"作为一种使命、一种担当，将自己的小我融入祖国和人民的大我之中，与时代同步伐、与人民共命运，更好为国争光、为民造福。

今天做祖国的好儿童，明天做祖国的建设者。2014 年在北京市海淀区民族小学墨韵堂，书法老师请前来参加庆祝"六一"国际儿童节活动的习近平总书记为"中国梦"点上最后一笔。总书记对孩子们说，"中国梦要靠你们来实现。'两个一百年'要靠你们接力奋斗，还是你们来点这一笔吧。"这一笔，寄托着人民领袖的期待，也寄托着民族复兴伟业的希望。身处昂扬奋进的中国，江山壮丽，前程远大；奔赴光荣和梦想的远征，扬帆启航，击鼓催征。在星星火炬的照耀下，在党的阳光的沐浴下，为实现中华民族伟大复兴的中国梦，中华少年时刻准备着！

（2023 年 06 月 02 日）

以教育之力厚植人民幸福之本

李浩燃

在浙江，天台县组建城乡教育共同体、实施乡村名校建设，让农村孩子在家门口上好学；在北京，广渠门中学运用"智慧操场"为体育教学构建新场景，给每个学生开出针对性"运动处方"；在天津，各区与高等院校联合打造"区校终身学习联合体"，满足群众就近学习需求……解决教育资源分布不均问题，推动教育数字化转型，加快构建终身教育体系，各地以务实创新之举，加快推进教育高质量发展。

教育是提高人民综合素质、促进人的全面发展的重要途径，是民族振兴、社会进步的重要基石，是对中华民族伟大复兴具有决定性意义的事业。近日，中共中央政治局就建设教育强国进行第五次集体学习。习近平总书记在主持学习时指出"坚持以人民为中心发展教育"，强调"加快推进教育现代化，以教育之力厚植人民幸福之本"，为推动教育改革发展、办好人民满意的教育进一步指明了方向。

教育是国计，也是民生。国家财政性教育经费占国内生产总值比例连续10年保持在4%以上；我国现有各级各类学校52.9万所，在校生2.9亿人，各级教育普及水平达到或超过中高收入国家平均水平；城乡教育一体化稳步推进，区域、城乡、校际差距逐步缩小……党的十八大以来，以习近平同志为核心的党中央坚持把教育作为国之大计、党之大计，作出加快教育现代化、建设教育强国的重大决策，推动新时代教育事业取得历史性成就、发生格局性变化。据测算，我国目前的教育强国指数居全球第二十三位，比 2012 年上升 26 位，是进步最快的国家。在这样的历史进程中，人民群众教育获得感不断增强。

党的二十大报告提出："坚持以人民为中心发展教育，加快建设高质量教育体系，发展素质教育，促进教育公平。"建设教育强国，是促进全体人民共同富裕的有效途径。新时代新征程，尤须保持清醒，我们要建设的教育强国，是中国特色社会主义教育强国，最终是办好人民满意的教育。

瞄准公平与质量，让 14 亿多人民享有更好的教育。扎实推进教育民生工程，有利于优化教育生态，支撑教育高质量发展。近年来，针对群众反映的义务教育校内作业和校外培训负担过重问题，坚定不移推进"双减"，学校课后服务全覆盖；深入推进校长、教师轮岗交流，对优质师资进行高效率调配，推动优质教育资源更广泛覆盖，义务教育优质均衡发展有力推进。着眼未来，还应补齐短板、提高质量，进一步缩小教育的城乡、区域、校际、群体差距，办好每一所学校、教好每一个学生，努力让每个孩子都能享有公平而有质量的教育。

向深化改革要动力，让每个人都有人生出彩的机会。世界上没有两片完全相同的树叶。应当持续深化教育教学改革，努力形成以学习者为中心、支持个性化、创造性学习的人才培养新体制新机制新模式。教育不是简单的知识传授，更要实现育人价值。就此而言，还应深化教育领域综合改革，完善五育并举人才培养体系，发展素质教育，促进人的全面发展，让孩子们成长为心灵纯洁、人格健全、品德高尚的新时代栋梁。在教育入口处做到"有教无类"，在教育过程中做到"因材施教"，在教育出口处做到"人尽其才"，才能绘就人人出彩的教育图景。

党的十八大闭幕后的中外记者见面会上，习近平总书记语重心长，"我们的人民热爱生活，期盼有更好的教育"。顺应人民期待，铆足干劲，久久为功，不懈以教育之力厚植人民幸福之本，亿万群众共享的高质量教育体系必将早日变为现实。

（2023 年 06 月 01 日）

功成不必在我、功成必定有我

——牢固树立和践行正确政绩观①

桂从路

"短短 6 年里，雄安新区从无到有、从蓝图到实景，一座高水平现代化城市正在拔地而起，堪称奇迹。"习近平总书记近日在河北雄安新区考察时强调："建设雄安新区是千年大计、国家大事，既不能心浮气躁，也不能等靠要，要踏实努力，久久为功。"从高起点规划、高标准建设，到高标准、高质量推进，雄安新区这座"未来之城"破土、萌芽、生长，是"功成不必在我、功成必定有我"精神的有力见证。

政绩观是面镜子，映照着党员领导干部的发展意识与责任担当。党的十八大以来，习近平总书记多次强调干部干事创业要树立正确政绩观，有功成不必在我的精神境界、功成必定有我的历史担当。在学习贯彻习近平新时代中国特色社会主义思想主题教育工作会议上，习近平总书记再次强调，"各级领导班子要牢记党和人民嘱托，发扬'功成不必在我、功成必定有我'的精神，坚持一张蓝图绘到底，对已有的部署和规划，只要是科学的、切合新的实践要求的、符合人民群众愿望的，就要坚持，一茬接着一茬干"。"功成不必在我"和"功成必定有我"的辩证统一，折射新时代中国共产党人志在千秋伟业的远大追求，为党员干部树立正确政绩观提供了明确指引。

"功成不必在我"，是一种干事创业的胸襟，也是谋发展、促发展的境界。从黄沙漫天到林木葱葱，从缺衣少食到生活富足，新中国成立以来，山西右玉历任县委书记展开植树接力，带领人民创造了荒漠变绿洲的人间奇迹。无论是生态环境保护，还是推动共同富裕，我们党的事业都是在一代又一代人的接续奋斗中推进的，在一件事情接着一件事情办中办成的。领导干部想要干事、想出政绩是对的，但要避免政绩冲动、盲目蛮干、大干快上以及"换赛道""留痕迹"等现象。急功近利、急于出成绩，急的是一时之功，图的是一己之利。只有处理好大我和小我的关系，长远利益、根本利益和个人抱负、个人利益的关系，才能树牢正确政绩观，创造经得起历史和人民检验的实绩。

"功成必定有我"，是一种奋发进取的姿态，体现的是守土有责、守土尽责的担当。新时代十年来办成了许多事关长远的大事要事，广大党员、干部的进取精神，激扬在"不获全胜决不收兵"的脱贫攻坚战中，展现在"我是党员我先上"的疫情防控斗争中，镌刻在"如期全面建成小康社会"的历史丰碑上……实践告诉我们，坚持功成不必在我，决不是消极、怠政、不作为，而是必须以功成必定有我的担当精神积极作为、正确作为。对于长期战略任务，必须保持历史耐心，既谋划长远，又干在当下，滴水穿石，久久为功，把当下能做的事情做好；对于已经确定下来的任务，必须有只争朝夕的紧迫感、时不我待的责任心，以钉钉子精神担当尽责，抓铁有痕、踏石留印抓落实。

政绩观与发展观紧密相连。有什么样的政绩观就有什么样的发展理念，判断政绩观正确与否，关键就是看是否完整、准确、全面贯彻新发展理念，是不是始终以创新、协调、绿色、开放、共享的内在统一来把握发展、衡量发展、推动发展。既大胆开展工作、锐意进取，又尊重规律、保持大局稳定和工作连续性，把急功近利的浮躁心理、急躁心态压下去，多做为后人作铺垫、打基础、利长远的实事、好事，才是扎扎实实、踏踏实实地搞现代化建设。

积跬步以至千里，积小胜方成大胜。奋进在充满光荣和梦想的新征程上，锚定奋斗目标、保持战略定力，牢固树立和践行正确政绩观，发扬功成不必在我、功成必定有我的精神，就一定能一步一个脚印把宏伟蓝图变为现实。

（2023 年 05 月 25 日 ）

把握好潜绩和显绩的关系

——牢固树立和践行正确政绩观②

盛玉雷

八百里太行万仞壁立、千峰如削，一渠清水穿山而来。上世纪60年代，为解决困扰千年的干旱问题，河南安阳林县数万人民，用近10年时间，在太行山腰生生凿出一条全长1500公里的"人工天河"，定名"红旗渠"。党的二十大胜利闭幕后不久，习近平总书记来到红旗渠纪念馆，感慨"没有老一辈人拼命地干，没有他们付出的鲜血乃至生命，就没有今天的幸福生活，我们要永远铭记他们"。

一渠清水润泽一方，造福万千百姓，在时光的沉淀里收获口碑。红旗渠的修建，生动诠释了"以尺寸之功，积千秋之利"的价值追求，展现了潜绩和显绩的内在统一。党的十八大以来，习近平总书记围绕牢固树立正确政绩观提出一系列明确要求，强调要"把握好潜绩和显绩的关系"，指出"既要做让老百姓看得见、摸得着、得实惠的实事，也要做为后人作铺垫、打基础、利长远的好事，既要做显功，也要做潜功，不计较个人功名，追求人民群众的好口碑、历史沉淀之后真正的评价"。显功看得见、摸得着，折射雷厉作风；潜功不显山、不露水，但关涉长远。显功与潜功辩证统一，标注着新时代中国共产党人干事创业的崇高境界。牢固树立和践行正确的政绩观，就要深刻认识到潜绩和显绩之间对立统一、相辅相成的辩证关系，奋力开创事业发展新局面。

不少显绩之"显"，正是因为聚焦解决群众之"急"、发展之"难"。比如，污染防治攻坚战迫在眉睫，要有壮士断腕的决心；反腐败斗争重拳出击，要有刀刃向内的勇气；全面深化改革向纵深推进，要有动真碰硬的意志；民生工程落到实处，要有说干就干的觉悟……实践中，一些领域的工作关系群众切身利益，百姓呼声高、反映强烈，必须马上就办、办一件就要成一件、一件事接着一件事办，把显功、显政、显绩做到群众心坎上。对于实践遇到的新问题、改革发展稳定存在的深层次问题、人民群众急难愁盼问题、国际变局中的重大问题、党的建设面临的突出问题，广大党员、干部就要奔着问题去、迎着难题上，不回避、不躲闪，以顽强斗争打开事业发展新天地。

合抱之木，生于毫末；九层之台，起于累土。"潜"是"显"的基础，"显"是"潜"的结果。对于那些事关长远、事关基础的任务，"一口吃不成个胖子"，就要扎扎实实、稳步有序推进。这些工作不显山露水，政绩也并非一目了然，但有助于各项事业全面发展、长足进步，更是真正对党、对人民、对历史负责的体现。新时代这十年，从长江大保护共促"一江春水向东流"，到北斗组网、嫦娥探月、天问探火等重大创新成果竞相涌现，再到打赢人类历史上规模最大的脱贫攻坚战……一系列标志性成果、突破性进展，无不是长期潜功、潜绩累积而成。新时代新征程新使命，建设农业强国、建设现代化经济体系、实现全体人民共同富裕……这些都是长期而艰巨的历史任务，不可能一蹴而就，也难以立竿见影。越是长久基业、长远大计，越要循序渐进、稳扎稳打，克服急功近利、急于出成绩的心态，甘于"前人栽树，后人乘凉"，多做打牢基础的事，多谋泽被后人的事，方能积潜功为显功、化潜绩为显绩。

习近平总书记强调："党的二十大确定的目标任务有近期的，有中期的，也有长期的，要分清轻重缓急，既要全面推进，又要突出重点；既要狠抓当前，又要着眼长远，多办打基础、利长远的事"。把握好潜绩和显绩的关系，一件一件抓落实，让群众看到变化；一张蓝图绘到底，积小胜为大胜，这样的政绩才能经得起实践、历史和人民的检验。

（2023 年 05 月 26 日）

把为民造福作为最大政绩

——牢固树立和践行正确政绩观③

张 凡

"百姓富起来最重要！"上个世纪 80 年代，时任山东寿光县委书记的王伯祥带领群众集中力量办了三件事：一是推进蔬菜产业化，二是开发寿北盐碱滩，三是为工业翻身打基础。正是这三件事，让寿光人从此鼓起了口袋、挺起了腰板、走向了世界。"为人民服务，为人民服务好"，这位被群众念念不忘的"百姓书记"在病危期间颤颤巍巍写下的话语，正是他用一生践行的信仰。

为政之道，以顺民心为本，以厚民生为本。习近平总书记指出，"干事创业一定要树立正确政绩观，做到'民之所好好之，民之所恶恶之'"，强调"以造福人民为最大政绩"。对共产党人来说，人民是正确政绩观的核心，是干事创业的价值源头。新时代十年，以"人民有所呼、改革有所应"的鲜明导向，推进全面深化改革；以"不让一个人掉队"的真挚情怀，历史性解决绝对贫困问题；以"得罪千百人、不负十四亿"的勇毅担当，开展反腐败斗争；以"为了保护人民生命安全，我们什么都可以豁得出来"的坚定决心，抗击世纪疫情……一切努力都是为了人民，一切奋斗旨在造福人民，党和国家事业取得历史性成就、发生历史性变革，无不闪耀着一个光辉的起点——为了人民。

树立和践行正确政绩观，起决定性作用的是党性。只有党性坚强、摒弃私心杂念，才能保证政绩观不出偏差。我们党是为人民谋幸福、给人民办事的，除了人民利益之外没有自己的特殊利益。做得人心、暖人心、稳人心的事，解决群众最关心、最迫切需要解决的问题，就是共产党人的政绩。这就要求广大党员干部始终以百姓心为心，以人民利益为重。在谋划推进工作时，要顺应群众所思所想所忧所盼；在制定政策措施时，要以满足人民日益增长的美好生活需要为出发点和落脚点；在推动工作落实时，要努力让群众看到变化、得到实惠。共产党人为的是大公、守的是大义、求的是大我。全心全力把老百姓的事一件一件办好，才能做俯仰无愧的共产党人，才能创造经得起历史检验的政绩。

为老百姓办了多少好事实事是共产党人检验政绩的重要标准。但什么是好事实事，要从群众切身需要来考量，不能主观臆断，不能简单化、片面化。当年，林县县委主要负责人到农民家里调研，大家反映最强烈的问题就是缺水。在农户家，他想洗把脸，主人端来烩面碗大小的脸盆，只盛了半盆水，还不停"叮嘱"："您洗完脸千万别把水泼了，俺还等着喂牲口哩！""水在林县是天大的事"，正是深深知晓群众的需求，林县县委迎难而上，果断作出修建红旗渠的正确决策。坚持从群众中来，到群众中去，把调查研究作为基本功，自觉问计于民、问需于民，才能使想出来的点子、举措、方案符合实际情况，才能真正把惠民生、暖民心、顺民意的工作做到群众心坎上。

金杯银杯比不上群众的口碑。业绩好不好，要看群众实际感受，由群众来评判。焦裕禄"心里装着全体人民、唯独没有他自己"，带领干部群众治理"三害"，兰考人至今"看到泡桐树，想起焦裕禄"；谷文昌怀揣"不把人民拯救出苦难，共产党来干什么"的信仰，带领东山干部群众把人间荒岛变成海上绿洲，"先祭谷公，后祭祖宗"成为东山百姓至今的传统。脚踏实地工作，俯首为民办事，才能在群众心中树起恒久的丰碑。广大党员干部要以此为标尺，坚持"做事"不"作秀"，"造福"不"造势"，坚决摒弃为了个人功名搞华而不实、劳民伤财的"形象工程""政绩工程"，坚决防止因政绩冲动而虚报浮夸搞"数字政绩""虚假政绩"，把为人民造福的事情真正办好办实，追求人民群众的好口碑、历史沉淀之后的真正评价。

为人民利益而奋斗，是我们党矢志不渝的崇高追求，也是新征程上的使命担当。当前，学习贯彻习近平新时代中国特色社会主义思想主题教育正在全党深入开展，广大党员干部要以此为契机，牢固树立和践行正确政绩观，把为民造福作为最大政绩，想人民之所想，行人民之所嘱，使一切决策和工作着眼于更好满足人民需求、经得起人民检验，不断增进民生福祉，提高人民生活品质。

（2023 年 05 月 31 日）

不慕虚荣，不务虚功，不图虚名

——牢固树立和践行正确政绩观④

彭　飞

空谈误国、实干兴邦，"社会主义是干出来的"道出了干事创业的真谛。在学习贯彻习近平新时代中国特色社会主义思想主题教育工作会议上，习近平总书记指出"我们党百年奋斗的伟大成就都是党团结带领全国各族人民拼出来、干出来的，要把党的二十大描绘的宏伟蓝图变成现实，仍然要靠拼、要靠干"，要求"树立正确的权力观、政绩观、事业观，增强责任感和使命感，不断提高推动高质量发展本领、服务群众本领、防范化解风险本领"。肩负新使命、奋进新征程，广大党员干部要学思想、见行动，紧紧围绕新时代新征程党的中心任务，真抓实干、务求实效，聚焦问题、知难而进，努力创造经得起历史和人民检验的实绩。

中国共产党人必须都是实干家，只有不慕虚荣，不务虚功，不图虚名，才能做到为官一任、造福一方。坚信"干部干部，就是要先干一步"的姜仕坤，磨穿了鞋底、跑白了头发，换来老百姓的幸福生活；放弃大城市高薪工作的黄文秀，扎根乡土、奉献家乡，带领乡亲们脱贫致富；常说"能在现场就不在会场"的廖俊波，没有惊天动地的壮举、没有气壮山河的豪言，关心的都是一件件具体的民生实事……新时代十年来，无数党员干部坚持"实"字当头、"干"字为先，不为名所缚、不为物所累、不为利所驱，清正廉洁、一心为民，在不懈奋斗中创造了光辉业绩。实践证明，只有在崇实、务实、求实、做实上下功夫，才能守好初心、担好使命。

大凡想有所作为的领导干部，都有"为官一任，造福一方"的追求。靠什么实现？贪图安逸、不想艰辛创不出佳绩，心浮气躁、急功近利干不出实绩，弄虚作假、投机取巧搞不出真绩。求真务实、真抓实干，既需要正确的世界观，也需要科学的方法论。习近平总书记多次谆谆告诫："要坚持实事求是、求真务实，从实际出发谋划事业和工作，使提出的点子、政策、方案符合实际情况、符合客观规律、符合科学精神""绝不能脱离实际硬干，更不能为了出政绩不顾条件什么都想干""为官一方，为政一时，当然要大胆开展工作、锐意进取，同时也要保持工作的稳定性和连续性"。面对新形势新任务，党员干部必须拿出真抓的实劲、敢抓的狠劲、善抓的巧劲、常抓的韧劲，坚决杜绝口号式、表态式、包装式落实的做法，把真实情况掌握得更多一些、把客观规律认识得更透一些，办一项是一项、办一件成一件。

业绩都是干出来的，真干才能真出业绩、出真业绩。今天，面对各种艰难险阻甚至惊涛骇浪，唯有始终保持锐意进取、敢为人先、迎难而上的奋斗姿态，积极担当作为、敢于善于斗争，才能胜利推进强国建设、民族复兴的历史伟业。无论是建设现代化产业体系，还是全面推进乡村振兴；无论是加快实施创新驱动发展战略，还是积极稳妥推进碳达峰碳中和，实现每一项目标任务，都需要付出百倍努力，来不得半点虚功、容不得丝毫马虎，更不能要花拳绣腿、做表面文章。要保持"时时放心不下"的责任感，增强只争朝夕的紧迫感，提振锐意进取、担当有为的精气神，务实功、出实招、求实效，扎扎实实、踏踏实实地搞现代化建设。

"为者常成，行者常至，历史不会辜负实干者。"从习近平新时代中国特色社会主义思想中汲取奋发进取的智慧和力量，牢固树立和践行正确政绩观，以愚公移山的志气、滴水穿石的毅力真抓实干，不驰于空想，不骛于虚声，广大党员干部定能在新征程上拼出一片新天地、干成一番新事业。由此创造的政绩，人民不会忘记，历史必将铭记。

（2023 年 06 月 05 日）

"聚焦问题、知难而进"

郭舒然

单个飞行器由 8 吨级发展到 23 吨级，在轨飞行时间由十几天发展到 10 年以上，可重复使用试验航天器成功着陆……党的十八大以来，载人航天工程攻克空间站组装建造、快速交会对接等 10 余项重大关键核心技术、200 余项系统级关键技术，成为我国科技事业不断攀登高峰的生动缩影。

"苏轼有句话：'犯其至难而图其至远'，意思是说'向最难之处攻坚，追求最远大的目标'。"在二〇二三年新年贺词中，习近平总书记引用并阐释这句古语，强调"明天的中国，奋斗创造奇迹"。在学习贯彻习近平新时代中国特色社会主义思想主题教育工作会议上，习近平总书记强调："紧紧围绕新时代新征程党的中心任务，真抓实干、务求实效，聚焦问题、知难而进，以时时放心不下的责任感、积极担当作为的精气神为党和人民履好职、尽好责"。眺望前方的奋进路，迎难而上、锐意进取、善作善成，才能把党的二十大擘画的宏伟蓝图变为现实。

干事创业，就要有不畏难、敢攻坚的精气神。从焦裕禄"革命者要在困难面前逞英雄"，到谷文昌"不治服风沙，就让风沙把我埋掉"，再到廖俊波"认准的事，背着石头上山也要干"……作为共产党人，越是任务重、困难多，越要奔着矛盾去、朝着问题改，越要扑下身子、撸起袖子。中华民族伟大复兴绝不是轻轻松松、敲锣打鼓就能实现的。当此船到中流、人到半山之时，能否克服阻力、顶住压力、勇毅前行，考验着每个人的志气、骨气、底气。必须坚定意志、知重负重，在机遇面前主动出击，不犹豫、不观望；在困难面前迎难而上，不推诿、不逃避；在风险面前积极应对，不畏缩、不躲闪。

奋斗创造历史，实干成就未来。党的十八大以来，党和人民攻克了许多长期没有解决的难题，办成了许多事关长远的大事要事，创造了一个个令人刮目相看的人间奇迹。实践充分证明，新时代的伟大成就是党和人民一道拼出来、干出来、奋斗出来的。在人类历史上规模最大、力度最强、惠及人口最多的脱贫攻坚战中，数百万扶贫干部爬最高的山、走最险的路、蹲点最偏远的村寨、帮扶最穷的人家，与广大贫困地区的群众一起攻克了一个个贫中之贫、困中之困、坚中之坚。新征程是充满光荣和梦想的远征。做起而行之的行动者、不做坐而论道的清谈客，当攻坚克难的奋斗者、不当怕见风雨的泥菩萨，广大党员、干部方能风雨无阻向前进，展现新作为、创造新业绩。

应对困难挑战、解决棘手难题，离不开"政善治，事善能"的能力。面对前进路上的重大挑战、重大风险、重大阻力、重大矛盾，我们既要依靠学习提升能成事的真本领，也要依靠实践练就敢担当的宽肩膀。以这次主题教育为契机，加强党的创新理论武装，广大党员、干部应着力提高推动高质量发展的本领，努力掌握本职工作所需方方面面知识；提高服务群众的本领，把惠民生、暖民心、顺民意的工作做到群众心坎上；提高防范化解风险的本领，对于随时可能发生的"黑天鹅""灰犀牛"事件，加强跟踪研判、应急处置，做到心中有数、手中有策。

崇峻不凌霄，则无弥天云。历史只会眷顾坚定者、奋进者、搏击者，而不会等待犹豫者、懈怠者、畏难者。在强国建设、民族复兴的新征程上，始终葆有攻坚精神，以实际行动闯关夺隘、攻城拔寨，我们就一定能跨越一个个"雪山""草地"，征服一个个"娄山关""腊子口"，创造经得起历史和人民检验的实绩。

（2023 年 05 月 15 日）

在全社会弘扬劳动精神

——培育时代新风新貌①

李洪兴

广袤田野，农民群众抢抓农时，辛勤劳作耕耘；生产车间，大国工匠钻研技艺，不断破解工艺难题；科研院所，研发人员埋头攻关，科技创新硕果累累；街头巷尾，快递小哥穿梭骑行，社区服务精细温馨……千行百业的繁荣，千家万户的美好，都镌刻着劳动的印记。劳动是一切幸福的源泉，劳动最光荣、劳动最崇高、劳动最伟大、劳动最美丽。

党的二十大报告提出："在全社会弘扬劳动精神、奋斗精神、奉献精神、创造精神、勤俭节约精神，培育时代新风新貌。"我们要把提高社会文明程度作为建设社会主义文化强国的重大任务，努力推动形成适应新时代要求的思想观念、精神面貌、文明风尚、行为规范。长期以来，在党的领导下，全社会奏响"光荣属于劳动者，幸福属于劳动者"的强音，培育形成崇尚劳动、热爱劳动、辛勤劳动、诚实劳动的劳动精神。这是我们的国家、我们的民族风雨无阻、勇敢前进的强大精神动力。奋进强国建设、民族复兴的新征程，在全社会弘扬劳动精神，意义重大而深远。

"不惰者，众善之师也。"中华民族是勤于劳动、善于创造的民族，崇尚劳动光荣是社会主义的本质特征之一，劳动至上是历史唯物主义的基本观点。党的十八大以来，习近平总书记礼赞劳动创造、讴歌劳动精神，提出"劳动是人类的本质活动"，强调"劳动是推动人类社会进步的根本力量"，指出"普通劳动者也可以在宽广舞台上展示自己的人生价值"，号召"大力弘扬劳模精神、劳动精神、工匠精神"，激励着更多劳动者特别是青年一代走技能成才、技能报国之路，在奋力奔跑和接续奋斗中成就梦想。

无论是物质财富还是精神财富，都必须靠劳动来创造。"神舟"问天，"嫦娥"落月，"祝融"探火……中国航天之所以成就斐然，一个重要原因在于广大航天人勤于钻研、精于创新。我们从"一辆汽车、一架飞机、一辆坦克、一辆拖拉机都不能造"，到构建起门类齐全、世界上最完整的现代工业体系，背后凝结着一代又一代产业工人的持续付出。华夏大地上，从春耕的忙碌到秋收的喜悦，粮食稳产增收靠的是无数耕耘者挥洒汗水辛勤劳动。劳动创造价值，一个国家无论发展到什么阶段都要崇尚勤劳致富。

全面建成社会主义现代化强国，根本上靠劳动、靠劳动者创造。亿万劳动群众爱岗敬业、勤奋工作，锐意进取、勇于创造，不断谱写新时代的劳动者之歌，必能在新征程上闯出新天地、干出新业绩。在全社会弘扬劳动精神，要深入开展以劳动创造幸福为主题的宣传教育，讲好劳模故事、讲好劳动故事、讲好工匠故事，引导人们崇尚劳动、见贤思齐；还要把劳动教育纳入人才培养全过程，贯通大中小学各学段和家庭、学校、社会各方面，培养更多热爱劳动、勤于劳动、善于劳动的高素质劳动者。

人民创造历史，劳动开创未来。实践告诉我们，伟大事业都始于梦想、基于创新、成于实干。崇尚劳动、热爱劳动、辛勤劳动、诚实劳动，人世间的美好梦想才能实现，发展中的各种难题才能破解，现代化建设的新辉煌才能铸就。

（2023 年 05 月 11 日）

在全社会弘扬奋斗精神

——培育时代新风新貌②

李　斌

　　青年似五月的花海，青年似初升的太阳。最近一段时间，各地广泛开展五四主题团日活动，传承红色基因，弘扬奋斗精神，奏响青春报国强音。从乡村到城市，从内陆到边疆，从科研基地到车间厂房，广大青年经得起风雨、受得住磨砺、扛得住摔打，在青春的赛道上奋跃而上、奋力奔跑。

　　征途如画，奋斗如歌。习近平总书记在党的二十大报告中强调，在全社会弘扬奋斗精神。奋斗精神，是"为有牺牲多壮志"，是"万水千山只等闲"，是"团结起来、振兴中华"，是"功成不必在我，功成必定有我"。正因为有奋斗精神的强大牵引，所以有了"当惊世界殊"的发展成就，有了"此生无悔入华夏"的深情告白，有了"平视世界"的从容自信，有了"没有任何力量能够阻挡"的战略定力。强国建设、民族复兴的宏伟目标令人鼓舞、催人奋进，我们靠团结奋斗创造了辉煌历史，还要靠团结奋斗开辟美好未来。

　　人生理想的风帆要靠奋斗来扬起。向着战胜困难奋斗，可以磨炼一个人的意志品质。向着美好生活奋斗，可以提升一个家庭的幸福指数。向着共同理想奋斗，可以改变整个社会的风气面貌。美好理想，从来不是唾手可得，都离不开筚路蓝缕、胼手胝足的艰苦奋斗。中国人民自古就明白，人世间从来没有坐享其成的好事，要幸福就要奋斗。为实现中华民族伟大复兴的中国梦而奋斗，既充满挑战，也是我们人生难得的际遇。每个人共同享有人生出彩的机会，共同享有梦想成真的机会，共同享有同祖国和时代一起成长与进步的机会，都应该珍惜这个伟大时代，做新时代的奋斗者。

长期以来，奋斗精神折射在把沙漠变绿洲、把荒山恶水变绿水青山的绿色蝶变里，镌刻在绝壁水渠、悬崖天梯、挂壁公路等山乡奇景中，展示在"人生能有几回搏"的为国争光风采里，浓缩于国泰民安、岁月静好的分秒守护中……奋斗精神从来都不是空洞的口号，而是体现在做好每一件小事、完成每一项任务、履行每一项职责中。从听党召唤、治学报国的西安交通大学"西迁人"，到志愿去艰苦地方创业的大陈岛老垦荒队员，从放下荣誉、回乡当农民的甘祖昌、龚全珍夫妇，到像格桑花一样扎根祖国边陲的"玉麦姐妹"，几代奋斗者的事迹皆表明，脚踏实地把平凡的事做好，每个人都可以在平凡的岗位上创造不平凡的业绩。

抚今追昔，一个哲理更加深刻：团结奋斗，是中国人民创造历史伟业的必由之路。习近平总书记强调："围绕明确奋斗目标形成的团结才是最牢固的团结，依靠紧密团结进行的奋斗才是最有力的奋斗。"全党要坚持把人民对美好生活的向往作为奋斗目标，切实把奋斗精神贯彻到进行伟大斗争、建设伟大工程、推进伟大事业、实现伟大梦想全过程，形成竞相奋斗、团结奋斗的生动局面。让每一个梦想都能向阳生长，让每一个花朵都能迎风绽放，最好的环境是良好体制机制。弘扬奋斗精神，同时也要完善支持奋斗的体制机制，比如深化人才发展体制机制改革，最大限度把广大人才的报国情怀、奋斗精神、创造活力激发出来。

"举目已是千山绿，宜趁东风扬帆起"。奔赴光荣与梦想的远征，全党全社会弘扬奋斗精神，艰苦奋斗、顽强奋斗、接续奋斗、团结奋斗，必能创造出一个更加美好的中国！

（2023 年 05 月 12 日）

在全社会弘扬奉献精神

——培育时代新风新貌③

尹双红

　　"多亏村党总支书记'手把手'帮带，让我学知识、长经验，也拓展了客户。"得益于"导师帮带"制度，宁夏回族自治区同心县下马关镇三山井村村民袁荣丽，凭借特色枸杞，推开致富之门。去年以来，同心县抓党建促乡村振兴，择优选择178名政治素质过硬、奉献精神好、带富能力强的乡村能人作为帮带导师，精准结对451名帮带对象，收获良好成效。在我国乡村，一大批优秀党员干部和各类人才默默奉献、无私付出，为全面推进乡村振兴注入澎湃动能。

　　有信念、有梦想、有奋斗、有奉献的人生，才是有意义的人生。在中国共产党人的精神谱系中，许多伟大精神都包含无私奉献的精神内涵。"心甘情愿为党、为人民当一辈子老黄牛"的王进喜，"把有限的生命，投入到无限的为人民服务之中去"的雷锋，"只要生命不结束，服务人民不停止"的杨善洲，"用自己的力量为他人、为国家、为民族、为社会作出贡献"的黄文秀……这些闪闪发光的名字之所以被人们铭记，就在于他们以实际行动彰显出忠诚奉献的觉悟、甘于奉献的美德、拼搏奉献的追求、为民奉献的情怀。党的二十大报告提出，在全社会弘扬奉献精神。弘扬奉献精神，自觉为人民、为社会、为国家竭诚奉献，我们的社会必将更加美好，我们的国家必定更为强盛。

奉献精神，人人可学，处处可为。关键是立足本职岗位和生活实际，关键是付诸行动、见诸实效。党政干部，弘扬立党为公、忠诚为民的奉献精神，着力解决好人民群众急难愁盼问题；教育工作者，弘扬"捧着一颗心来，不带半根草去"的奉献精神，办好人民满意的教育；科技工作者，弘扬淡泊名利、潜心研究的奉献精神，为实现科技自立自强奋斗不息；广大知识分子，弘扬爱国奉献精神，心有大我、至诚报国；人民解放军指战员，发扬舍生忘死的奉献精神，树立正确的生死观、苦乐观、得失观……每个人都有一分热、发一分光，就能点点星火，汇聚成炬。

践行奉献精神，不仅能实现自我价值，更能鼓舞斗志、促进团结、凝聚力量。武汉金银潭医院，医护人员逆行出征，志愿者们积极为他们提供保障，"你们守护患者，我来守护你们"。重庆北碚区缙云山突发山火，消防员向火场进发，而他们身后，有许许多多志愿者专门赶来协助，"你守护山城，我守护你"。奉献精神传导给更多人，激励人们见贤思齐、择善而从，感召人们忠于职守、尽职尽责，积蓄起众志成城、团结奋斗的强大合力。

一个国家、一个民族的生存和发展，需要千千万万个脚踏实地、默默耕耘的奉献者。为了打赢脱贫攻坚战，数百万扶贫干部将光阴韶华无私奉献给了脱贫事业；一代代航天人"特别能吃苦、特别能战斗、特别能攻关、特别能奉献"，在太空中不断刷新中国高度；南水北调工程碧水北送、利泽万民，离不开8省市40多万移民的无私付出。我们党，我们国家，就是靠着千千万万具有高度政治觉悟的先进分子无私奉献，赢得了一场场艰苦卓绝的斗争，创造了举世瞩目的发展成就。以中国式现代化全面推进中华民族伟大复兴，我们需要继续发扬无私奉献的精神，增进拼搏奉献的坚定决心。

"如果你是一颗最小的螺丝钉，你是否永远坚守在你生活的岗位上？"

《雷锋日记》的话语穿越时空，透射出深沉的力量。大力弘扬奉献精神，把自己的小我融入祖国的大我、人民的大我之中，每个人都能为强国建设、民族复兴伟业添砖加瓦、增光添彩。

（2023 年 05 月 22 日）

在全社会弘扬创造精神

——培育时代新风新貌④

周人杰

　　创造书写历史，创新引领未来。几代塞罕坝人在"黄沙遮天日，飞鸟无栖树"的荒漠沙地上接续奋斗，建成世界上面积最大的人工林，创造了荒漠变林海的人间奇迹。"嫦娥揽月""祝融探火""羲和逐日"，一次次圆满完成的重大航天工程任务，凝结着一代代航天英才的创新创造。2022 年我国数字经济规模达 50.2 万亿元，是无数人孜孜创新、创业耕耘的成果。今天，中国人民的创造精神正在前所未有地迸发出来，中华民族向世界展现出一派欣欣向荣的新时代图景。

　　中国人民是具有伟大创造精神的人民。诞生无数思想巨匠，产生无数科技成果，创作无数文化作品，建造无数宏伟工程……在几千年历史长河中，创造性始终是中华民族主观能动性的集中体现，创造精神始终是中华民族精神的重要内核，为中华文明生生不息、发展壮大提供着无尽的丰厚滋养。进入新时代，中国人民积极性、主动性、创造性进一步激发，志气、骨气、底气空前增强，党心、军心、民心昂扬振奋，推动国家日新月异向前发展，大踏步走在世界前列。党的二十大报告提出，在全社会弘扬创造精神。14 亿多中国人民发扬伟大创造精神，必将汇聚成中华民族昂扬奋进的磅礴伟力。正如习近平总书记所说：有梦想，有机会，有奋斗，一切美好的东西都能够创造出来。

习近平总书记深刻指出："人民是历史的创造者，是推进现代化最坚实的根基、最深厚的力量。"北京冬奥会开幕式上，44名马兰花儿童声合唱团的孩子，身着虎头衣，脚穿虎头鞋，唱出了"一起向未来"的梦想，更唱出了河北阜平天翻地覆的山乡巨变。从拓展产业前沿的"量子大街"，到聚集超千家人工智能企业的"中国声谷"，安徽合肥携手中国科大打造"从实验室到市场"的创新链、生态圈，改变了城市气质，充实了城市活力。尊重人民首创精神，把蕴藏于人民群众之中的无穷创造活力焕发出来，凝聚到推动各项事业上来，社会发展和文明进步就有了不竭动力。

推进中国式现代化是一个探索性事业，还有许多未知领域，需要我们弘扬创造精神，在实践中去大胆探索，通过改革创新来推动事业发展。从加快建设现代化产业体系到全面推进乡村振兴，从全面深化改革开放到扎实推进共同富裕，实现宏伟目标，迎接美好未来，离不开弘扬创造精神。新一轮科技革命和产业变革突飞猛进，百年变局加速演进，要在各种可以预见和难以预见的狂风暴雨、惊涛骇浪中增强我国的生存力、竞争力、发展力、持续力，就必须始终把国家和民族发展放在自己力量的基点上、把我国发展进步的命运牢牢掌握在自己手中。激发全体人民的创造精神和创造活力，有助于破解发展面临的各种难题，化解来自各方面的风险和挑战，更好发挥中国特色社会主义制度优势，推动经济社会持续健康发展。

"到处都是活跃跃的创造，到处都是日新月异的进步……"80多年前，方志敏烈士在《可爱的中国》中这样憧憬未来中国。如今，先辈的梦想照进现实。一代又一代人接续奋斗创造了今天的中国。愈发自信、自立、自强的中国人民，在具有伟大创造力的中国共产党的坚强领导下，定能奋力开创党和国家事业发展新局面。点点星火，汇聚成炬，奋发图强，未来可期！

（2023年05月23日）

在全社会弘扬勤俭节约精神

——培育时代新风新貌⑤

何　娟

北京冬奥会成功举办后一年多来，永久场馆赛后利用率达 100%；全国 70% 县级及以上党政机关建成节约型机关，在勤俭办公方面发挥示范引领作用；按需点菜，餐后打包，"光盘"日渐成为全社会的"新食尚"……如今，节约资源理念在越来越多领域得到践行，浪费可耻、节约光荣的社会氛围日益浓厚。

"历览前贤国与家，成由勤俭败由奢。"艰苦奋斗、勤俭节约是中华民族的传统美德，也是我们党的优良作风。习近平总书记始终高度重视传承勤俭节约优良传统，指出"浪费粮食的不良风气必须坚决刹住"，强调"不论我们国家发展到什么水平，不论人民生活改善到什么地步，艰苦奋斗、勤俭节约的思想永远不能丢"，号召"努力使厉行节约、反对浪费在全社会蔚然成风"……一系列重要论述，对于培育勤俭节约的社会风尚发挥着重要指导作用。党的二十大报告着眼"培育时代新风新貌"，提出在全社会弘扬勤俭节约精神。这一重要要求，为持续提高全社会文明程度指明方向。

勤俭节约是个人品德作风的写照，也折射一个政党、一个民族的精神文明追求。勤俭可以修身养德，节约能够兴业强国，不管经济如何繁荣、社会如何发达，必须时刻以艰苦奋斗、戒奢戒躁警醒自己、鞭策自己，坚决抵制享乐主义、奢靡之风。"俭开福源，奢起贫兆"，勤俭节约的好传统决不能丢，任何时候都要以俭素为美，而不以奢靡为傲。大力弘扬勤俭节约精神，正是把好传统带进新征程、将好作风弘扬在新时代的生动体现。

弘扬勤俭节约精神，不仅关乎个人和家庭的福祉，也是经济社会高质量发展的重要保障。让14亿多人享有现代化生活，必须走资源节约、能源低耗之路。实现高质量发展，并不是生产消费的反复叠加，也不是经济总量的无限扩张，而是要坚持质量第一、效益优先，推动经济持续健康发展。厉行节约、反对浪费，减少了不必要的资源消耗，能助力推进各类资源节约集约利用，推动形成绿色低碳的生产方式和生活方式，从而实现生态优先、节约集约、绿色低碳发展。

一种良好风尚是否具有生命力和引领力，关键要看它能否得到有力落实。从中央八项规定扎紧"厉行勤俭节约"的制度篱笆，到党和政府"带头过紧日子"，再到治理"舌尖上的浪费"，党的十八大以来，我们以踏石留印、抓铁有痕的劲头治理铺张浪费，推动各层面浪费现象得到有效遏制、节约资源理念深入人心。奋进新征程，在全社会弘扬勤俭节约精神，同样需要进一步健全完善激励机制、约束机制，确保勤俭节约精神内化于心、外化于行，文明新风吹进千行百业、千家万户。

"一粥一饭，当思来处不易；半丝半缕，恒念物力维艰。"先贤的治家格言，至今仍具有深刻的启示意义。粒米虽小，照见文明修养；节约事微，可助兴国安邦。14亿多人共同行动起来，从点滴做起，从现在做起，从自己做起，不弃微末、日积月累，必能以高水平的社会文明为实现中华民族伟大复兴注入源源不断的能量。

（2023 年 05 月 24 日）

把调查研究做深做实

向贤彪

院坝会上，乡镇干部和村民围坐在一起拉家常、话农事，大家无拘无束、侃侃而谈；走村串户，机关干部不打招呼、直奔现场，认真倾听群众意见建议，仔细记录……广大党员、干部深入实际、深入基层、深入群众，扎实开展调查研究，扑下身子干实事、谋实招、求实效。这样的调研，既有益于解决问题，也密切了干群关系。

调查研究是谋事之基、成事之道，没有调查就没有发言权，没有调查就没有决策权。把调查研究做深做实，需要下一番功夫。习近平总书记指出："群众的很多想法，往往不是在那些很正式的场合、当着很多人的面会讲出来的，而是要同他们身挨身坐、心贴心聊才能听得到。"调查研究要用心用情，既要身入，更要心至。

身挨身坐，才能拉近心与心的距离。在北京考察调研时，沿着弯曲狭窄的通道走进雨儿胡同的大杂院，听取老街坊对老城区改造的想法；来到四川大凉山深处的土坯房，同大伙儿围坐在火塘边谋划精准脱贫之策；在甘肃定西元古堆村，走进村民马岗家破旧低矮的土坯房……顶风雪、踏泥泞、听真话、察真情，党的十八大以来，习近平总书记一次次倾听民声、一次次问计于民，为全党重视调研、深入调研、善于调研树立了光辉典范。调查研究就是要"和群众坐一条板凳"，让群众打开话匣子、说出真心话。

坐上老乡炕头，有了拉家常的氛围，大家就愿意掏心窝子。

心贴心聊，才能听到最真实的声音。开展调查研究，就要让调查对象讲真话、讲实话、讲心里话，进而察实情、取真经。从某种意义上说，这是坐在办公室里得不到、通过文件材料也不易看到的。脚下沾有多少泥土，心中就沉淀多少真情。下高楼、出深院，走进工厂车间、田间地头、校园课堂、居民社区，敞开心扉、深入交流，才能把握群众所思所想所盼，收获原汁原味的意见建议。因此，必须识民情、接地气，真正把群众面临的问题发现出来，把群众的意见反映上来，把群众创造的经验总结出来。

开展调研，营造良好氛围、让群众想讲愿讲是前提，发现问题、解决问题才是最终目的。调查研究不仅要全面深入细致地了解实际情况，更要善于分析矛盾、发现问题、解决问题。衡量调查研究搞得好不好，不是看调查研究的规模有多大、时间有多长，也不光看调研报告写得怎么样，关键要看调查研究的实效，看调研成果的运用，看能不能把问题解决好。不解决问题就是形式主义。更加有的放矢地进行调查研究，真正把情况摸清、把问题找准、把对策提实，不断提出真正解决问题的新思路新办法，才能使调查研究工作同中心工作和决策需要紧密结合起来，提高决策科学化水平，以调研实效解决群众的烦心事、操心事、揪心事。

做好调查研究，考验的是工作作风，厚植的是人民情怀。前进道路上，练好调查研究基本功，多一些"身挨身坐、心贴心聊"的调研，我们必将密切与人民群众联系，增进与人民群众感情。

（2023 年 05 月 10 日）

"整体把握、融会贯通"

杨　丹

优化理论学习方式方法，坚持领导带学、个人自学、支部共学、分层研学、实战检学"五学联动"；将规定动作和自选动作相结合，采取指定章节集体精读、党员干部轮流领学等多种方式将学习推向深入……学习贯彻习近平新时代中国特色社会主义思想主题教育开展以来，各地区各部门各单位按照党中央部署要求，坚持把学和做结合起来、把查和改贯通起来、把破和立统一起来，迅速掀起学习热潮。

开展理论学习，接受思想洗礼，是中国共产党人的必修课，更是开展主题教育的题中之义。在主题教育工作会议上强调"全面学习领会新时代中国特色社会主义思想的科学体系、精髓要义、实践要求，做到整体把握、融会贯通"，在主持中央政治局第四次集体学习时指出"我们既要全面系统地学习掌握这些主要内容，又要整体把握这一思想的科学体系，做到融会贯通"，习近平总书记一系列重要指示为我们学好党的创新理论提供了重要的方法指引。在主题教育中把学习习近平新时代中国特色社会主义思想引向深入，就要在整体把握、融会贯通上下功夫，切实做到学思用贯通、知信行统一。

习近平新时代中国特色社会主义思想内容涵盖改革发展稳定、内政外交国防、治党治国治军等方方面面，构成一个完整的科学体系。这一思想不仅包含着党治国理政的重要思想，也贯穿着中国共产党人的政治品格、价值追求、精神境界、作风操守的要求。既讲战略，又讲战术；既擘画强国建设、民族复兴的宏伟蓝图，又指明实现目标的路径；既明确过河的任务，又提供过河的"船"和"桥"……坚持读原著学原文悟原理，坚持多思多想、学深悟透，做到整体把握、融会贯通，才能全面系统掌握这一思想的基本观点、科学体系，把握好这一思想的世界观、方法论，坚持好、运用好贯穿其中的立场观点方法，不断增进对党的创新理论的政治认同、思想认同、理论认同、情感认同。

认识问题站得高、分析问题看得深，开展工作才能把得准。比如，强调"坚持绿水青山就是金山银山的理念"，要正确处理好经济发展同生态环境保护的关系，才能实现经济社会发展与人口、资源、环境相协调，使绿水青山产生巨大生态效益、经济效益、社会效益。再比如，强调"加快构建以国内大循环为主体、国内国际双循环相互促进的新发展格局"，要更好统筹国内循环和国际循环，才能塑造我国参与国际经济合作和竞争新优势，实现内外循环的顺畅联通。对各领域提出的新理念、新思想、新战略，对各方面工作提出的具体要求，都要放在整个科学体系中来认识和把握，避免碎片化、片面性，不能只见树木、不见森林。

做到整体把握、融会贯通，必须通过实践来检验。当前，我国发展面临新的战略机遇、新的战略任务、新的战略阶段、新的战略要求、新的战略环境，需要应对的风险和挑战、需要解决的矛盾和问题比以往更加错综复杂。坚持以习近平新时代中国特色社会主义思想武装头脑、指导实践、推动工作，就要坚持系统观念，把握好全局和局部、当前和长远、宏观和微观、主要矛盾和次要矛盾、特殊和一般的关系，前瞻性思考、全局性谋划、整体性推进党和国家各项事业。

知之愈明，则行之愈笃。在整体把握、融会贯通中不断做好对党的创新理论的深化、内化、转化工作，筑牢信仰之基、补足精神之钙、把稳思想之舵，汲取奋发进取的智慧和力量，就一定能不断推动事业发展迈上新台阶、打开事业发展新天地。

（2023 年 05 月 09 日）

把文化的灯火拨得更亮

张　凡

世界读书日前后，各种阅读推广活动举行，大江南北，书香浓浓；天气渐暖，全国各地的博物馆、文化馆、红色文化遗址等人潮涌动，"文化游"广受青睐；多地文化惠民演出季活动启动，送戏下乡、优秀剧目展演等，为人们送上缤纷文化佳宴。放眼神州大地，丰富多彩的文化活动、高品质的文艺作品，为人们的精神文化生活增添一抹抹亮色。

国家之魂，文以化之，文以铸之。习近平总书记强调："中国特色社会主义是全面发展、全面进步的伟大事业，没有社会主义文化繁荣发展，就没有社会主义现代化。"新时代十年，我国文化建设气象万千，文化事业、文化产业蓬勃发展。从建成中国共产党历史展览馆、中国国家版本馆，推进《复兴文库》等重大文化工程，到《觉醒年代》《山海情》《只此青绿》等优秀文艺作品不断涌现；从"非遗热""考古热""博物馆热"等蔚然成风，到群众歌咏、广场舞展演、乡村"村晚"等文化活动精彩纷呈……日益丰富的文化产品，不断兴起的文化风尚，见证着我国文化建设迈向新高度，推动着人们精神文化生活再上新台阶。

2020 年 6 月，农民工吴桂春在东莞图书馆的留言簿上写下"最好的地方就是图书馆了""余生永不忘你"的感言，让无数网友泪目。这位农民工的"图书馆情缘",背后正是不断完善的公共文化服务体系带给人们的文化获得感、幸福感。从实践中看,公共图书馆、美术馆、博物馆等文化场馆免费开放;社区书房、文化驿站、农家书屋等打通文化惠民"最后一公里";数字图书馆、国家公共文化云平台、"云端博物馆"等,让海量优质数字文化资源走进千家万户……重视文化民生,让越来越多人得到了审美的享受、精神的滋养。

鲁迅先生曾说:"文艺是国民精神所发的火光,同时也是引导国民精神的前途的灯火"。只有把文化的灯火拨得更亮,才能更好照亮我们的前行之路。新征程是充满光荣和梦想的远征,但"船到中流浪更急、人到半山路更陡",我们比以往任何时候都更加需要文化的滋养、精神的支撑。文化建设是培根铸魂、凝神聚力的重要事业。让那些凝结着先贤智慧的经典作品"热起来",沉淀着历史烟云的文化遗产"活起来",传播当代中国价值观念、体现中华文化精神、反映中国人审美追求的精品力作"多起来",不断丰富人民精神世界,增强人民精神力量,充分激发人民的主体性和创造性,就能为战胜前进道路上各种风险挑战、实现既定奋斗目标提供深沉而持久的力量。

文化是凝聚人心的精神纽带,也是增进民生福祉的关键因素。近些年来,从"文创热"掀起消费新浪潮,到文旅融合让"诗和远方"紧密牵手,人们对美好生活的向往更加强烈,文化需求高品质、个性化的特点更加明显。更好满足人民精神文化生活新期待,尤需在提高文化供给质量上多用力,推动文艺创作由"高原"向"高峰"迈进;在加快推进文化和科技深度融合上多用功,抢占文化创新发展的制高点;在推动公共文化服务标准化、均等化上多用心,让优秀文化成果惠及更多人民……如此,才能让人民群众享有更加充实、更为丰富、更高质量的精神文化生活,实现物质文明和精神文明相协调的现代化。

4月初,四川大凉山深处木耳小学的孩子们,写下了一份"心愿书单";几天后,100册爱心图书从四川成都来到了海拔2000多米的木耳山上,让孩子们雀跃不已。一次跨越500多公里的书香传递,为孩子们探索更大的世界增添助力。新征程上，大力推进文化建设，让文化的灯火照亮每一个人，让文化的力量启迪每一颗心，一定能为人民的精神世界提供更丰厚的滋养，为国家的发展进步提供更强大的动力。

（2023 年 05 月 08 日）

坚持育人和育才相统一

吴　丹

　　不久前，习近平总书记来到位于北京市朝阳区东坝中心公园的植树点，同首都群众一起参加义务植树，并悉心叮嘱："孩子教育，跟植树一样，一开始就要竖正，否则就会长歪。"言语谆谆，如春风雨露，护佑幼苗茁壮成长。

　　树木竖正，才能成栋梁；人也要树正理想信念，才能健康成长成才。"学习英雄人物、先进人物、美好事物，在学习中养成好的思想品德追求""人生最重要的志向应该同祖国和人民联系在一起，这是人们各种具体志向的底盘，也是人生的脊梁""热爱党、热爱祖国、热爱人民，用实际行动把红色基因一代代传下去"……党的十八大以来，习近平总书记十分关心关爱少年儿童成长成才，深情期许，滋润心田。童年是人生成长的启蒙阶段，帮少年儿童从内心深处厚植对党的信赖、对中国特色社会主义的信心、对马克思主义的信仰，向阳而生的"小树苗"才能成长为全面建设社会主义现代化国家的生力军。

　　沃枝叶不如培根本，根基稳才能枝干正。育人的根本在于立德，要求我们引导少年儿童从做好小事、管好小节起步，践行社会主义核心价值观，做到品德润身、公德善心、大德铸魂。非学无以广才，既要勤学书本知识，也要多学课外知识，努力做到敏于求知、勤于学习、敢于创新、勇于实践。

体育、美育、劳动教育，同样不可或缺。体育锻炼能够让少年儿童享受乐趣、增强体质、健全人格、锤炼意志。美育有助于提高审美和人文素养，塑造美好心灵。劳动教育不仅能磨炼坚强意志、培养良好习惯，还可以树德、增智、强体、育美。坚持育人和育才相统一，促进全面发展，才能帮助少年儿童在人生旅途上选对路、起好步。

柳宗元在《种树郭橐驼传》中写道，郭橐驼善于种树，其种树经验是"能顺木之天，以致其性焉尔"。树木必须因木而异、因地制宜，树人也需要把握成长规律、注重因材施教。面对性格各不相同、特长各有禀赋、综合素养各有千秋的学子，"顺天致性"意味着必须包容学生的差异和不足，用心发现他们的长处和特点，让每个"小树苗"都能向阳生长；意味着必须呵护学生多元多样的志趣，使学习的选择更多样、成长的道路更宽广，让每个学生都有学业有成、人生出彩的机会。教育事业久久为功，离不开学校、家庭的甘霖滋润，也需要全社会共尽一份心、共担一份责。

党的十八大以来，从坚持五育并举到推动思想政治理论课改革创新，从以前所未有的力度推进"双减"工作到大力实施国家教育数字化战略行动，我国义务教育质量全面提高。在新的历史起点上再出发，必须全面贯彻党的教育方针，落实立德树人根本任务，培养德智体美劳全面发展的社会主义建设者和接班人。种下新苗就是种下希望，中国未来大有希望、大有可为。

（2023 年 05 月 07 日）

让愿担当、敢担当、善担当蔚然成风

达　仁

　　"挖掘机指数"走高，项目建设跑出"加速度"，为稳投资、稳增长标注鲜明注脚；农作物育种创新加快，"中国种"确保"中国人的饭碗主要装中国粮"；优化政策供给，拿出高水平对外开放的实招硬招，推动外贸外资高质量发展……今年开春以来，各地区各部门和广大党员、干部贯彻落实党的二十大精神，锐意进取、担当有为，描绘出一幅希望之春、播种之春、奋进之春的动人画卷。

　　强国建设、民族复兴的宏伟目标令人鼓舞，催人奋进。在新征程上作出无负时代、无负历史、无负人民的业绩，担当作为、真抓实干是最朴素的方法论。习近平总书记强调，"要积极营造有利于干事创业的良好环境，敢于为担当者担当、为负责者负责、为干事者撑腰""采取切实有效措施解决不愿担当、不敢担当、不善担当等问题""注重在严峻复杂斗争中考察识别干部""以时时放心不下的责任感、积极担当作为的精气神为党和人民履好职、尽好责，以新气象新作为推动高质量发展取得新成效"，鼓舞和激励广大党员、干部在新征程上奋跃而上、奋发有为。

　　当前，我国发展面临新的战略机遇、新的战略任务、新的战略阶段、新的战略要求、新的战略环境，我们拥有"抬眸四顾乾坤阔"的时与势，也面临"障日风多雾不开"的难与险。艰巨繁重的发展任务，千头万绪的治理课题，企稳向好的经济形势，无不呼唤党员、干部激发真抓实干、知难而进的奋斗姿态、干事状态，无不呼唤更多能征善战、闯关夺隘的将才英才。把党的二十大描绘的宏伟蓝图变成美好现实，需要各级领导干部担当作为，既团结各方一起干，扑下身子当好"施工队长"，也撸起袖子加油干，挺身而出当好"开路先锋"。

用一贤人则群贤毕至，见贤思齐就蔚然成风。为担当者担当，让有为者有位，高扬的是奋斗精神，维护的是清风正气，得益的是党的事业。各级党组织务须敢于为担当者担当、为负责者负责、为干事者撑腰，善于发现、培养、使用敢担当善作为的干部。特别是那些长期在改革发展主战场、维护稳定第一线、服务群众最前沿工作的干部，付出了大量辛劳，赢得了人民口碑，理应让他们拥有成就感、荣誉感、归属感与获得感，让他们没有后顾之忧、更有底气勇气，为党和人民再立新功。

鼓励干部担当作为，必须着力消除妨碍干部担当作为的各种因素，特别是要有一定的容错空间。冲在前面担当任事，出错的可能性必然增加。讲担当、讲作为、讲实干，必须辅之以精准的奖惩机制和宽松的容错机制。《关于进一步激励广大干部新时代新担当新作为的意见》提出，"宽容干部在改革创新中的失误错误"。健全完善鼓励激励、容错纠错、能上能下、关心关爱等机制，广大干部才能放下包袱轻装上阵，放开手脚专心任事。

肩扛千斤谓之责，背负万石谓之任。领导干部既要为事担当，为正确的事坚持不懈，也要为人担当，给正确的人撑腰鼓劲。让能挑重担、扛大梁、打硬仗的人到哪儿都受欢迎，让敢揽过、不推诿、不拖沓的人干什么都受敬重，愿担当、敢担当、善担当必然会蔚然成风，党和人民的事业必能不断从胜利走向胜利。

（2023 年 05 月 05 日）

奋跃而上，激扬青春力量

张　凡

　　五四青年节之际，一部献给中国青年的网络电影引发关注。不同年代的青春故事，传递出穿越时空的青年力量。

　　青年者，人生之华也。人们总是把最美好的词语赋予青春，把最热忱的希望寄予青年。一代代青年在心系家国、无畏向前的奋斗中，回答着"青年何谓""青春何为"的人生考题。从百余年前，一批批有志青年以舍生忘死的呐喊，推动暮霭沉沉的中国步入"觉醒年代"；到今天，新时代青年满怀"可以平视这个世界"的自信，与时代共同成长……无数青年以青春的力量、青春的创造，推动中华民族勇毅前行，塑造青春中国最美的模样。

　　历史波澜壮阔，镌刻下青年的名字；未来长空万里，期待着青年的进发。习近平总书记指出："明天的中国，希望寄予青年。"国家发展要靠广大青年挺膺担当，民族复兴呼唤青年接力奔跑。广大青年珍惜青春、积极进取，动如脱兔般奋跃而上、飞速奔跑，在广阔乡村挥洒汗水，在工厂车间争创一流，在科技战线贡献才智，在风雪边关威武守护，在各行各业竞展风流、尽显风采，让青春的光谱更加广阔，明天的中国才会更加美好。

　　青春总是同梦想相伴，而梦想需要与奋斗同行。当年，一支支青年垦荒队奔赴荒原冻土、战天斗地，把"北大荒"变成"北大仓"；新时代，河北保定学院西部支教毕业生像一棵棵红柳、一株株格桑花一样，扎根西部、播撒知识，为广袤的土地带去无尽的生命力。置身民族复兴的关键一程，处于人生最美好的年华，新时代青年更需要发扬奋斗传统、释放奋斗激情。奋斗不是无根之木、无源之水，只有立根在祖国和人民最需要的地方，青春才能绽放绚丽之花。奋斗也不只是响亮的口号，而是要在做好每一件小事、完成每一项任务、履行每一项职责中见精神、显担当。奋斗的道路不会一帆风顺，但每一次不惧挑战的探索尝试、不畏艰难的负重前行，都是对青春最有效的磨砺。向下扎根，向上拼搏，让理想信念在创业奋斗中升华，广大青年一定能扬起人生理想的风帆、抵达梦想的彼岸。

青年是常为新的，最具创新热情，最具创新动力。十几年如一日深耕坚守，周雷培育出16个优质高产水稻新品种，为"中国碗"装"中国粮"增添底气；孜孜不倦探索，潘时龙带领团队研制出国际首台超高分辨率微波光子成像雷达，探索出雷达未来发展的可行途径……放眼神州大地，一大批青年在创新创造中挑大梁、担重任，彰显着青年人敢为人先、敢于突破、勇于创新的精气神。今天，我们正在推进中国式现代化，这是一个探索性事业，呼唤着大批创新型人才。作为社会中最有生气、最有闯劲的群体，广大青年尤应保持"初生牛犊不怕虎"的劲头，激发"敢教日月换新天"的豪情，争当攻克"卡脖子"技术的尖兵，善作构建新发展格局的先锋，在助力人民美好生活上勇探索，让青春在创新创造中闪光。

青春孕育无限希望。习近平总书记强调："当代中国青年是与新时代同向同行、共同前进的一代，生逢盛世，肩负重任。"新征程上，广大青年厚植家国情怀、涵养进取品格，以奋斗姿态激扬青春力量，才能不负时代，不负华年，为民族复兴铺路架桥，为强国建设添砖加瓦。

（2023 年 05 月 04 日）

更好以数字技术赋能高质量发展

尹双红

站在 3D 云阵相机前，只用一秒就能生成真人数字图像；拿出手机扫一扫特定建筑，就可以进入元宇宙场景；看名画《辋川图》"动"起来，小舟荡开清波，依水而下……在刚刚落幕的第六届数字中国建设峰会上，一项项创新成果、一个个应用场景让人应接不暇，展现着数字技术的广阔前景。

数字技术、数字经济是世界科技革命和产业变革的先机，是新一轮国际竞争重点领域。习近平总书记强调："发展数字经济意义重大，是把握新一轮科技革命和产业变革新机遇的战略选择。"作为我国信息化政策发布平台、数字中国建设最新成果展示平台、数字领域理论实践交流平台、数字中国建设合作平台，数字中国建设峰会举办 5 年来，累计发布近百份国家级重大政策和重要报告，开展上百场对接洽谈活动，一大批数字新技术新产品从展馆走向生产生活。既见证了我国数字经济发展迈出的坚实步伐、取得的丰硕成果，也为数字中国建设汇聚了广泛的智慧和力量。

党的十八大以来，以习近平同志为核心的党中央高度重视发展数字经济，将其上升为国家战略。从实施网络强国战略和国家大数据战略，到出台《网络强国战略实施纲要》《数字经济发展战略纲要》，再到推进数字产业化和产业数字化，推动数字经济和实体经济深度融合，顶层设计日趋完善，数字经济发展蹄疾步稳。与此同时，信息基础设施建设不断加快，累计建成 5G 基站超过 264 万个、具备千兆网络服务能力的端口数超过 1793 万个、IPv6"高速公路"全面建成、全国一体化大数据中心体系基本构建、"东数西算"工程全面启动……顺应数字化发展的大趋势，下好先手棋，数字中国建设的底座不断夯实。

当前，数字技术日益融入经济社会发展各领域，深刻改变着生产方式、生活方式和社会治理方式。放眼今天中国，网络购物、移动支付、云服务等新业态新模式竞相涌现，培育新的经济增长点；在工厂车间，人工智能高效协调任务、管控过程，大幅提高生产效率；走进茶园，数字化管理系统实时提示着茶园的光照度、风向、风速等信息，为管护工作提供信息支撑；借助政务服务平台，"数据跑路"代替了"群众跑腿"，市民足不出户就可以享受一系列便捷服务……数字经济大潮澎湃，数字赋能千行百业，为经济社会高质量发展注入强大动能。数据显示，2022 年我国数字经济规模达 50.2 万亿元，总量稳居世界第二，占 GDP 比重提升至 41.5%，数字经济成为稳增长促转型的重要引擎。

党的二十大明确提出加快建设网络强国、数字中国。不久前印发的《数字中国建设整体布局规划》明确"到 2025 年，基本形成横向打通、纵向贯通、协调有力的一体化推进格局，数字中国建设取得重要进展""到 2035 年，数字化发展水平进入世界前列，数字中国建设取得重大成就"的发展目标。建设数字中国是数字时代推进中国式现代化的重要引擎，是构筑国家竞争新优势的有力支撑。新起点上，全面提升数字中国建设的整体性、系统性、协同性，夯实数字基础设施和数据资源体系"两大基础"，全面赋能经济社会发展，才能最大程度释放数字技术对经济发展的放大、叠加、倍增作用，以数字中国建设推动高质量发展取得突破。

有人将数据比作"信息时代的石油"。如今，我国数据产量和算力总规模都稳居世界第二。充分发挥我国海量数据和巨大市场应用规模优势，加快数字中国建设，推动各领域数字化优化升级，就一定能以信息化培育新动能，用新动能推动新发展，以新发展创造新辉煌。

（2023 年 04 月 30 日）

外贸"新三样"折射经济高质量发展新趋势

桂从路

打开一季度的外贸增速曲线图，1月下降7%、2月增长8%、3月增长15.5%，逐月向好的态势振奋人心。一季度，我国货物贸易进出口总值同比增长4.8%，较去年四季度提速2.6个百分点，外贸大盘稳中向好，成绩殊为不易。

尤值一提的是，一季度，电动载人汽车、锂电池、太阳能电池三类产品合计出口增长66.9%，增速远高于平均值；三类产品占我国出口总值比重同比提升1.7个百分点，达到4.7%。外贸"新三样"增速领跑、比重提升，折射出中国经济高质量发展新趋势。

外贸"新三样"的可喜变化，是我国出口结构持续优化的生动缩影。相较于传统外贸产品，电动载人汽车、锂电池、太阳能电池附加值更高。去年"新三样"拉动我国出口整体增长1.7个百分点，今年一季度拉动出口整体增长2个百分点，拉动作用持续放大，意味着我国出口商品结构更趋合理，外贸质量进一步提升。

出口结构持续优化的背后，是我国制造业高端化、智能化、绿色化发展不断提速。无论是电动载人汽车、锂电池，还是太阳能电池，都属于高技术、绿色低碳产品。近年来，我国战略性新兴产业、高端装备制造业等高技术产业加速发展，绿色低碳材料、工艺加速迭代，新产品、新专利竞相涌现。以新能源汽车为例，2021 年中国新能源汽车企业获得相关专利量占全球相关专利总量的 70%，新能源汽车出口量连续多年居世界第一，"中国制造"向"中国创造"的加速转型愈发清晰。

出口结构持续优化的背后，是中国经济高质量发展的足音铿锵。习近平总书记强调："在激烈的国际竞争中，我们要开辟发展新领域新赛道、塑造发展新动能新优势，从根本上说，还是要依靠科技创新。"从集聚力量进行原创性引领性科技攻关，到发挥企业自主创新的主体作用，创新政策为企业出口增加底气。加速淘汰落后产能，全面推进数字化改造，能源设备、节水设备、污染治理、环境监测等多个绿色产业技术已达到国际先进水平，低碳转型为企业出口增添助力。创新驱动发展战略加快实施，创新创造活力澎湃，为"中国品牌"扬帆出海塑造更多新优势。

经济暖流涌动，发展脉动强劲。外贸是国民经济增长的发动机和助推器，外贸"新三样"的领跑，既充分证明"中国经济韧性强、潜力大、活力足，长期向好的基本面依然不变"，也生动表明中国经济高质量发展的新动能不断涌现，为推动经济持续健康发展、实现全年经济目标注入了信心和底气。

面向未来，完整、准确、全面贯彻新发展理念，牢牢把握加快构建新发展格局这个推动高质量发展的战略基点，坚持把发展经济的着力点放在实体经济上，着力推动产业链供应链优化升级，我们定能塑造国际合作和竞争新优势，加快从贸易大国迈向贸易强国，交出更亮眼的成绩单。

（2023 年 04 月 28 日）

促进民营经济发展壮大

李　拯

前不久，商业航天企业银河航天研制的 4 颗卫星顺利升空，4 颗卫星犹如在太空中飞行的车轮，主星位于车轮中部，3 颗辅星均匀分布在车轮轮毂上，在轨组成国际首个车轮式卫星编队。"北京市科委、中关村管委会专门立项，支持企业培育建设技术创新中心；海淀区有关部门积极服务，为企业对接应用场景……"公司联合创始人感慨，虽然商业航天领域门槛高，但有关部门的"管家服务"让企业底气更足、腰板更硬。我国商业航天不断刷新高度，从一个侧面表明民营企业对促进科技创新发挥着重要作用，更彰显着国家对民营经济发展的高度重视和一贯支持。

日前，习近平总书记主持召开二十届中央全面深化改革委员会第一次会议。会议审议通过了《关于强化企业科技创新主体地位的意见》和《关于促进民营经济发展壮大的意见》等重要文件，鲜明指出"支持民营经济发展是党中央的一贯方针"，明确要求"促进民营经济发展壮大""积极鼓励、有效引导民营企业参与国家重大创新"。二十届中央全面深化改革委员会第一次会议把民营经济发展作为重要议题，释放出明确政策信号，提振市场预期和信心，鼓舞广大民营企业家坚定信心加油干。

党的十八大以来，以习近平同志为核心的党中央多次重申坚持基本经济制度，坚持"两个毫不动摇""三个没有变"。从召开民营企业座谈会，作出"民营企业和民营企业家是我们自己人"的重大判断；到不断完善社会主义市场经济体制，为各类经营主体营造公平发展环境；再到优化营商环境，实施减税降费等一系列纾困帮扶政策，党中央支持民营经济发展的政策方向坚定不移、政策措施细致入微，一以贯之为民营经济发展壮大保驾护航。有这样几组数据耐人寻味：新时代十年来，民营经济在发挥"56789"重要作用的同时，民营企业数量翻了两番多，占国家级专精特新"小巨人"企业超80%，民营企业500强入围门槛不断提升……事实充分说明，我国民营经济不仅没有弱化，而且在不断壮大；不仅没有离场，而且正在走向更加广阔的舞台。

今年一季度，我国经济实现良好开局，为推动经济运行整体好转打下坚实基础。无论是稳就业、稳投资、稳增长，还是扩大国内需求、做大实体经济；无论是攻克"卡脖子"问题，实现科技自立自强，还是提升全要素生产率，实现高质量发展，都需要发挥国企民企等各类经营主体的作用，民营经济大有可为也必能大有作为。方此之时，国家发改委明确支持民间投资参与102项重大工程等项目建设，河北开展"我帮企业找市场""我帮企业找资金"等服务，合肥、烟台、鄂尔多斯等地施行民营经济促进条例……各地区各部门着力优化民营经济发展环境，破除制约民营企业公平参与市场竞争的制度障碍，从制度和法律上把对国企民企平等对待的要求落下来，让广大民营企业家放开手脚，轻装上阵，专心致志搞发展。

"市场活力来自于人，特别是来自于企业家，来自于企业家精神。"改革开放以来，多少民营企业家践行"四千"精神，白天当老板、晚上睡地板，书写着激动人心的创业故事，成就了自己、富强了国家。今天，新一轮科技革命和产业变革深入发展，强国建设、民族复兴的宏伟目标催人奋进，为广大民营企业家创新创业创造提供了更好条件和更大舞台。要加强思想政治引领，引导民营企业和民营企业家正确理解党中央关于"两个毫不动摇""两个健康"的方针政策，消除顾虑，放下包袱，大胆发展。对广大民营企业家来说，更应主动把握新时代新征程的发展机遇，转变发展方式、调整产业结构、转换增长动力，坚守主业、做强实业，自觉走高质量发展路子，为构建新发展格局、推动高质量发展作出更大贡献。

习近平总书记指出："我们强调把公有制经济巩固好、发展好，同鼓励、支持、引导非公有制经济发展不是对立的，而是有机统一的。"我们对民营经济的鼓励和支持始终如一。广大民营企业家增强家国情怀，继续保持筚路蓝缕、披荆斩棘的创业精神，坚定信心、迎难而上、开拓奋进，一定能书写民营经济发展新篇章，为以中国式现代化全面推进中华民族伟大复兴注入强劲动力。

（2023 年 04 月 25 日）

爱读书　读好书　善读书

盛玉雷

春色恰如许，读书正当时。"主题出版专区""精品出版专区""实体书店一条街"等展区人头攒动，新书首发、名家讲堂、亲子阅读等活动备受欢迎……世界读书日到来之际，"书香京城·悦读春天"2023北京书市如期举行。人们相聚在一起，在阅读中纵览大千世界，分享思考感悟。

一本书就是一个世界，一次阅读就是一趟心灵之旅。在武汉地铁香港路站，读书分享活动上的阵阵书声，吸引过往乘客驻足观赏；国家图书馆新版网站上，新增的无障碍浏览辅助工具，为老年人、视力残障人士等特殊群体带来便利；在天津滨海新区茶淀街五羊里社区，志愿者开展公益活动，与自闭症儿童一起享受阅读……读书的场景，浓郁的书香，人人可感。无关年龄，不分地域，每个人都可以畅游书籍的海洋，收获阅读的馈赠。

鱼离水则身枯，心离书则神索。读书是一种生活方式，也是一种精神追求。习近平总书记深刻指出："阅读是人类获取知识、启智增慧、培养道德的重要途径，可以让人得到思想启发，树立崇高理想，涵养浩然之气。"书页里，蕴藏着万千气象。人们徜徉其间，看成败、鉴得失、知兴替，情飞扬、志高昂、人灵秀，知廉耻、懂荣辱、辨是非，既能汲取知识雨露，也能吸收思想精华，学以益智、学以励志、学以立德、学以修身，在春风化雨中得到成长与淬炼。

时代快速发展，阅读的方式日新月异。有报告显示，过去一年，某短视频平台时长超过 5 分钟的读书类视频发布数量同比增长达 279.44%，直播观看人次同比增长近一倍。无论是一页页地翻，还是一屏屏地刷，抑或是一段段地听，阅读助人开阔视野、陶冶情操、提升境界的功能没变，依然具有独特魅力。重内涵而非华而不实，重积淀而不急功近利，读书的个人意趣和社会效益必将日益彰显。

党的二十大报告提出："深化全民阅读活动。"今天，我们思索读书的意义、发掘知识的价值、强调阅读的作用，正是为了更好满足人民群众精神文化生活新期待。近年来，把建设"农家书屋"作为一项重要公共文化惠民工程，深入开展"净网行动"维护清朗网络空间，公共图书馆、博物馆、美术馆、文化馆站向社会免费开放……多措并举、汇聚众力，全民阅读的服务网越织越密，书香氛围日渐浓厚、充盈社会，文化强国建设步履坚实。

立身以立学为先，立学以读书为本。前不久，教育部等八部门印发《全国青少年学生读书行动实施方案》，引导激励青少年学生立志为中华民族伟大复兴而读书。阅读的世界中，每个人都是同行者。广大党员、干部带头读书学习，修身养志，增长才干；广大青少年、儿童养成阅读习惯，快乐阅读，健康成长；全社会都参与到阅读中来，形成爱读书、读好书、善读书的浓厚氛围，我们就一定能通过阅读增进知识的传承、文化的涵养、精神的赓续，为奋进新征程、建功新时代注入强大正能量。

（2023 年 04 月 24 日）

把握大趋势、下好"先手棋"

谭日辉

近年来，从自主创新到自立自强，从跟跑参与到领跑开拓，从重点领域突破到系统能力提升，我国科技事业实现跨越式发展。特别是在基础研究领域取得一系列突破，建成了"中国天眼"FAST、稳态强磁场装置、散裂中子源等一批国之重器，在量子计算原型机、人工合成淀粉、纳米限域催化等方面形成一批有国际影响力的重大原创成果，原始创新能力不断提升，科技创新成为引领现代化建设的重要动力。

习近平总书记在中共中央政治局第三次集体学习时强调："要把握科技发展趋势和国家战略需求，加强基础研究重大项目可行性论证和遴选评估，充分尊重科学家意见，把握大趋势、下好'先手棋'。"科技创新日新月异，唯有深刻把握世界科技发展大势，下好"先手棋"、打好主动仗，才能做到抢占先机、勇立潮头。"把握大趋势、下好'先手棋'"是做好各项工作的重要方法论，对于推动高质量发展具有重要意义。

明者因时而变，知者随事而制。回顾非凡十年，我们能够在逆风逆水的外部环境中逆势而上，在惊涛骇浪的重大考验下自信从容，正是因为对趋势性问题保持前瞻性和预见性，做到居安思危、未雨绸缪，牢牢掌握发展主动权。面对逆全球化、单边主义等思潮沉渣泛起，一方面积极开拓新兴市场、实现贸易伙伴多元化，另一方面畅通国内大循环、发挥超大规模市场优势，在维护自身发展的同时坚持经济全球化正确方向；把握全球绿色低碳发展的大趋势，将用全球历史上最短的时间实现从碳达峰到碳中和，近年来中国新能源汽车销量和风电光伏发电装机均位居世界第一，引领全球绿色发展；面对一些国家想实行"脱钩断链"、构筑"小院高墙"，加快攻克"卡脖子"技术，开展重点产业强链补链行动，努力实现高水平科技自立自强。把握事物发展的总体趋势和根本方向，做到因势而谋、应势而动、顺势而为，就能够在把握变化中先声夺人，在面对挑战时应对裕如。

思深方益远，谋定而后动。把握大趋势、下好"先手棋"，要求我们处理好战略和策略的关系。一百年来，我们党之所以能够统一思想、统一步调、团结一致向前进，之所以能够取得革命、建设、改革的伟大胜利和辉煌成就，就在于我们党坚持马克思主义指导，高瞻远瞩、见微知著，既解决现实问题，又解决战略问题，准确判断和把握形势，制定切合实际的目标任务、政策策略。强化战略思维，保持战略定力，既从战略上具有防范风险的先手，也从策略上具有应对和化解风险挑战的高招，我们才能打好防范和抵御风险的有准备之战，打好化险为夷、转危为机的战略主动战。

推进中国式现代化，是一项前无古人的开创性事业，必然会遇到各种可以预料和难以预料的风险挑战、艰难险阻甚至惊涛骇浪。新征程上，我们更要用好把握大趋势、下好"先手棋"的方法论，对苗头性、倾向性问题有更多前瞻性研判，对风险和不确定因素有更多预见性认知，做到"图之于未萌，虑之于未有"，不断发现新苗头、解决新问题、战胜新挑战，确保中国式现代化锚定奋斗目标行稳致远。

"不谋万世者，不足谋一时；不谋全局者，不足谋一域。"始终站在时代前沿观察思考问题，把谋事和谋势、谋当下和谋未来统一起来，以见微知著的敏锐洞察把握大趋势，以思则有备的自觉主动下好"先手棋"，就一定能在乱云飞渡中把握正确方向，始终占据事业发展的制高点。

（2023 年 04 月 21 日）

良好开局提振发展信心

李　拯

4月18日，国家统计局公布一季度经济数据。生产需求企稳回升，就业物价总体平稳，居民收入持续增加，市场预期明显改善，积极因素累积增多……各种指标显示，中国经济运行开局良好。

宏观面看，经济增速企稳回升是显著特征。一季度，国内生产总值同比增长4.5%，增速比上年四季度高1.6个百分点；社会消费品零售总额同比增长5.8%，市场销售较快恢复；货物进出口总额同比增长4.8%，贸易结构继续优化；居民消费价格温和上涨，就业形势总体稳定……一个个回升的数据，一条条反弹的曲线，表明中国经济延续恢复向好态势。一季度良好开局，表明中国经济韧性强、潜力大、活力足，既为实现全年目标任务奠定坚实基础，更为中国经济长远发展提供强大信心底气。正如国际货币基金组织预测，"中国经济强劲复苏为全球注入动力"。

努力实现高质量发展是一季度经济运行又一鲜明特色。中国经济不仅实现量的合理增长，更实现质的有效提升；不仅继续扩大规模，更注重提升质量效益。一季度，高技术产业投资同比增长16%，明显快于全部投资增速，这其中，电子商务服务业、科技成果转化服务业投资分别增长51.5%、51.3%，增速之高、成长之快，表明我国产业转型升级态势持续，新动能继续壮大。与此同时，新能源汽车、太阳能电池产量分别增长22.5%、53.2%，表明我国工业绿色化转型态势持续。产业的高端化、智能化、绿色化发展，将为中国经济发展注入新动力，也将推动中国经济向着形态更高级、分工更复杂、结构更合理的阶段演进。

分析一季度经济数据，一些关键经济指标呈现出逐月、逐季的边际改善，说明良好开局具有可持续性、经济恢复具有趋势性。比如，3月份社会消费品零售总额同比增长10.6%，比1至2月份加快7.1个百分点，表明消费逐步回升和改善，对经济增长的拉动会有明显提升；3月份进出口总额同比增长15.5%，相比于1至2月份明显改善，充分体现了我国外贸的强大韧性；3月份规模以上工业增加值同比增长3.9%，增速比1至2月份加快1.5个百分点，表明我国产业链供应链加快恢复，经济增长的内生动力在逐步增强。关键经济指标逐季向好、不断改善，表明中国经济能够把一季度向好势态延续，实现总体回升和整体好转。

疾风知劲草，烈火炼真金。应当清醒认识到，当前国际环境比较复杂，世界经济增长趋缓态势明显，不稳定、不确定性因素较多，需求不足的制约依然明显，一些结构性问题比较突出，回升基础还需要巩固。既要正视困难，更要坚定信心。有以习近平同志为核心的党中央坚强领导，有社会主义市场经济的体制优势，有超大规模市场的需求优势，有产业体系配套完善的供给优势，有勤劳智慧的广大劳动者和企业家等人力优势，我们完全有信心、有能力、有条件战胜各种风险挑战，奋力实现全年目标任务。下阶段，要认真落实中央经济工作会议和全国两会安排部署，坚持稳字当头、稳中求进，完整、准确、全面贯彻新发展理念，加快构建新发展格局，着力推动高质量发展，科学精准实施宏观政策，综合施策释放内需潜力，大力深化改革，扩大高水平对外开放，一定能推动中国经济运行持续整体好转。

"中国制造在各方面都发展非常迅速，还有中国市场也很有活力""看好中国经济，看好中国经济的未来""中国将在经济上引领全球，我们正在寻求长期合作伙伴"……广交会上万商云集，"看好中国经济"凝聚广泛共识。在一季度良好开局的基础上，风雨无阻向前行、坚定信心加油干，定能推动中国经济继续劈波斩浪、恢复向好，为全面建设社会主义现代化国家开好局起好步。

（2023 年 04 月 20 日）

在广袤祖国大地上种下片片绿色

李　斌

　　植树造林、绿化祖国。习近平总书记在参加首都义务植树活动时强调："今天，我们一起参加植树，就是号召大家都行动起来，既在广袤祖国大地上种下片片绿色，也在广大人民心中播撒绿色种子，共同迎接希望的春天，共同建设美丽中国。"

　　播撒绿色种子，就是要树牢尊重自然、保护自然的意识。新时代以来，我们党在已有基础上继续前进，成功推进和拓展了中国式现代化。中国式现代化不是西方现代化的"翻版"，我们坚决抛弃轻视自然、支配自然、破坏自然的现代化模式，坚持可持续发展，坚定不移走生产发展、生活富裕、生态良好的文明发展道路。我们坚持绿水青山就是金山银山的理念，坚持山水林田湖草沙一体化保护和系统治理，全方位、全地域、全过程加强生态环境保护，生态环境保护发生历史性、转折性、全局性变化，我们的祖国天更蓝、山更绿、水更清。

　　播撒绿色种子，就是要践行绿色发展、低碳发展的理念。在推动长江经济带发展座谈会上，习近平总书记开门见山指出："今天可能要让你们失望了，这次讨论的不是发展问题，而是保护的问题。"一些参会人员感觉"好像是泼了一盆冷水"。然而短短几年时间，坚持生态优先、绿色发展，显著提升了长江经济带对全国高质量发展的支撑带动作用。保护生态环境就是保护生产力，改善生态环境就是发展生产力。让生态良好的"高颜值"与经济发展的"高品质"相得益彰，关键就在于把生态优先、绿色发展的理念播种进人们心中，加快形成节约资源和保护环境的空间格局、产业结构、生产方式、生活方式。

播撒绿色种子，就是要增强出一把力、尽一份心的责任。谈及蓝天保卫战，有人认为"只能靠天刮风"。习近平总书记指出："不能只靠借东风啊！事在人为。"朗朗晴空、徐徐清风、悠悠碧水，良好生态环境是最普惠的民生福祉，生态文明是人民群众共同参与、共同建设、共同享有的事业。每个人都是生态环境的保护者、建设者、受益者。植绿护绿、垃圾分类、节水节电、"光盘"行动……让绿色理念融入治理方式、生产方式，成为生活方式、行为方式，才能为建设人与自然和谐共生的现代化厚植力量。

习近平同志在福建工作时，推动开展了集体林权制度改革，试行"分山到户、均林到人"，实现"山定权、树定根、人定心"。制度具有根本性、全局性、长期性、稳定性。从出台"史上最严"环保法，到建立中央生态环境保护督察制度，再到全面实施河长制、湖长制、林长制，用最严格制度、最严密法治保护生态环境，是党的十八大以来生态文明建设的一个鲜明特点。不断健全生态文明制度体系，持续优化环境治理的法治环境，推动全社会依法依规建设美丽中国，护蓝增绿的合力将更加强大。

上世纪 60 年代，人们皆以为塞罕坝高寒、沙化的环境不宜建林场。这时，有人在塞罕坝东北方发现了一棵迎风而立的落叶松，就是这一棵树坚定了干部群众绿化塞罕坝的决心和信心。每一棵树的生态价值都不可或缺，每一个人的生态贡献都不容忽视。从种树开始，从小事抓起，筑牢绿色生活、绿色生产根基，美丽中国的更新画卷将带给世人更多惊喜。

（2023 年 04 月 18 日）

携手合作，共享开放机遇

邹　翔

第三届消博会展览总面积比上届增加 2 万平方米，达到 12 万平方米；共有来自 65 个国家和地区的超过 3300 个消费精品品牌参展；超过 300 个品牌的 1000 余款产品首发首秀……这一系列增量数字，标注着消博会日渐凸显的平台效应，映照着中国市场的巨大吸引力。

习近平总书记在党的二十大报告中强调，"中国坚持对外开放的基本国策，坚定奉行互利共赢的开放战略，不断以中国新发展为世界提供新机遇"。消博会为世界各国企业提供了广阔展示平台，是各国企业对接中国市场、共享发展机遇的重要渠道。

以中国新发展为世界提供新机遇，不仅是坚定的承诺，更是务实的行动。中国消费市场容量大、梯次多、有纵深，是快速增长的立体化复合型超大规模市场。数据显示，2022 年中国消费品进口额达 1.93 万亿元，比 2012 年增长 1 倍多；跨境电商进口 5600 亿元，比上年增长 4.9%。近年来，进博会、服贸会、广交会、消博会等经贸盛会接连举行，为世界各国企业进入中国大市场、共享发展成果提供更多契机，推动中国市场日益成为世界的市场、共享的市场、大家的市场。展望未来，一个更加开放的中国将为世界经济复苏注入强劲动力。

中国发展离不开世界，世界发展也需要中国。经济总量占全球比重超过 18%，2013 年至 2021 年对世界经济增长的平均贡献率达 38.6%，货物和服务贸易规模居世界第一，拥有全球最完整、规模最大的工业体系和完善的产业配套能力……这是中国经济高质量发展的底气所在，也是国际社会看好中国经济发展前景的重要原因。无论国际形势如何变化，中国都将坚定不移扩大对外开放，开放的大门会越来越大，环境会越来越好，服务会越来越优。对有志于深耕中国市场的世界各国企业而言，投资中国、扎根中国，意味着选择更好的未来。

当前，世界百年未有之大变局加速演进，新一轮科技革命和产业变革正重塑全球经济结构，同时世界经济复苏乏力，局部冲突和动荡频发。越是面临困难、越是乱云飞渡，越需要展现担当、扛起责任，越需要团结合作、开放包容。消博会的成功举办有力证明，开放合作仍然是历史潮流，互利共赢依然是人心所向。世界各国只有守望相助、同舟共济，坚持开放合作、互利共赢，共同推动建设开放型世界经济，才能实现世界经济强劲、可持续、平衡、包容增长。

从高空俯瞰，人潮涌动的海南国际会展中心宛若一只展翅的海鸥，喜迎八方来客。过去，中国经济发展成就是在开放条件下取得的；未来，中国经济高质量发展必须在更加开放的条件下推进。新征程上，通过强化开放合作，更加紧密地同世界经济联系互动，继续提升贸易投资自由化便利化水平，稳步扩大制度型开放，着力打造市场化、法治化、国际化一流营商环境，中国必将为各国带来更多新机遇，为世界经济发展注入更多正能量。

（2023 年 04 月 17 日）

善于在精细中出彩

楚　波

"治大国如烹小鲜"，习近平总书记曾引用经典名言阐述治国之道，强调"天下大事，必作于细"。在强国建设、民族复兴新征程上，我们要倡导精细化的工作态度，善于在精细中出彩。

精细化具有十分重要的现实意义。推进中国式现代化，意味着各领域治理精细化程度的跃升。立足具体实践，精细化是推动工作落实的题中应有之义。面对复杂问题、现实难题，只有"把准脉"抓住症结，"开准方"对症下药，才能药到病除。同时，对于群众反映一些干部在工作作风、方法、态度等方面存在的问题，破解之道也正在"精细"二字。追求精细、实现精细，既是认识论，也是方法论。

精细化应以前瞻性为前提。当前，世界之变、时代之变、历史之变正以前所未有的方式展开。我国发展面临新的战略机遇、新的战略任务、新的战略阶段、新的战略要求、新的战略环境。前进道路上，我们必须增强工作前瞻性，提高敏锐性和洞察力，善于看海面上航船的"桅杆"，练就草摇叶响知鹿过、松风一起知虎来、一叶易色而知天下秋的见微知著能力，准确识变、科学应变、主动求变，在顺应大势、把握机遇中赢得未来。

精细化须以察实情为基础。飞针走线，关键在定好位、选好点。调查研究是谋事之基、成事之道，某种意义上就是定位、选点。没有调查就没有发言权，工作也就谈不上精细化。毛泽东同志曾指出："调查就像'十月怀胎'，解决问题就像'一朝分娩'。调查就是解决问题。"大兴调查研究之风，深入基层、走进群众，弄清最真实的情况、摸透最鲜活的民意，才能精确研判、找到解决问题的"桥"和"船"，进而实现精准施策。

精细化当以信息化为支撑。虚拟与现实相互交织，线上与线下融合融通，数字化浪潮扑面而来……当前，信息化、数字化、智能化趋势不断演进，数字中国发展日新月异。这为精细化治理提供了技术支撑，也提出了更高的实践要求。着眼于更好开展工作，一方面，要不断优化思路举措，切实转变理念方式，把握好信息化时代精细化治理的新需求、新特征、新趋势；另一方面，要充分运用大数据、云计算、物联网、人工智能等技术手段，推动治理方式向数字化转型，以数字化赋能治理精细化。

精细化要以好作风为保障。世界上怕就怕"认真"二字，共产党人最讲"认真"。担当作为，贵在经得起细处检验、精度衡量。工作抓而不紧、抓而不细、抓而不实，必然会情况不清、作风不实、思路不明、措施不当、效果不佳。诚于心，才能工于精。自觉以精准思维促进作风转变，明确责任、细化分工，真正把"精"的要求和"细"的标准立起来，才能做到细致、精致、极致，让精细化成为一种追求、一种常态、一种习惯。

历史的宏图，总是绘就于平凡的细节。以精雕细琢的精神、精益求精的功夫，一茬一茬接着干，一件一件去落实，积小胜为大胜、积跬步至千里，我们就一定能创造不负时代、不负人民的实绩，把美好蓝图一步步变为现实。

（2023 年 04 月 14 日）

地基打得牢，大厦才能建得高

李　拯

　　九层之台，起于累土；千里之行，始于足下。习近平总书记在中共中央政治局第三次集体学习时强调："基础研究处于从研究到应用、再到生产的科研链条起始端，地基打得牢，科技事业大厦才能建得高。"基础研究是科学知识实际应用的源头活水，新技术、新工艺、新产品都不是凭空产生，而是建立于新的科学原理和科学概念之上。基础研究好比是科技事业大厦的地基，为其高高耸立奠定基础。由此扩展开来，地基打得牢，大厦才能建得高，其蕴含的哲理具有普遍启发意义。

　　回顾新时代十年来，很多领域都展现出这样一个鲜明特色：一开始就注重打好基础，做好夯基垒台、立柱架梁的基础性工作，基础筑牢之后的正向效应逐步表现出来，经过时间累积最终汇聚成明显的治理成效。比如全面深化改革，正因为"各领域基础性制度框架基本确立"，才有了"许多领域实现历史性变革、系统性重塑、整体性重构"；比如生态文明建设，正因为"开展一系列根本性、开创性、长远性工作"，才有了"我们的祖国天更蓝、山更绿、水更清"；比如加强党的建设，正因为以"基础不牢，地动山摇"的警醒和清醒大抓基层党组织建设，才有了脱贫攻坚和乡村振兴的"火车头"。越是长久基业、长远大计，越是要从基础做起、从根本抓起。

打牢地基，需要保持历史耐心和战略定力。无论是实现碳达峰碳中和目标，还是实现高水平科技自立自强，很多事业都难以毕其功于一役，不能一口吃成个胖子，需要以看得见长远、耐得住寂寞的定力踏踏实实打基础、做铺垫。大厦矗立，雄伟壮观，这是显功；地基牢固，深埋地下，斯为潜功。如果急于求成、急功近利，重显功轻潜功、重短期效益轻长远发展，就不能打牢地基，那么所谓大厦就只能是毫无根基的空中楼阁。只有保持足够定力，树立正确价值观，处理好稳和进、立和破、虚和实、标和本、近和远的关系，才能不驰于空想、不骛于虚声，踏踏实实从打基础入手推动事业发展。

"既要做让老百姓看得见、摸得着、得实惠的实事，也要做为后人作铺垫、打基础、利长远的好事，既要做显功，也要做潜功，不计较个人功名，追求人民群众的好口碑、历史沉淀之后真正的评价。"习近平总书记的这番话意味深长。地基是大厦的基础，大厦是地基的结果。唯有以"功成不必在我"的胸襟谋划长远，以"功成必定有我"的担当干在当下，才能摒弃浮躁，为事业长远发展打下坚实基础。

树高千尺唯根深。繁花满树、枝繁叶茂，最终是因为根深蒂固。以甘坐冷板凳、甘吃清苦饭的耐心和定力扎下根去，甘做"栽树人""挖井人""拓荒人"，善于做基础性、铺垫性工作，那么在筑牢坚实地基之后，事业大厦也将会一砖一瓦牢固地矗立起来。

（2023 年 04 月 13 日）

加强党的创新理论武装

李浩燃

1938 年，一位年仅 17 岁的女青年带着 5 块钱，耗时两个多月走了 1000 多公里路，从北京来到陕北。她的内心深受触动："夏日的傍晚，马轻快地奔驰着，我感觉这一切是那么新奇而又神秘啊！"闪耀真理光芒，熔铸崇高信仰，让中国共产党领导的延安像一个巨大的磁场。

如今，《新时代的中国青年》白皮书中的一项数据令人印象深刻："中国共产党第十八次全国代表大会以来，每年新发展党员中 35 岁及以下党员占比均超过 80%。"事实证明，我们党始终朝气蓬勃，对年轻人越来越有吸引力。

百年大党何以永葆青春活力？手握真理的革命人永远是年轻。习近平总书记在党的二十大报告中指出："用党的创新理论武装全党是党的思想建设的根本任务。"近日，在学习贯彻习近平新时代中国特色社会主义思想主题教育工作会议上，习近平总书记强调，"我们要以这次主题教育为契机，加强党的创新理论武装，不断提高全党马克思主义水平，不断提高党的执政能力和领导水平"。

真理之火，点燃崇高理想。李大钊曾说："人生最高之理想，在求达于真理。"革命理想高于天。当身陷牢狱之时，28 岁的夏明翰坚贞不屈，给妻子写下家书："坚持革命继吾志，誓将真理传人寰！"因为向往真理、追求真理、捍卫真理，一位位革命先驱、仁人志士"虽千万人吾往矣""虽九死其犹未悔"。

真理之光，照亮奋进征程。犹记庆祝中国共产党成立 100 周年大会上，共青团员和少先队员代表集体致献词："古老的中华大地诞生了中国共产党，播撒信仰的火种，点亮真理的强光"。从石库门到天安门，从兴业路到复兴路，中国共产党人始终坚持真理、坚守理想，把握历史主动、锚定奋斗目标，沿着正确方向坚定前行。一以贯之地坚持真理、修正错误，崇仰理想、坚定信念，是这个百年大党的魅力所在。

大道如砥，行者无疆。实践告诉我们，中国共产党为什么能，中国特色社会主义为什么好，归根到底是马克思主义行，是中国化时代化的马克思主义行。马克思主义是科学真理，如燧石一般，受到的敲打越厉害，发射出的光辉就越灿烂。回首过往的奋斗路，无论是处于顺境还是逆境，我们党从未动摇对马克思主义的信仰。坚持用马克思主义中国化时代化最新成果武装全党、指导实践、推动工作，是我们党创造历史、成就辉煌的一条重要经验。

坚持以科学理论引领、用科学理论武装，是马克思主义政党永葆先进性纯洁性的根本保证，也是我们党的政治优势。进入新时代，党和国家面临的形势之复杂、斗争之严峻、改革发展稳定任务之艰巨世所罕见、史所罕见，正是因为确立了习近平同志党中央的核心、全党的核心地位，确立了习近平新时代中国特色社会主义思想的指导地位，党才有力解决了影响党长期执政、国家长治久安、人民幸福安康的突出矛盾和问题，从根本上确保实现中华民族伟大复兴进入了不可逆转的历史进程。学习贯彻习近平新时代中国特色社会主义思想是新时代新征程开创事业发展新局面的根本要求。前进道路上，必须坚持学思用贯通、知信行统一，把习近平新时代中国特色社会主义思想转化为坚定理想、锤炼党性和指导实践、推动工作的强大力量。

大风泱泱，大潮滂滂。走过"雄关漫道真如铁"的昨天，奋进在"人间正道是沧桑"的今天，眺望"长风破浪会有时"的明天，强国建设、民族复兴的宏伟目标令人鼓舞、催人奋进，我们这一代共产党人使命光荣、责任重大。新征程上，增强政治自觉、思想自觉、行动自觉，学懂弄通做实习近平新时代中国特色社会主义思想，坚持好、运用好贯穿其中的立场观点方法，把这一思想贯彻落实到党和国家工作各方面全过程，我们就一定能谱写新的时代华章，创造新的历史伟业。

（2023 年 04 月 06 日）

让开放的大门越开越大

周珊珊

"要实现美好前景，亚洲必须保持稳定、包容和开放""开放合作的科技创新生态，将是一把帮助各国从根本上解决许多事关人类发展问题的'金钥匙'"……在刚刚落下帷幕的博鳌亚洲论坛 2023 年年会上，来自 50 多个国家和地区的约 2000 名代表齐聚一堂、共话发展，"开放"成为高频词。

开放是发展进步的必由之路。博鳌亚洲论坛成立于 1997 年亚洲金融危机之后，反映了亚洲国家携手应对挑战的共识，顺应了区域经济一体化发展要求。20 多年来，博鳌亚洲论坛逐步成长为兼具亚洲特色和世界影响的高层次对话平台，博鳌也从一个名不见经传的小渔村成为一张享誉世界的亮丽名片。会场内，全球政商学界嘉宾汇聚一堂，分析亚洲和世界发展形势，凝聚合作发展的共识；会场外，博鳌小镇道路宽阔，交通发达，商铺林立，游客如织。博鳌亚洲论坛影响力与日俱增，博鳌小镇发展日新月异，这本身就是对"开放带来进步"的有力诠释。

改革开放以来，我们坚持对外开放基本国策，打开国门搞建设，实现了我国从封闭半封闭到全方位开放的伟大历史转折。特别是新时代以来，我们实行更加积极主动的开放战略，形成更大范围、更宽领域、更深层次对外开放格局。今日之中国，成为 140 多个国家和地区的主要贸易伙伴，货物贸易总额居世界第一，吸引外资和对外投资居世界前列。实践证明，不断扩大对外开放、提高对外开放水平，以开放促改革、促发展，是我国发展不断取得新成就的重要法宝。

中国不断扩大对外开放，不仅发展了自己，也造福了世界。2022 年，我国货物贸易进出口总值 42.07 万亿元，首破 40 万亿元，同比增长 7.7%；对"一带一路"沿线国家进出口增长 19.4%；中欧班列累计开行 1.6 万列，比上年增长 9%……一组组亮眼的数据，彰显着"开放是当代中国的鲜明标识"，印证着"中国的发展是世界的机遇，中国是经济全球化的受益者，更是贡献者"。

习近平总书记强调："我们将加快构建新发展格局，不断扩大高水平对外开放，持续放宽市场准入，让开放的大门越开越大。"应该认识到，经济全球化是历史潮流。尽管会出现一些回头浪，会遇到很多险滩暗礁，但大江大河奔腾向前的势头是谁也阻挡不了的。还应该认识到，新发展格局决不是封闭的国内循环，而是开放的国内国际双循环。面向未来，我们决不能被逆风和回头浪所阻，要站在历史正确的一边，扎实推进高水平对外开放，既用好全球市场和资源发展自己，又推动世界共同发展。

中国的发展惠及世界，中国的发展离不开世界。再过一段时间，第三届中国国际消费品博览会将在海南海口举办。在上海，第六届进博会筹备正忙。一场场中国搭台的"东方之约"，传递"以自身新发展为世界提供新机遇"的诚意决心。展望未来，一个更加开放的中国，必将同世界形成更加良性的互动，为不确定的世界注入更多确定性，让发展成果更多更公平惠及各国人民。

（2023 年 04 月 01 日）

调查研究是谋事之基、成事之道

——在全党大兴调查研究之风①

李浩燃

"一个县是不是光靠一个产业去发展，要去深入调研，不能大笔一挥，拨一笔钱，这个地方就专门发展养鸡、发展蘑菇，那个地方专门搞纺织，那样的话肯定要砸锅。"今年全国两会期间，习近平总书记提起看过的一个关于"培养一批'一县一业'重点基地"的文件，指出"靠几业，靠什么业，都要一把钥匙开一把锁，根据具体情况去定，不能下单子"。朴实而深刻的一番话，凸显了调查研究的重要意义。

解决实际问题，必须进行全面深入的调查研究。习近平总书记深刻指出"调查研究是谋事之基、成事之道"，多次强调"要在全党大兴调查研究之风"。前不久，中办印发《关于在全党大兴调查研究的工作方案》指出："党中央决定，在全党大兴调查研究，作为在全党开展的主题教育的重要内容，推动全面建设社会主义现代化国家开好局起好步。"

调查研究是我们党的传家宝，是做好各项工作的基本功。《中国社会各阶级的分析》《湖南农民运动考察报告》《寻乌调查》《反对本本主义》……党史上这些历久弥新、至今仍熠熠生辉的经典名篇，无不建立在深入调查研究的基础上。从石库门到天安门，从兴业路到复兴路，马克思主义中国化重大成果的取得，新民主主义革命道路、社会主义革命道路、社会主义建设道路、中国特色社会主义道路的开辟和不断拓展，无不是以调查研究为前提、为依据的。回顾我们党的发展历程可以清楚地看到，什么时候全党从上到下重视并坚持和加强调查研究，党的工作决策和指导方针符合客观实际，党的事业就顺利发展。

没有调查就没有发言权，没有调查就没有决策权。党的十八大以来，以习近平同志为核心的党中央高度重视调查研究工作，将深入调查研究作为开展工作、出台政策、制定战略的"先手棋"。中央八项规定的第一条，便是改进调查研究。深山小院的欢歌笑语，农家账本的细致追问，进工厂车间寻计问策，到科研院所集思广益……山一程、水一程，习近平总书记调查研究的足迹遍布祖国的山山水水。在湖南十八洞村调研，创造性提出"精准扶贫"理念；到江苏调研，首次公开将"全面从严治党"与全面建成小康社会、全面深化改革、全面推进依法治国一并提出；赴浙江调研后，首次正式提出"新发展格局"……习近平总书记身体力行、亲力亲为，为全党重视调研、深入调研、善于调研树立了光辉典范。

一语不能践，万卷徒空虚。党的二十大报告提出："弘扬党的光荣传统和优良作风，促进党员干部特别是领导干部带头深入调查研究，扑下身子干实事、谋实招、求实效。"当前，世界百年未有之大变局加速演进，不确定、难预料因素增多，国内改革发展稳定面临不少深层次矛盾躲不开、绕不过，各种风险挑战、困难问题比以往更加严峻复杂，迫切需要通过调查研究把握事物的本质和规律，找到破解难题的办法和路径。对广大党员、干部而言，只有通过深入细致的调查研究，才能把握快速变动的实际，出实招、见实效。在全党大兴调查研究，坚持党的群众路线，坚持实事求是，坚持问题导向，坚持攻坚克难，坚持系统观念，必将汇聚攻坚克难、勇毅前行的强大力量。

新时代新征程，大兴调研之风、注重调研实效，矢志不渝、笃行不怠，我们就一定能多察实情、多解难题，努力创造不负时代、不负人民的实绩。

（2023 年 03 月 28 日）

向群众学习、向实践学习

——在全党大兴调查研究之风②

石　羚

两个月可以干什么？初到福建政和县任县委书记的廖俊波，跑了1万余公里路，全身心投入调研之中，深入群众，倾听民意；刚到广西乐业县百坭村任驻村第一书记的黄文秀，上山下地与群众一起干活，走访全村195户贫困户，绘制"民情地图"。像他们一样，一大批优秀共产党员在调查研究中发现问题、解决问题，不断把为人民造福事业推向前进。

群众路线是我们党的生命线和根本工作路线。回溯党史，拜人民为师，向能者求教，向智者问策，把握群众所思所想所盼，凝聚民心民智民力，是我们成就事业的重要方法。习近平总书记强调，"要坚持到群众中去、到实践中去，倾听基层干部群众所想所急所盼，了解和掌握真实情况"。中办印发的《关于在全党大兴调查研究的工作方案》明确提出："在全党大兴调查研究，必须坚持党的群众路线，从群众中来、到群众中去""自觉向群众学习、向实践学习，从人民的创造性实践中获得正确认识"。在强国建设、民族复兴的新征程，党员干部把调查研究作为走好群众路线的必修课，就要识民情、接地气，真正把群众面临的问题发现出来，把群众的意见反映上来，把群众创造的经验总结出来，为党和国家事业发展凝心聚力。

有干部曾分享经验：调查研究要有"半杯水"的心态，半杯水里装问题，多向群众请教；剩下半杯装办法，把好做法带回来。人民群众中蕴含着无尽的聪明才智。一方面，问题是时代的声音，生活好不好，政策落实到不到位，群众最有发言权。另一方面，人民在创造性实践中获得的"真知识"、总结的"金点子"、闯出的"新路子"，往往能为解决共性问题提供启示。坚持问政于民、问需于民、问计于民，倾听民声、尊重民意、顺应民心，有助于发现问题、解决问题，进而使调查研究工作同中心工作和决策需要紧密结合起来，提高决策科学化水平。

实践出真知，实践长真才。"物有甘苦，尝之者识；道有夷险，履之者知。"坚持在干中学、学中干，实现实践与认识的相互促进、循环往复，往往能有效推动工作，同时提高学习效率，增强自身能力。进而言之，在艰难困苦的环境中、在突出矛盾的破解中、在与群众一起摸爬滚打中，当几次"热锅上的蚂蚁"，敢于接"烫手山芋"，多钻"矛盾窝"，更有助于砥砺品质、增长才干。衡量调查研究开展得好不好，最终要看成效。善于向实践学习，才能贴近实际、指导实践，推动各项工作取得新突破。

脚下沾有多少泥土，心中就沉淀多少真情。做好调查研究，考验的是工作作风，厚植的是人民情怀。当前，党员干部获取信息的渠道多了，但与群众面对面坦诚交流不能少，在实践中点对点、实打实查摆问题不能少。增进同人民群众的感情，力戒形式主义、官僚主义，把办公桌搬到基层社区，将议事会开到老乡家门口，方能及时掌握社情民意，架起干部群众连心桥，从而把调研结果转化为务实举措，把党的正确主张变为群众的自觉行动。

习近平总书记指出："要把调查研究作为基本功，深入基层、深入群众、深入实际，了解情况、问计于民。"前进道路上，自觉用好调查研究传家宝，坚持一切为了群众，一切依靠群众，真诚倾听群众呼声、真实反映群众愿望、真情关心群众疾苦，把政治智慧的增长、执政本领的增强深深扎根于人民的创造性实践之中，我们就一定能风雨无阻向前行，创造新辉煌、收获新荣光。

（2023 年 04 月 03 日）

"有一是一、有二是二"

——在全党大兴调查研究之风③

邹　翔

2012年岁末，河北阜平正逢零下十几摄氏度严寒，骆驼湾村村民唐荣斌家来了一位不寻常的客人。他进门唠起家常，接过从锅里刚蒸出、冒着热气的土豆，掰开一块放在嘴里津津有味地吃了起来。这位客人就是专程前来访贫问苦的习近平总书记。在这太行山深处的革命老区，习近平总书记指出"要看就要真看，看真贫，通过典型了解贫困地区真实情况，窥一斑而见全豹"，强调"要真真实实把情况摸清楚"。看实情，"是什么样就是什么样"，看真贫，"真正了解大家的生活状况"，为开展调查研究树立了典范。

实事求是是马克思主义的精髓，坚持一切从实际出发，是我们想问题、作决策、办事情的出发点和落脚点。习近平总书记深刻指出："实践反复证明，能不能做到实事求是，是党和国家各项工作成败的关键。"中办印发的《关于在全党大兴调查研究的工作方案》提出："必须坚持实事求是，坚守党性原则，一切从实际出发，理论联系实际，听真话、察实情，坚持真理、修正错误，有一是一、有二是二，既报喜又报忧，不唯书、不唯上、只唯实。"

深入了解实际，真正掌握全面、真实、丰富、生动的第一手材料，是进行科学决策的前提和基础。这就要求进行全面深入的调查研究，刻舟求剑不行，闭门造车不行，异想天开更不行。如今，交通通信手段越来越发达，获取信息的渠道越来越多，但都不能代替亲力亲为的调查研究。不带着事先定的调子下去，不搞作秀式调研、盆景式调研、蜻蜓点水式调研，眼睛向下、脚步向下、扑下身子、沉到一线，身入基层、心到基层，才能真正把调查研究做深做实，找到事物的本质和规律，找到解决问题的办法。

能不能从实际出发、实事求是，不只是思想方法问题，也是党性强不强问题。1941年，毛泽东同志起草的《中央关于调查研究的决定》指出，"粗枝大叶、自以为是的主观主义作风，就是党性不纯的第一个表现；而实事求是，理论与实际密切联系，则是一个党性坚强的党员的起码态度"。坚持以党性立身做事，以实事求是的态度做好调查研究，就要有直面问题的勇气，不回避矛盾，不掩盖问题，近的远的都要去，好的差的都要看，干部群众表扬和批评都要听，做到"有一是一、有二是二"，切实把存在的矛盾和问题摸清弄透。

客观实际总是处在不断发展变化过程之中。当前，我国发展面临新的战略机遇、新的战略任务、新的战略阶段、新的战略要求、新的战略环境，需要应对的风险挑战、防范化解的矛盾问题比以往更加严峻复杂。越是风云变幻、风高浪急，越需要通过调查研究把握事物的本质和规律，找到破解难题的办法和路径。广大党员、干部把实事求是贯穿到各项工作中去，经常、广泛、深入开展调查研究，努力把真实情况掌握得更多一些、把客观规律认识得更透一些，才能为做好各项工作、担当作为打下扎实基础。

焦裕禄曾说："调查时一定要实事求是，不扩大也不缩小，是什么情况就是什么情况，不要先划一个圈圈，以自己主观想象去收集材料。"他是这么说的，更是这样做的，至今给我们以深刻启示。无论时代如何发展，调查研究这个传家宝不能丢，实事求是这个重要法宝不能忘。求真务实、勇毅笃行，向着目标不懈奋斗，我们就没有什么困难不能战胜，没有什么奇迹不能创造。

（2023 年 04 月 04 日）

把情况摸清、把问题找准、把对策提实

——在全党大兴调查研究之风④

尹双红

　　详细拟定调研方案，不打招呼、直奔现场，掌握真情况、研究真问题，提出一系列务实举措……党员领导干部深入基层一线，扎实开展调查研究，真正扑下身子干实事、谋实招、求实效。

　　调查研究是谋事之基、成事之道。习近平总书记指出，"要了解实际，就要掌握调查研究这个基本功"，强调"听真话、察真情，真研究问题、研究真问题，不能搞作秀式调研、盆景式调研、蜻蜓点水式调研"。前不久，中共中央办公厅印发《关于在全党大兴调查研究的工作方案》提出："必须坚持问题导向，增强问题意识，敢于正视问题、善于发现问题，以解决问题为根本目的，真正把情况摸清、把问题找准、把对策提实，不断提出真正解决问题的新思路新办法。"

　　作出科学合理的决策，需要大量客观、真实、有效的信息。革命年代，为了准确摸清当时中国富农问题和商业情况，毛泽东同志抽出近1个月时间，与农民、手工业者、商人等深入谈心，掌握了大量第一手材料，写出5章、39节的《寻乌调查》。涉浅水者得鱼虾，涉深水者得蛟龙。对现实情况的掌握越是全面、准确，就越能为谋划工作、制定决策提供科学支撑。

因此，到基层调查，要一下到底，寻求"源头活水"；既要抓点、搞好典型调查，也要注重调查研究对象的广泛性；敢于"钻矛盾窝"了解实情，少看花瓶和盆景，多看看后院和角落。用好交换、比较、反复的方法论，力求准确、全面、深透地了解情况，才能为进一步开展工作打好基础。

发现问题、找准问题，是解决问题的前提。如何啃下深度贫困这块硬骨头，打好脱贫攻坚战？从提出"突出重点、加强对特困村和特困户的帮扶"的"精准扶贫"理念，到要求"把扶贫开发、现代农业发展、美丽乡村建设有机结合起来"，再到强调"把'两不愁三保障'各项措施落实到村、到户、到人"……习近平总书记坚持访真贫、问真苦，走遍了全国所有集中连片特困地区，作出一系列重要部署。正是因为找准了导致深度贫困的主要原因，采取有针对性的脱贫攻坚举措，我们如期打赢了脱贫攻坚战，创造了减贫治理的中国样本。实践证明，调查研究不仅要全面深入细致地了解实际情况，更要善于分析矛盾、发现问题。既要总体分析面上的情况，又要深入解剖麻雀，透过现象看本质，提炼出规律性认识。

开展调查研究，根本目的是解决问题。不解决问题就是形式主义，对问题听之任之就会误党误国。衡量调查研究搞得好不好，不是看调查研究的规模有多大、时间有多长，也不是光看调研报告写得怎么样，关键要看调查研究的实效，看调研成果的运用，看能不能把问题解决好。就此而言，调研形成的建议必须兼顾需要和可能，提出切实可行的具体措施。拿出符合实际、可行性强的对策，真正实现"调"以务实、"研"以致用，才能让调查研究成果更好破解难题、推动工作。

问题是时代的声音。练好调查研究基本功，把事情的真相和全貌调查清楚，把问题的本质和规律把握准确，把解决问题的思路和对策研究透彻，一锤接着一锤敲，一步紧跟一步行，把一个个"问题清单"变为"成果清单"，我们就一定能积小胜为大胜，用实际行动扎实推进中国式现代化。

（2023 年 04 月 10 日）

"勇于涉险滩、破难题"

——在全党大兴调查研究之风⑤

周人杰

改革的险滩难涉，唯勇者进；发展的考题难破，贵在实干。开年以来，内蒙古自治区人社厅"手拉手"结对联系基层，派出 103 人深入一线找问题、察民情、访民意，对就业创业、根治欠薪等难题建台账、做督导；长江十年禁渔"三年强基础"现场推进会在湖南省益阳市召开，强调加强跟踪调研，将退捕渔民纳入防止返贫监测范围，落实好专项救助……事实证明，坐在办公室碰到的都是问题，深入基层看到的全是办法。搞好调查研究，才能找到改革发展的"金钥匙"。

调查研究是获得真知灼见的源头活水，是做好工作的基本功。习近平总书记强调："调查研究要注重实效，使调研的过程成为加深对党的创新理论领悟的过程，成为保持同人民群众血肉联系的过程，成为推动事业发展的过程。"前不久，中办印发《关于在全党大兴调查研究的工作方案》提出："必须坚持攻坚克难，发扬斗争精神，增强斗争本领，勇于涉险滩、破难题，知难而进、迎难而上，把调查研究成果转化为推进工作、战胜困难的实际成效。"把问题作为研究制定政策的起点，调查研究要直奔问题去，实行问题大梳理、难题大排查，着力打通贯彻执行中的堵点淤点难点。

问题是创新的起点，也是创新的动力源。党的二十大报告提出："我们要增强问题意识，聚焦实践遇到的新问题、改革发展稳定存在的深层次问题、人民群众急难愁盼问题、国际变局中的重大问题、党的建设面临的突出问题，不断提出真正解决问题的新理念新思路新办法。"走遍 14 个集中连片特困地区，看真贫、扶真贫，直接听取贫困地区干部群众意见，不断完善扶贫思路和扶贫举措，不断推进脱贫攻坚工作，带领全党全国各族人民共同努力、如期打赢脱贫攻坚战；多次考察京津冀地区，亲自谋划京津冀协同发展，在一次次实地调研督导中，推动京津冀协同发展的蓝图一步步变为现实……党的十八大以来，习近平总书记广泛深入调查研究，不断丰富发展新时代治国理政的理论和实践。事实证明，坚持攻坚克难，扑下身子搞好调查研究，把问题找准、把思路厘清、把办法找到，推进工作就能事半功倍，战胜困难就能更有底气。

追求一个"实"字，既彰显为民情怀，又体现工作作风。干实事，就要倾听人民心声、让群众得真实惠，发现人民群众哪方面感觉不幸福、不高兴、不满意，就在哪方面下功夫，千方百计排忧解难；谋实招，就要问计于群众、问计于实践，敢于接"烫手山芋"、善于钻"矛盾窝"，找到促进矛盾转化的条件和策略；求实效，就要狠抓落实、以实践结果评价实际效果，现场能解决的问题当即解决，不好解决的拿回来研究解决，既给出务实管用的解决方案，又加强督促检查、开展跟踪问效。明确目标方法，立行立改、马上就办、紧盯不放、一抓到底，真正做到问题不解决不松劲、解决不彻底不放手，方能扎实做好调研的"后半篇"文章。

志不求易者成，事不避难者进。复杂问题没有简单解决办法，只能靠勤于实践、攻坚克难。无惧前行路上风高浪急、险滩暗礁，敢于斗争、善于斗争，深入基层、扎根群众，瞄着问题去、迎着问题上、盯着问题抓，不断查找和弥补工作中的差距不足，我们就一定能以调研实效解决群众的烦心事、操心事、揪心事，不断跨越新的"雪山""草地"、攻克新的"娄山关""腊子口"，在各种可以预见和难以预见的狂风暴雨、惊涛骇浪中增强我国的生存力、竞争力、发展力、持续力，牢牢掌握发展主动权。

（2023 年 04 月 11 日）

坚持系统观念　把握好几个关系

——在全党大兴调查研究之风⑥

彭　飞

　　系统观念是具有基础性的思想和工作方法。中办印发的《关于在全党大兴调查研究的工作方案》提出："必须坚持系统观念，深入实际、深入基层、深入群众调查了解情况，把握好全局和局部、当前和长远、宏观和微观、主要矛盾和次要矛盾、特殊和一般的关系，前瞻性思考、全局性谋划、整体性推进党和国家各项事业。"

　　把握好全局和局部的关系。局部和全局互相依存、互相促进。想问题、干工作，如果不从全局、整体去考虑，就容易"只见树木不见森林"、顾此失彼。同时，全局性的东西，不能脱离局部而独立。只有做到以一域服务全局，才能通过局部的重点突破推动全局的整体提升。这就要求我们在调查研究中，必须始终把全局作为观察和处理问题的出发点和落脚点，善于把地区和部门的工作融入党和国家事业大棋局，做到既为一域争光、更为全局添彩。

　　把握好当前和长远的关系。当前和长远是辩证的统一，互为条件、相辅相成。习近平总书记多次讲到"立足当前、着眼长远"，将其作为一个重要的方法论加以强调。眼光放得长远，大势才能看得清，问题才能看得准，方向才能辨得明。开展调查研究，既要立足当下，一步一个脚印解决具体问题，积小胜为大胜，又要放眼长远，克服急功近利、急于求成的思想，多献务实之策、多谋长远之计，多做打基础、利长远的事。

把握好宏观和微观的关系。微观是宏观的基础，宏观是微观的环境。习近平总书记深刻指出："干事业做工作大方向要正确，重点要明确，战略要得当，同时要把控好细节，把政治经济、宏观微观、战略战术有机结合起来，做到谋划时统揽大局、操作中细致精当，防止因为'细节中的魔鬼'损害大局。"在调查研究中，既总体分析面上的情况，又深入解剖麻雀，才能提出切实可行的政策举措和工作方案。

把握好主要矛盾和次要矛盾的关系。面对复杂形势和繁重任务，首先要坚持整体把握，对各种矛盾做到心中有数，同时又要优先解决主要矛盾和矛盾的主要方面，以此带动其他矛盾的解决。这就要求我们在开展调查研究时，坚持"两点论"和"重点论"的统一，善于厘清主要矛盾和次要矛盾、矛盾的主要方面和次要方面，区分轻重缓急，在兼顾一般的同时紧紧抓住主要矛盾和矛盾的主要方面，以重点突破带动整体推进，在整体推进中实现重点突破。

把握好特殊和一般的关系。就人类认识运动的规律来说，总是由认识个别和特殊的事物，逐步地扩大到认识一般的事物。同时，由特殊到一般，又由一般到特殊，是深化认识的两个互相联结的过程。这就要求我们在调研过程中，必须准确把握共性和个性、普遍性和特殊性关系，既要正视问题、发现问题，做到具体问题具体分析，一把钥匙开一把锁，又要善于从个性中找到共性，从苗头中发现倾向性，把零散的认识系统化、把粗浅的认识深刻化。

坚持系统观念，是马克思主义理论的基本方法论，也是我们在实践中总结出的重要经验。坚持系统观念，把握好全局和局部、当前和长远、宏观和微观、主要矛盾和次要矛盾、特殊和一般的关系，我们就能通过调查研究更好把握事物的本质和规律，找到破解难题的办法和路径，为党和国家各项事业发展作出新贡献。

（2023 年 04 月 12 日）

充分激发全体人民的主人翁精神

尹双红

在十四届全国人大一次会议上，关于修改《中华人民共和国立法法》的决定高票通过。修改后的立法法在总则中明确规定了"发挥立法的引领和推动作用，保障和发展社会主义民主"。修改立法法，是贯彻落实习近平法治思想、加强和改进新时代立法工作的重要举措，对于确保立法更好体现人民意志、保障人民权益、激发人民创造力，将产生深远影响。

民主，就是人民当家作主。习近平总书记强调："人民是我们党执政的最大底气，是我们共和国的坚实根基，是我们强党兴国的根本所在。"从坚持和完善人民代表大会制度这一根本政治制度，到健全为人民执政、靠人民执政各项制度，始终代表最广大人民根本利益，保证人民当家作主，体现人民共同意志，维护人民合法权益，是我国国家制度和国家治理体系的本质属性，也是我国国家制度和国家治理体系有效运行、充满活力的根本所在。

"能用众力，则无敌于天下矣"。只有坚持人民当家作主，才能激发人民群众中蕴含着的丰富智慧和无限创造力。2013年以来，习近平总书记在全国两会上先后56次参加团组审议讨论，同代表委员共商国是、汇聚众智，让人民的所思所盼融入国家发展的顶层设计。从"小院议事厅"到"板凳民主"，从线下"圆桌会"到线上"议事群"，中国人民在火热的基层生活中，摸索创造了一个又一个充满烟火气的民主形式，为中国民主发展不断注入新的动力。事实证明，中国式民主行得通、很管用，中国人民的民主自信更加坚定。

在中国这样一个大国，真正把 14 亿多人民的意愿表达好、实现好并不容易，必须有中国共产党坚强有力的统一领导。中国共产党始终坚持以人民为中心、坚持人民主体地位，真正为人民执政、靠人民执政。只有坚持党的领导，人民当家作主才能充分实现，国家和社会生活制度化、法治化才能有序推进。早在 1954 年，"一切权力属于人民"就被写进宪法之中。党的十八大以来，在以习近平同志为核心的党中央坚强领导下，党对发展全过程人民民主的领导进一步加强，人民当家作主制度体系更加健全，全过程人民民主使人民当家作主更好体现在国家政治生活和社会生活之中，激发和凝聚了中国人民奋进新时代的磅礴力量。

涓涓细流汇成浩瀚大海，亿万人民共绘恢弘史诗。全面建设社会主义现代化国家，必须充分发挥亿万人民的创造伟力。前进道路上，无论是风高浪急还是惊涛骇浪，人民永远是我们党最坚实的依托、最强大的底气。在坚持党的领导、人民当家作主、依法治国有机统一中推进社会主义民主政治建设，不断加强人民当家作主的制度保障，更加切实、更有成效地实施人民民主，任何风浪都动摇不了中国人民进行强国建设的钢铁意志，任何困难都阻挡不了中华民族实现复兴的铿锵步伐。

（2023 年 03 月 27 日）

保持时不我待的奋进姿态

向贤彪

深圳莲花山，一棵高山榕迎风而立，华盖亭亭。时光回溯到 2012 年 12 月，正在广东考察的习近平总书记登上莲花山，向邓小平同志铜像敬献花篮，并在不远处亲手种下一株高山榕。回首不舍昼夜的改革开放历程，如同春雷唤醒大地，这一决定当代中国命运的关键一招，激励亿万人民抢抓机遇、追赶时代，以团结奋斗书写"春天的故事"，成就了波澜壮阔的东方传奇。

所虑时光疾，常怀紧迫情。岁月不待人，机遇不等人，为了实现中华民族伟大复兴的中国梦，我们必须同时间赛跑，奋勇争先。今年是全面贯彻党的二十大精神的开局之年，希望与挑战并存。一年之计在于春，开局之年鼓催人。葆有责任感、使命感、紧迫感，弓满弦张加油干，我们才能赢得时间、成就梦想，用春日的辛勤耕耘赢得秋天的硕果累累。

新春以来，"马上就办，真抓实干"蔚然成风。召开企业家恳谈会，对于诉求、建议能办的马上办，现场解决不了的，就列任务清单，确保"事事有着落，件件有回应"；用好网络问政栏目，群众遇到问题可在 APP 上实现"一键反映"；运用大数据优化政务服务便民热线，进一步压缩问题答复办理时限……越来越多的地方以"马上就办"的态度解决各种难题，以"真抓实干"的作风提升工作效能。事实证明，向时间要速度、要质量、要效益，狠抓落实，才能真正做到用心用情用力解决好人民群众的急难愁盼问题。

"兵贵神速"，抓改革、谋发展也是如此。面对瞬息万变的形势，机会窗口期稍纵即逝，不抓紧机遇不行；面对前方的奋斗目标，重担在肩、任务在手，不抓紧工作不行；面对人民群众的殷切期盼，民生关乎民心，不抓紧落实不行。稳中求进是我们工作的总基调，要蹄疾步稳，一步紧跟一步行。只争朝夕、不负时光，努力跑出加速度，才能赢得主动、抢占先机、开创新局。

锚定目标、快步前行，更需精细谋划、注重落实。这就要求我们坚持问题导向，根据"路线图"制定"施工图"，提出解决办法，制定落实方案，设定时限，倒排工期，发扬"钉钉子"精神，一锤接着一锤敲，防止"沙滩流水不到头"，确保目标任务不折不扣落到实处、取得实效。在实际工作中，影响落实效果的因素很多，除"奋始怠终"之外，还有思路不清、方法不当等。不妨多想一想，怎么做才更科学更有效，怎样统筹兼顾抓好重点工作，如何调动人的积极性和创造性。把关键要素想透、弄通，把工作思路理清、理实，往往能节约时间、事半功倍。

时间属于奋进者，历史属于奋进者。保持时不我待的奋进姿态，以"不畏浮云遮望眼"的清醒、"咬定青山不放松"的执着、"斗罢艰险又出发"的精神，撸起袖子加油干，全力以赴拼发展，我们必能用实际行动扎实推进中国式现代化，在新征程上书写让世界刮目相看的新的更大奇迹。

（2023 年 03 月 24 日）

全过程人民民主之路越走越宽广

邹　翔

习近平总书记在十三届全国人大四次会议期间参加内蒙古代表团审议时，当了几十年林业工人的周义哲代表，提出适当提高林区电信普遍服务试点建设成本补助比例等建议。建议被积极采纳、重点督办，如今大兴安岭重点国有林区公网通信覆盖率由 10% 提升至 50%，林业工人基本不用再为"搜寻一格网络信号"满山跑。总书记在全国两会上同代表委员深入交流、共商国是，一条条意见建议不断转化为看得见、摸得着的民生福祉，成为中国式民主的一个生动体现。

好的民主一定是实现良政善治的，一定是推动国家发展的。党的十八大以来，以习近平同志为核心的党中央提出全过程人民民主重大理念，健全人民当家作主制度体系，推动全过程人民民主取得历史性成就，开辟了中国特色社会主义民主政治发展新境界。如今，从代表委员对政府工作报告审议讨论，到"小院议事厅"共商落实垃圾分类、"屋场恳谈会"化解基层矛盾纠纷，全过程人民民主扎根中国大地、融入国家治理，展示出勃勃生机和强大生命力。

全过程人民民主是持续的、完整的民主，不仅有完整的制度程序，而且有完整的参与实践，实现了过程民主和成果民主、程序民主和实质民主、直接民主和间接民主、人民民主和国家意志相统一。去年全国两会网民建言征集活动中，1100多条网民建言被转给《政府工作报告》起草组，推动公共政策进一步完善，就是生动的例证。通过坚持和完善根本政治制度、基本政治制度和各方面重要制度，全过程人民民主形成科学有效的制度安排，确保党和国家在决策、执行、监督落实各个环节都能听到来自人民的声音，促进人民当家作主具体地、现实地体现到党治国理政的政策措施上来，具体地、现实地体现到党和国家机关各个方面各个层级工作上来，具体地、现实地体现到实现人民对美好生活向往的工作上来，实现了最广大人民的广泛持续参与，充分体现人民当家作主的主体地位。

坚持人民立场，是全过程人民民主的核心要义。民主是要用来解决人民需要解决的问题的。发展全过程人民民主就是要体现人民意志、保障人民权益、激发人民创造活力，用制度体系保障人民当家作主。从"十四五"规划建议编制开展"网络问计"到党的二十大报告在起草过程中广开言路、集智聚力，从基层立法联系点直接收集基层意见到城乡社区协商制度拓宽群众参与基层治理渠道，全过程人民民主落实到治国理政各方面，把党的主张、国家意志、人民意愿有机融合在一起，使得党、国家和人民成为目标相同、利益一致、相互交融、同心同向的整体，形成了干实事、干成事的强大合力。全过程人民民主的高质量，促进了国家治理的高效能，推动"中国之治"不断迈上新台阶。事实有力证明，全过程人民民主是全链条、全方位、全覆盖的民主，是最广泛、最真实、最管用的社会主义民主，为丰富和发展人类政治文明贡献了中国智慧、中国方案。

没有民主就没有社会主义，就没有社会主义现代化。党的二十大报告把发展全过程人民民主确定为中国式现代化的本质要求之一，并就"发展全过程人民民主，保障人民当家作主"作出具体部署。准确把握全过程人民民主的丰富内涵、重大意义和实践要求，充分激发全体人民的主人翁精神，我们定能积蓄起建设中国式现代化的强劲动力，凝聚起建设中国式现代化的磅礴力量！

（2023 年 03 月 22 日）

坚定不移走依法治网之路

——推动互联网在法治轨道上健康运行①

李浩燃

　　聚焦社交、短视频、网络直播等类型重点平台，坚决打击"自媒体"发布传播谣言信息、有害信息和虚假消息，坚决取缔假冒仿冒官方机构、新闻媒体和特定人员的"自媒体"，全面整治"自媒体"违规营利行为……近日，中央网信办开展"清朗·从严整治'自媒体'乱象"专项行动，为依法管网治网、营造清朗网络空间写下生动注脚。

　　法治是互联网治理的基本方式。习近平总书记强调："要坚持依法治网、依法办网、依法上网，让互联网在法治轨道上健康运行。"3月16日，国务院新闻办公室发布《新时代的中国网络法治建设》白皮书，以详实数据和大量事实，全面介绍中国网络法治建设情况，分享中国网络法治建设的经验做法，为全球互联网治理提供了中国方案、贡献了中国智慧。

　　当今世界，网络信息技术日新月异，全面融入社会生产生活，深刻改变着全球经济格局、利益格局、安全格局。随着互联网的快速发展，网络空间治理面临的问题日益突出。网络空间不是"法外之地"。网络空间是虚拟的，但运用网络空间的主体是现实的，都应遵守法律，明确各方权利义务。坚持以人民为中心、坚持促进互联网发展、坚持立足国情、坚持创新引领、坚持开放合作，进入新时代，在习近平新时代中国特色社会主义思想指引下，中国把依法治网作为全面依法治国和网络强国建设重要内容，不断深化对依法治网的规律性认识，网络立法、网络执法、网络司法、网络普法、网络法治教育一体推进，国家、政府、企业、社会组织、网民等多主体参与，走出了一条既符合国际通行做法，又有中国特色的依法治网之路。

时光见证实绩。从网民规模全球第一、移动物联网发展实现"物超人"、"互联网＋"依法健康运行，到网络立法的"四梁八柱"基本构建、网络执法不断加强、网络司法裁判规则逐步完善、网络普法深入推进，再到推动发起《二十国集团数字经济发展与合作倡议》《全球数据安全倡议》……新时代的中国网络法治建设，勇于探索、守正创新，取得了一系列显著成就，为网络强国建设、全面依法治国、党在信息化条件下治国理政作出了重要贡献。事实证明，中国的网络法治建设不仅有力提升了中国互联网治理能力，也为全球互联网治理贡献了中国智慧和中国方案。

党的二十大报告提出："健全网络综合治理体系，推动形成良好网络生态。"网络法治既是数字治理的重要方式，也是数字文明建设的重要成果。放眼未来，不断推动网络空间运转的规则化、治理的法治化，是我国走向网络强国的必经之路。正如白皮书所宣示的：在全面建设社会主义现代化国家新征程上，中国将始终坚持全面依法治国、依法治网的理念，推动互联网依法有序健康运行，以法治力量护航数字中国高质量发展，为网络强国建设提供坚实的法治保障。

网络空间是亿万民众共同的精神家园。自 1994 年 4 月中国与互联网开始"全功能连接"起，截至 2022 年 12 月，我国网民规模已达 10.67 亿。新征程上，始终坚持以人民为中心的发展思想，坚定不移走依法治网之路，推动互联网健康发展，用好互联网正能量，就一定能让广大人民群众在网络空间拥有更多获得感、幸福感、安全感。

（2023 年 03 月 17 日）

持续推进网络空间法治化

——推动互联网在法治轨道上健康运行②

彭　飞

随着我国数字经济的蓬勃发展，网络消费成为社会大众的基本消费方式之一，网络消费纠纷案件也随之增长。近日，最高人民法院发布 10 个网络消费典型案例，涉及"负面内容压制"合同效力、消费者个人信息保护、网络食品安全等问题。这样的案例发布，有利于更好维护消费者合法权益，体现了对新业态新模式的司法引领。

法者，治之端也。党的十八大以来，在以习近平同志为核心的党中央坚强领导下，我国依法治网深入推进，中国特色网络法治体系不断完善，走出了一条既符合国际通行做法、又有中国特色的依法治网之路，网络法治建设取得历史性成就。日前发布的《新时代的中国网络法治建设》白皮书，系统总结了 1994 年中国全功能接入国际互联网以来，特别是新时代以来的网络法治建设理念和实践，其中一部分重要内容，就是在推进网络立法、网络执法、网络司法等方面取得的显著成效。

法律是治国之重器，良法是善治之前提。中国把握互联网发展规律，坚持科学立法、民主立法、依法立法，大力推进网络法律制度建设，网络立法的系统性、整体性、协同性、时效性不断增强。截至目前，已制定出台网络领域立法 140 余部，网络立法的"四梁八柱"基本构建。从建立网络权益保障法律制度到健全数字经济法治规则，从划定网络安全法律红线到完善网络生态治理规范，中国网络立法随着互联网发展经历了从无到有、从少到多、由点到面、由面到体的发展过程，为网络强国建设提供了坚实的制度保障。

徒法不足以自行，严格执法是依法治网的关键环节。全面整治违法收集使用个人信息、网络侵权盗版行为，开展平台经济领域反垄断和反不正当竞争执法，开展"清朗"系列专项行动，加快建立健全网络综合治理体系……中国坚持严格规范公正文明网络执法，加大关系人民群众切身利益的重点领域执法力度，全面保护人民群众合法权益、维护社会公共利益，推动形成健康规范的网络空间秩序，营造天朗气清的网络生态。事实证明，推进严格执法，能够有力保障网络空间规范有序。

公正司法是维护社会公平正义的最后一道防线。中国坚持司法公正、司法为民，积极回应网络时代司法需求，完善网络司法规则，革新网络司法模式，依法解决新型网络纠纷，打击网络犯罪，保障网络空间主体权益，使人民群众获得更加公平公正、公开透明、高效便捷、普惠均等的司法服务。特别是在创新网络司法方面，坚持司法改革与信息化建设统筹推进，积极利用信息技术，推动司法网络化、阳光化改革，推出智慧法院、智慧检务等服务，健全在线诉讼规则，推动互联网法院"网上案件网上审理"的新型审理机制不断成熟。面向未来，深入开展网络司法，运用网络信息技术赋能传统司法，必将让公平正义在网络空间得到有力彰显。

今年全国两会期间，代表委员就整治网络暴力、营造良好网络生态提出建议提案，多位代表委员呼吁加快出台网络暴力针对性立法。互联网日新月异发展，网络法治建设始终在路上。坚持把依法治网作为加强数字生态建设、构建规范有序网络环境的基础性手段，坚定不移推进依法管网、依法办网、依法上网，我们就一定能开创新时代网络法治工作新局面，推动互联网在法治轨道上健康运行。

（2023 年 03 月 18 日）

提升全社会网络法治意识和素养

——推动互联网在法治轨道上健康运行③

邹　翔

　　"2022 全国互联网法律法规知识云大赛"吸引超 220 万人报名参赛，竞赛访问量逾 1.64 亿；广泛发动网民进行创作，从网上征集作品再把获奖作品在网上推送展播，法治动漫微视频征集展播活动已连续开展 18 届；目前，全国建立以普法为主要任务的微博、微信公众号、客户端、视频号等已超过 3 万个……一个个数字，折射网络普法、网络法治宣传教育的实绩。

　　全民守法是法治社会的基础工程，网络法治宣传教育需要全社会共同参与。习近平总书记强调，"普法工作要紧跟时代，在针对性和实效性上下功夫"。在《新时代的中国网络法治建设》白皮书中，"提升全社会网络法治意识和素养"是一个重要方面。从拓展"互联网＋普法"新模式到普及网络法律法规，从面向重点对象开展网络普法到强化网络法治研究教育，中国借助互联网，法治宣传教育的内容、形式、手段不断创新，网民法治观念全面提升，网络平台主体责任和行业自律有效落实，尊法学法守法用法日益成为网络空间广泛共识和基本准则，社会主义法治精神在网络空间得到全面彰显。

　　普法工作是做人的工作的，人在哪里，普法工作就要跟进到哪里，普法阵地就要延伸到哪里。中国是全球网民数量最多的国家，如今，网络已经成为普法工作的主战场，也成为普法事业发展的最大增量。比如，登录智慧普法平台，各种普法知识跃然眼前；普法微综艺、儿童普法话剧寓教于乐，帮助青少年网民提升法治意识和网络安全素养。互联网日益成为人民群众学习、工作、生活的新空间，成为获取公共信息和服务的新平台，也逐渐成为普法的新渠道、新手段。

网络空间不是"法外之地"，增强法治意识、提高法治素养，这样的要求既适用于"线下"，也适用于"线上"。从在网络安全法、数据安全法等网络法律法规制定过程中广泛听取、充分吸纳各方意见，到新法正式公布、施行时回应社会关切、同步进行解读，再到围绕群众关心关注的问题发布网络法治典型案事例、集中开展以案释法……网络法律法规全面普及提升了人民群众的网络法治观念，为培育健康向上、文明法治的网络生态环境提供了重要支持。

也应看到，全民普法和守法是全面依法治国的长期基础性工作，难以一蹴而就。着眼未来，应全面实施网信系统"八五"普法规划，将"谁立法谁普法""谁执法谁普法""谁管理谁普法""谁服务谁普法"贯穿于依法治网全过程；将领导干部和青少年网络法治宣传教育作为工作重点，加大互联网行业从业人员法律法规教育培训力度；深化网络法治研究与教育，推进网络法治理论创新，建立健全网络法治宣传教育长效机制，推动网络法治智库建设。凝聚众智、集聚众力，推动全社会共同参与网络法治宣传教育，就能汇聚依法治网的强大力量。

《法治社会建设实施纲要（2020—2025年）》提出："培育良好的网络法治意识。"新征程上，着力提升全社会网络法治意识和素养，让办事依法、遇事找法、解决问题用法、化解矛盾靠法在网络空间蔚然成风，必能以网络法治建设助力增强全民法治观念、培育全社会法治信仰，推动形成全网全社会尊法学法守法用法的良好氛围。

（2023 年 03 月 20 日）

携手构建网络空间命运共同体

——推动互联网在法治轨道上健康运行④

周珊珊

"高质量共建'数字丝绸之路',积极发展'丝路电商'""拓展数字领域国际合作空间""积极参与数据跨境流动等相关国际规则构建"……前不久,中共中央、国务院印发《数字中国建设整体布局规划》,提出构建开放共赢的数字领域国际合作格局。这从一个侧面印证,中国不仅是构建网络空间命运共同体的积极倡导者,更是坚定践行者、有力引领者。

互联网是人类的共同家园。习近平总书记强调:"互联网发展是无国界、无边界的,利用好、发展好、治理好互联网必须深化网络空间国际合作,携手构建网络空间命运共同体。"近日,国务院新闻办公室发布《新时代的中国网络法治建设》白皮书,系统介绍中国在加强网络法治国际交流合作方面的理念和实践,宣示"中国愿同国际社会一道践行共商共建共享的全球治理观,共同推动全球互联网治理法治化进程,让数字文明发展成果更好造福各国人民,携手构建网络空间命运共同体,共同创造人类美好未来"。

互联互通是网络空间的基本属性,共享共治是互联网发展的共同愿景。今天,互联网飞速发展,没有哪个国家能够独自应对网络空间带来的各种风险挑战，也没有哪个国家能够退回到自我封闭的孤岛。发展好、运用好、治理好互联网，让互联网更好造福人类，是国际社会的共同责任。网络空间命运共同体是人类命运共同体的重要组成部分，构建网络空间命运共同体是信息时代的必然选择。构建网络空间命运共同体重要理念，顺应信息时代发展潮流和人类社会发展大势，回应网络空间风险挑战，彰显了中国共产党为人类谋进步、为世界谋大同的情怀。

大道至简，实干为要。从支持发挥联合国在网络国际治理中的主渠道作用、提出《全球数据安全倡议》，到积极参与形成区域性网络治理规则；从开展网络法治双多边对话交流、加强网络安全国际执法司法合作，到搭建网络法治国际对话合作平台、举办世界互联网大会、发布《携手构建网络空间命运共同体行动倡议》……新时代中国积极开展网络法治国际交流合作，坚持在独立自主、完全平等、互相尊重的基础上，与世界各国一道，共同参与全球网络治理体系变革，促进全球共同分享互联网发展的机遇和成果，携手构建网络空间命运共同体。事实证明，中国坚持把网络法治建设作为推动全球互联网治理体系变革和构建网络空间命运共同体的重要保障，致力于不懈探索推动互联网更好造福人类的有效途径，以一系列务实行动，为构建更加公平合理、开放包容、安全稳定、富有生机活力的网络空间作出积极贡献。

一花独放不是春，百花齐放春满园。互联网发展红利惠及全球，依法促进网络空间发展和繁荣，符合世界各国人民利益。全球推动数字经济发展的愿望相同，应对网络安全风险的挑战相同，加强网络空间治理的需求相同。面对数字化带来的机遇和挑战，着力加强网络法治领域的国际交流与合作，携手构建网络空间命运共同体，我们就一定能让互联网的发展成果更好地造福全人类，让这个共同家园更繁荣、更干净、更安全。

（2023 年 03 月 21 日）

在发展中持续增进民生福祉

李浩燃

万里山河，万象更新。春天里，在海内外瞩目中，全国两会胜利闭幕。

小康梦、强国梦、中国梦，归根到底是老百姓的"幸福梦"。习近平总书记深刻指出："增进民生福祉是发展的根本目的""要多谋民生之利、多解民生之忧，在发展中补齐民生短板、促进社会公平正义"。全国两会期间，民生始终是媒体和公众高度关注的领域。前不久，在人民网开展的2023 年全国两会调查中，"教育人才""社会保障""就业优先"等入选十大热词。民生连着民心。民生稳，人心就稳，社会就稳。

数字见证不凡历程，彰显民生温度。过去一年，城镇新增就业 1206万人，新增减税降费超过 1 万亿元，脱贫人口务工规模超过 3200 万人；过去五年，新增劳动力平均受教育年限从 13.5 年提高到 14 年，基本养老保险参保人数增加 1.4 亿、覆盖 10.5 亿人，全国财政支出 70% 以上用于民生。着眼今年发展主要预期目标，《政府工作报告》提出国内生产总值增长5% 左右，居民收入增长与经济增长基本同步……体现了"民之所盼，政之所向"。

治国有常，利民为本。为民造福是立党为公、执政为民的本质要求。新时代以来，在以习近平同志为核心的党中央坚强领导下，我们党书写了不负人民的发展答卷，人民生活全方位改善。从打赢脱贫攻坚战，近 1 亿农村贫困人口脱贫，到高效统筹疫情防控和经济社会发展，取得疫情防控重大决定性胜利；从居民人均可支配收入增长到 36883 元，到建成世界上规模最大的教育体系、社会保障体系、医疗卫生体系……十年砥砺奋进，民生福祉不断增加，百姓幸福感成色更足。在全面建设社会主义现代化国家新征程上，我们党必须始终坚持人民立场，赢得最广大人民衷心拥护，凝聚起同心共筑中国梦的磅礴伟力。

民生无小事，枝叶总关情。保障和改善民生没有终点，只有连续不断的新起点。党的二十大作出增进民生福祉、提高人民生活品质的重大部署。党的二十届二中全会强调"要着力加强保障和改善民生各项工作"。必须清醒认识到，我国是一个发展中大国，仍处于社会主义初级阶段，发展不平衡不充分问题仍然突出。当前，我国改革发展稳定依然面临不少深层次矛盾，需求收缩、供给冲击、预期转弱三重压力仍然较大，经济恢复的基础尚不牢固，各种超预期因素随时可能发生。越是在这样的时候，越要兜牢民生底线、着力改善民生，落实落细就业优先政策，巩固拓展脱贫攻坚成果，提高公共服务可及性和均等化水平，以行动践行"人民对美好生活的向往，就是我们的奋斗目标"。

大道如砥，不负人民。今年是全面贯彻落实党的二十大精神的开局之年，是实施"十四五"规划承前启后的关键一年，是为全面建设社会主义现代化国家奠定基础的重要一年。立足开年，展望全年，始终把人民放在心中最高位置，一切以人民利益为重，想人民之所想，行人民之所嘱，进一步做好惠民生、暖民心、强信心工作，着力解决人民群众急难愁盼问题，我们必能凝聚人心、汇聚众力，实现新征程的良好开局。

（2023 年 03 月 16 日）

形成共促高质量发展合力

李　拯

今年两会上，习近平总书记的一系列重要论断激励亿万人民满怀信心开创美好未来。在参加江苏代表团审议时，习近平总书记语重心长："始终以创新、协调、绿色、开放、共享的内在统一来把握发展、衡量发展、推动发展"。在看望参加政协会议的民建、工商联界委员并参加联组会听取意见和建议时，习近平总书记话语坚定有力："面对国际国内环境发生的深刻复杂变化，必须做到沉着冷静、保持定力，稳中求进、积极作为，团结一致、敢于斗争。"

今年政府工作报告用一组组翔实数据、一个个务实举措，描绘出中国经济砥砺前行、向上向好的发展态势。去年以来，在以习近平同志为核心的党中央坚强领导下，中国经济在克服困难中发展壮大、在应对挑战中超越自我。看总量，国内生产总值再上新台阶，2022 年经济增长 3%，在世界主要经济体中是很高的；看物价，居民消费价格指数在世界通胀高企背景下上涨 2%，形成了"全球胀"与"中国稳"的鲜明反差；看外贸，中国货物进出口总额持续增加，出口国际市场份额连续 14 年居全球首位。可以说，我们在攻坚克难中稳住了经济大盘，在复杂多变的环境中基本完成全年发展主要目标任务，中国经济展现出坚强韧性。

应当看到，中国经济既有规模扩大，更有结构优化；既有总量增长，更有质量提升。产业结构优化升级，高技术制造业、装备制造业增加值年均分别增长10.6%、7.9%，新产业新业态新模式增加值占国内生产总值的比重达到17%以上；创新支撑发展能力不断增强，一些关键核心技术攻关取得新突破，科技进步贡献率提高到60%以上。在"压力测试"中强体魄，在"大战大考"中写新篇，在稳步向前中展现出静水深流的力量，中国经济正向着形态更高级、分工更复杂、结构更合理的阶段演进，为实现高质量发展奠定了坚实基础、蓄积了充足后劲。

涉滩之险见证增长之稳，爬坡之艰映照发展之进，闯关之难更显转型之力。中国经济总能战胜短期波动、穿越骤雨狂风，正因其坚实底座和深层优势。从物质基础看，市场巨大有空间，产业完备有能力，政策支持有力度，创新发展有活力，中国经济韧性强、潜力大、活力足，长期向好的基本面没有变也不会变。从制度保障看，有以习近平同志为核心的党中央坚强领导，充分发挥中国特色社会主义制度的显著优势，中国经济发展就有了行稳致远的压舱石、定盘星。尽管当前发展面临诸多困难挑战，外部环境不确定性加大，但只要做到沉着冷静、保持定力，稳中求进、积极作为，团结一致、敢于斗争，把各方面的优势和活力真正激发出来，就能够保持中国经济持续健康发展。

关于今年发展主要预期目标，政府工作报告提出"国内生产总值增长5%左右"，体现了党中央、国务院促进经济整体好转的坚定决心。今年开年以来，国际社会将更多目光投向东方，期待回稳向上的中国经济给世界经济复苏注入更多动能；当前消费需求、市场流通、工业生产、企业预期等明显向好，经济增长正在企稳向上。牢牢把握高质量发展这个首要任务，始终坚持质量第一、效益优先，加快实现高水平科技自立自强，加快构建新发展格局，加快形成可持续的高质量发展体制机制，把发展成果不断转化为生活品质，形成共促高质量发展合力，我们完全有条件、有能力推动中国经济整体好转、总体回升。

从"在国家需要时想用就有、想干就能"的自立自强，到"全球空气质量改善速度最快，清洁能源利用规模最大"的绿色答卷，全国两会上激扬着畅想未来的好声音、共促发展的正能量。从春天再出发，保持战略清醒、战略自信、战略主动，中国经济必将继续乘风破浪、奋跃而上，夺取新的更大胜利。

（2023 年 03 月 09 日）

汇聚强国建设的巾帼力量

周珊珊

女性的光辉是时代的光辉，巾帼的风采是进步的风采。在"三八"国际劳动妇女节来临之际，习近平总书记代表中共中央，向参加全国"两会"的女代表、女委员、女工作人员，向全国各族各界妇女，向香港特别行政区、澳门特别行政区和台湾地区的女同胞、海外女侨胞，致以节日的祝贺和美好的祝福。

习近平总书记强调："我国广大妇女积极投身新时代中国特色社会主义事业，以巾帼不让须眉的豪情和努力，起到了'半边天'的重要作用。"党的十八大以来，以习近平同志为核心的党中央高度重视妇女事业发展，推动妇女平等依法行使民主权利、平等参与经济社会发展、平等享有改革发展成果，指引妇女事业发展始终沿着正确方向阔步前行。奥运赛场摘金夺银，太空出差筑梦星河，三尺讲台传道授业，无影灯下守护健康，乡土田野播撒希望，言传身教弘扬家风……亿万女性争做伟大事业的建设者、文明风尚的倡导者、敢于追梦的奋斗者，为党和国家事业取得历史性成就、发生历史性变革作出宝贵贡献。

妇女的地位体现了一个国家的文明程度。看今日中国，从医近40年的钱素云，以高超医术和高尚医德为无数危急重症患儿带来生命曙光；作为天安门广场"保洁卫士"的蔡凤辉，用劳动诠释青春，在平凡岗位上灌溉梦想；湖北省监利市精华水稻种植专业合作社发挥女性作用，探索科技种粮，为守护粮食安全孜孜付出……全国两会前夕，"三八"国际妇女节纪念暨表彰大会隆重举行，这些广大妇女的杰出代表，用行动证明了"妇女是物质文明和精神文明的创造者，是推动社会发展和进步的重要力量"，"男女并驾，如日方东"的美丽图景在社会主义中国焕发璀璨光芒。

女性光彩绽放，与新时代妇女事业高质量发展密不可分。目前，我国建立了包括 100 多部法律法规在内的全面保障妇女权益的法律体系；女性平均预期寿命突破 80 岁；义务教育阶段性别差距基本消除，高等教育本专科在校生中，女生比例已超过 50%；截至 2020 年末，全国女性参加生育保险人数为 1.03 亿人，参加基本医疗保险人数为 6.5 亿人；女性就业人员占全社会比重持续保持在四成以上，女性在科技工作者中的占比约45.8%……一组组数据，折射出党中央对妇女事业的高度重视，映照出我国女性的权益保障更加坚实、享受的权利更加广泛充分、妇女"半边天"作用日益彰显，广大妇女群众的获得感、幸福感、安全感与日俱增，自信追求人生出彩的底气越来越足。

党的二十大报告提出，"坚持男女平等基本国策，保障妇女儿童合法权益""消除影响平等就业的不合理限制和就业歧视""建立生育支持政策体系"。这些重要部署，为推动妇女事业实现更大发展指明了方向。我国妇女事业正迈入妇女受益受惠更多、发展环境更为优化、发展水平跨越提升的黄金发展期，从求解家庭与工作的"平衡法"到打破职场晋升的"天花板"，全社会继续关心、关爱和支持妇女发展，共同推动妇女事业持续健康发展，中国妇女事业发展空间无比广阔，发展前景无比光明。

巾帼心向党，奋进新征程。今天，广大妇女牢记嘱托、踔厉奋发，躬行在全面建设社会主义现代化国家新征程上。激发"她能量"，闪耀"她风采"，广大妇女必将在中国式现代化建设康庄大道上书写更瑰丽的篇章。

（2023 年 03 月 08 日）

锚定目标不放松　万众一心加油干

李　斌

"团结就是力量，团结才能胜利。"习近平总书记在党的二十大报告中深刻指出，"团结奋斗是中国人民创造历史伟业的必由之路"。和着春天的旋律，2023 年全国两会即将拉开帷幕，代表委员们心怀"国之大者"、齐聚首都共商国是，为全面贯彻落实党的二十大精神的开局之年集发展之智、汇奋楫之力。14 亿多人民正以奋斗的画笔共绘中国式现代化的宏伟蓝图，在新征程上创造新的历史伟业。

在十二届全国人大一次会议上，习近平总书记坚定表示："实现中国梦必须凝聚中国力量。这就是中国各族人民大团结的力量。"新时代十年伟大变革，小康社会全面建成，大国粮仓殷实富足，"国之重器"捷报频传，核心技术加快攻关，生态文明引领潮流，抗疫斗争可歌可泣，有力印证了："只要我们紧密团结，万众一心，为实现共同梦想而奋斗，实现梦想的力量就无比强大，我们每个人为实现自己梦想的努力就拥有广阔的空间。"新征程上，全面建设社会主义现代化国家，必须广泛汇聚团结奋斗的强大能量，充分发挥亿万人民的创造伟力。必须健全人民当家作主制度体系，支持和保证人民通过人民代表大会行使国家权力，激发人民创造活力。必须坚持发展社会主义协商民主，充分发挥人民政协作为专门协商机构作用。

力量源于团结、事业成于奋斗。从"两弹一星"扬眉吐气到"太空之家"守望星河，团结奋斗为自立自强筑牢保障。从"一个都不能少"的价值追求到实现共同富裕的发展愿景，团结奋斗为干事创业汇聚力量。习近平总书记深刻指出："围绕明确奋斗目标形成的团结才是最牢固的团结，依靠紧密团结进行的奋斗才是最有力的奋斗。"以中国式现代化全面推进中华民族伟大复兴，是一项伟大而艰巨的事业。我们必须锚定目标不放松，万众一心加油干，砥砺更加紧密的团结、更加顽强的奋斗，把中国式现代化的历史伟业不断推向前进。

党的领导直接关系中国式现代化的根本方向、前途命运、最终成败。前进道路上，只有牢牢把握坚持和加强党的全面领导的重大原则，落实以人民为中心的发展思想，才能确保我国社会主义现代化建设的正确方向，确保拥有团结奋斗的强大政治凝聚力、发展自信心。

"团结就是力量，这力量是铁，这力量是钢……"嘹亮歌声穿越革命烽火，融入建设浪潮，回荡在改革开放春天里，响彻在新时代希望田野上，熔铸成中华民族的宝贵精神品质。团结越紧力量越大。在中国共产党坚强领导下，14亿多中国人民拧成一股绳，中国特色社会主义巍巍巨轮必将乘风破浪、行稳致远。

（2023 年 03 月 03 日）

以良好开局激发信心力量

程 晨

春回大地，神州渐暖。在广东深圳稳就业促发展招聘会上，60多家企业带来2200个岗位，1—3月，深圳全市春季招聘活动将举办208场次，预计参与企业超过5000家。不止深圳，招聘平台大数据显示，春节后复工第二周，就业市场上招聘职位持续释放，环比第一周增长20.5%。就业，一头是百姓生计，一头是经济大局。就业市场回暖，企业和劳动者持续为中国经济添薪加力，折射出中国经济发展的旺盛活力。

开局起好步，跑出加速度。不仅就业市场，癸卯新春，各个领域都展现出新的气象。在全球最大水光互补电站雅砻江柯拉光伏电站、重大水利工程珠三角水资源配置工程建设现场，工人们施工正酣；在浙江、广东等地，外资企业持续增资扩产、拓展布局；居民消费信心加速恢复，截至2月8日，今年快递业务量已超100亿件，比2019年达到100亿件提前了40天。重大工程建设持续推进，外商投资意愿持续高涨，消费市场活力复苏……早春时节，已是东方风来满眼春。今年开局迎来"开门红"，经济发展态势好、企稳回升底气足、面向未来信心强。

开局关乎全局，起步决定后程。回望过去三年，面对百年变局与世纪疫情叠加的形势，中国经济展现出强大韧性和巨大潜力，经济总量先后突破100万亿元、110万亿元、120万亿元大关。雄厚的物质基础、丰富的人力资源、完整的产业体系、强大的科技实力、全球最大最有潜力的市场……随着生产生活秩序加快恢复，中国经济增长的内生动力将不断积聚增强，深层优势将进一步彰显。由开年看向全年，强劲的动力、旺盛的活力在持续迸发，人们对中国经济的信心更加坚定。

人勤春来早，希望从奋斗中生发。今年新春，各行各业展现出更为主动的精神力量，信心和干劲更加充足。抢订单、抓生产，铆足劲、开好局，从企业到个人，大家撸起袖子、开足马力，一同为发展蓄力。一名经营大排档的退伍老兵新招了 30 名员工，现在店里已经有 70 人，还计划继续壮大团队。他坚信付出就会有回报："从过年到现在，最好的时候我们一天卖了 1 万只生蚝。"一家服装公司的总经理劲头十足："年前从亚洲纺织成衣展上签了一笔大单，最近一直在加班加点赶制。现在又忙着准备参展样品，越忙心里越有底！"坚定信心，铆足干劲，分秒必争，昂扬奋发，努力拼搏是奔向梦想的最美姿态，涌动着中国经济发展的勃勃生机。

习近平总书记在主持中央政治局第二次集体学习时强调："为各类经营主体投资创业营造良好环境，激发各类经营主体活力。"一年之计在于春。今年开局，政策保障不断完善，营商环境不断优化，为经济运行提供坚实支撑。各地纷纷召开"新春第一会"、明确"一号工程"、立下"军令状"，力求在 2023 年的经济发展中勇夺先机；各部门优化服务、改进流程，通过技术赋能压减办事流程，降低市场交易成本。宏观政策靠前发力、持续加力，微观措施加快落地、精准有力，只要踔厉奋发、努力奋斗，用足用好政策红利，就能将开年良好发展态势延伸到全年。

春光不待人，奋斗正当时。新征程是充满光荣和梦想的远征，没有捷径，唯有实干。脚踏实地、埋头苦干，以良好开局激发信心力量，把潜在机遇化为发展势能，就一定能推动中国经济运行总体回升，为全面建设社会主义现代化国家开好局起好步。

（2023 年 02 月 28 日）

让雷锋精神在新时代绽放更加璀璨的光芒

盛玉雷

"如果你是一滴水，你是否滋润了一寸土地？如果你是一线阳光，你是否照亮了一分黑暗？如果你是一颗粮食，你是否哺育了有用的生命？如果你是一颗最小的螺丝钉，你是否永远坚守在你生活的岗位上……"《雷锋日记》中的这段话，陪伴无数人实现人生价值。英模的故事历久弥新，精神的力量超越时空，即便过去了大半个世纪，我们依然能从雷锋事迹、雷锋精神中获得人生的启迪，汲取奋进的力量。

今年是毛泽东等老一辈革命家为雷锋同志题词60周年。习近平总书记近日作出重要指示强调："新征程上，要深刻把握雷锋精神的时代内涵，更好发挥党员、干部模范带头作用，加强志愿服务保障和支持，不断发展壮大学雷锋志愿服务队伍，让学雷锋在人民群众特别是青少年中蔚然成风，让学雷锋活动融入日常、化作经常，让雷锋精神在新时代绽放更加璀璨的光芒，为全面建设社会主义现代化国家、全面推进中华民族伟大复兴凝聚强大力量。"雷锋精神体现了中华民族的传统美德，顺应了社会进步的时代潮流，彰显了我们党的先进本色，滋养着一代代中华儿女的心灵。让雷锋精神在新时代绽放更加璀璨的光芒，必能为构筑中国精神、提升文化自信、强健民族气魄提供丰厚滋养。

榜样的力量是无穷的。一名22岁的解放军战士何以成就传奇？一个再普通不过的名字为何久久传颂？答案就在于雷锋以短暂的生命书写了壮丽的人生，树起了一座不朽的思想道德丰碑。在部队的熔炉中百炼成钢，在日常的岗位上默默坚守，在生活的点滴中无私奉献，雷锋用实际行动诠释了"一心向着党，向着社会主义，向着共产主义"的理想信念，彰显了"不乱花一分钱，不乱买一寸布，不掉一粒粮"的道德素养，展现出"做一个对人民有用的人""做一颗永不生锈的螺丝钉"的意志品质。雷锋，已从一个名字升华成一种标识、一种精神、一种信仰，成为全国人民学习的光辉榜样。

历史川流不息，精神代代相传。"马班邮路坚守者"王顺友用"一个人、一匹马，孤独坚守 30 多年"的为民服务，唱响"党的领导指引我，要学雷锋一个样，为人民服务要到底"的歌谣；"最美奋斗者"杨善洲退休后在当时山秃水枯的大亮山播撒一片绿洲，兑现了"只要生命不结束，服务人民不停止"的诺言；"当代雷锋"郭明义与"郭明义爱心团队"积极践行社会主义核心价值观，"为实现中国梦有一分热发一分光"……在雷锋精神的赓续传承中，一代又一代人始终坚持忠诚于党、奉献祖国、服务人民。党的十八大以来，从把心血和汗水洒遍千山万水、千家万户的扶贫干部，到投身新冠疫情防控的无数志愿者，一批又一批雷锋式先进集体和模范人物不断涌现，为新时代伟大变革注入不竭精神动力。

雷锋精神，人人可学；奉献爱心，处处可为。无论是谁，再普通的善行，坚持不懈就能谱写不普通的壮举；不管在哪，再平凡的岗位，恪尽职守也能成为不平凡的楷模。当无数涓涓细流积少成多、积小成大，汇聚成的必是澎湃不息的大江大河。今天，阔步在以中国式现代化全面推进中华民族伟大复兴的康庄大道上，尤需强化思想道德建设，让中华民族精神的大厦巍然耸立。我们必须深刻把握雷锋精神的时代内涵和实践要求，既要学习雷锋的精神，也要学习雷锋的做法，把崇高理想信念和道德品质追求转化为具体行动，把个人追求融入为党和人民事业奋斗中，为中国式现代化建设添砖加瓦。

无论时代如何变迁，雷锋精神永不过时。回望过去，雷锋精神已融入中华民族生生不息的精神长河。今天，实现中华民族伟大复兴，呼唤更多雷锋式的时代楷模。展望未来，雷锋精神一定能为我们创造新的伟业提供精神启迪、凝聚强大力量。

（2023 年 02 月 27 日）

铆足实干劲头　使命扛在肩上

马祖云

踔厉奋发启新程，乘势而上开新局。各地密集组织招商引资活动，提速项目建设；广袤田野，一派春耕备耕的繁忙景象；从工厂车间、施工现场到科研一线，人勤春来早，光景处处新……各行各业瞄准开门红、全年旺，亮出真招实举、铆足实干劲头，激扬起抢抓机遇、锐意进取的新气象。

"我们靠实干创造了辉煌的过去，还要靠实干开创更加美好的未来。"习近平总书记在 2023 年春节团拜会上的重要讲话，鼓舞人心、催人奋进。新征程是充满光荣和梦想的远征，没有捷径可走，惟有依靠实干。牢记"空谈误国，实干兴邦"，坚持干字当头，把使命扛在肩上，才能把美好蓝图变成现实。

实干是追梦逐梦，需怀抱雄心壮志。船的力量在帆上，人的力量在心上。心怀追梦之志，实干就有不竭动力。小康梦，激励我们实干苦干、攻坚拔寨，提前 10 年实现联合国 2030 年可持续发展议程减贫目标；航天梦，激励我们只争朝夕、探月逐日，筑就了中国人的"太空之家"；强国梦，激励我们勇立潮头、敢为人先，在量子通信、人工智能、探月工程、载人深潜、超级计算机等科技领域取得新突破……以实干奋斗的姿态奔向星辰大海，我们的前途必将无限光明。

实干是攻坚克难，当奋力闯关夺隘。人生天地间，长路有险夷。干事创业，有风有雨是常态，风雨兼程是状态。无论个人还是团队，想干事、干成事，总会遇到困难和风险。面对艰难险阻，敢于迎难而上，才能开辟通途；面对风高浪急，勇于开顶风船，才能绝处逢生。绝壁上开渠难不难？黄大发为了破解山村饮水之难，带领乡亲们在悬崖峭壁上开凿出"生命渠"；凌空架桥险不险？建设者们敢于踏平天险，让云南华坪与丽江间"天堑变通途"。越是壮丽的事业，越需要付出艰辛努力。一个个大国重器的亮相、一项项大国工程的建成，无不是奋斗者拼出来、干出来的。

实干是笃行不怠，须始终坚忍不拔。我们的事业需要接力奋斗，时代的华章需要代代续写。实干，就要一锤接着一锤敲、一棒接着一棒跑。在"一山放出一山拦"的前行中，当以"功成不必在我"的境界默默奉献，以"功成必定有我"的担当久久为功，以"一张蓝图绘到底"的韧劲不懈奋斗。回溯既往，河南林县人民凭着"一锤一钎一双手"，叩石垦壤、挖山不止，以 10 年之功在巍巍太行的崇山峻岭中开辟出一条"人工天河"；塞罕坝人在"飞鸟无栖树"的荒漠上建起世界上面积最大的人工林，背后是几代拓荒者的披荆斩棘；北斗全球组网，离不开科研团队数十载的接力攻关。这样的奋斗故事诠释着朴素哲理：苦干实干、一往无前，就能跨越万水千山，迎来万紫千红。

"为者常成，行者常至，历史不会辜负实干者。"坚定信心、脚踏实地、埋头苦干，不驰于空想，不骛于虚声，向着新目标，奋楫再出发，我们一定能够实现新征程的良好开局，以实绩建功新时代。

（2023 年 02 月 23 日）

把难度变成事业高度

朱俊杰

神舟十三号、神舟十四号、神舟十五号航天员接力"太空出差",问天实验舱、梦天实验舱先后发射,神舟十五号乘组与神舟十四号乘组完成"太空会师",中国空间站完成三个舱段"T"字基本构型的在轨建造,国家太空实验室已经成型……中国人的"太空之家"一步步化为现实。自1992年载人航天工程立项以来,一代又一代中国航天人战胜重重困难,实现了从搭载一人到多人升空、从舱内作业到太空行走、从短期遨游到长期驻留的历史性跨越。中国航天不断战胜困难挑战,把难度转变为事业高度。

习近平总书记强调:"保持定力,增强信心,集中精力办好自己的事情,是我们应对各种风险挑战的关键。"对于我们这样一个有 14 亿多人口的大国而言,在整体迈入现代化社会进程中,艰巨性和复杂性前所未有,更需要把发展的主动权牢牢掌握在自己手中。只要保持"千磨万击还坚劲"的定力,具有"不畏浮云遮望眼"的清醒,集中精力办好自己的事,就能不为杂音噪音所惑,不为风险挑战所阻,在各种可以预见和难以预见的狂风暴雨、惊涛骇浪中增强生存力、竞争力、发展力、持续力,最终抵达梦想的彼岸。

回顾历史,中华民族总是集中精力办好自己的事,化难度为高度,变阻力为动力,在战胜挑战中发展壮大,在风雨洗礼中攀爬向上,取得一项项令人赞叹的人间奇迹。进入新时代，面对全球粮食危机，我们牢牢把住粮食安全主动权，稳面积、战旱涝、防病虫，稳产增产举措落地见效，中国人的饭碗端得更牢；面对新冠疫情冲击，我们坚决筑牢疫情防控屏障，不仅护佑亿万人民生命安全，而且推动中国经济稳中有进，不断站上新台阶；面对一些国家实行"脱钩断链"、构筑"小院高墙"，我们加快关键核心技术攻关，推动解决"卡脖子"问题，努力实现高水平科技自立自强……善开顶风船，勇走上坡路，无论风云如何变幻，只要沉住气、稳住神，集中精力办好自己的事，就能"任凭风浪起，稳坐钓鱼台"。

保持定力，我们有信心有底气，更有能力有条件。当300多万名第一书记和驻村干部奔赴脱贫攻坚一线，当460多万个基层党组织、400多万名社区工作者在疫情防控最吃劲的时候日夜坚守，党的领导和中国特色社会主义制度优势更加深入人心；当我国新能源汽车持续爆发式增长、连续8年产销量保持全球第一，"我国经济韧性强、潜力大、活力足"的判断更有底气；当港珠澳大桥工程师宣示"拿下港珠澳大桥，世界上就没有我们中国人不能造的桥"，自信自强的精神力量激荡在每个人心里。有了这些优势和条件，我们就能风雨无阻向前进、越是艰险越向前。

花繁柳密处拨得开，风狂雨急时立得定。越是面对风高浪急的国际环境和艰巨繁重的国内改革发展稳定任务，越要保持清醒头脑和战略定力。习近平总书记指出："只要我们保持坚定理想信念和坚强革命意志，就能把一个个坎都迈过去，什么陷阱啊，什么围追堵截啊，什么封锁线啊，把它们通通抛在身后！"认准自己的方向、走好脚下的路，正视困难、坚定信心、迎难而上，我们就一定能翻山越岭，通过顽强斗争打开事业发展新天地。

（2023 年 02 月 22 日）

坚持党性党风党纪一起抓

何　娟

发出廉洁过节倡议，风清气正过大年；运用新媒体、短信、广告等载体开展警示提醒，严明纪律规矩；通过专项检查、大数据监督等方式，严防严查违规收送礼品礼金等问题……今年元旦、春节期间，广大党员干部自觉贯彻落实中央八项规定精神，各级纪检监察机关对顶风违纪行为从严查处，正风肃纪新成效让人民群众切身感受到新变化新气象。

党要管党、从严治党，靠什么管，拿什么治？强党性，正党风，严党纪，三者皆不可或缺。习近平总书记深刻指出："党性、党风、党纪是有机整体，党性是根本，党风是表现，党纪是保障。"党的二十大报告提出："坚持以严的基调强化正风肃纪""坚持党性党风党纪一起抓"。这是系统思维在管党治党领域的体现，对深入推进新时代党的建设新的伟大工程具有重要指导意义。

党性是党员干部立身、立业、立言、立德的基石。作风问题本质上是党性问题。共产党人如果没有理想信念，精神上就会"缺钙"，就会得"软骨病"，必然导致政治上变质、经济上贪婪、道德上堕落、生活上腐化。正党风，严党纪，落脚点都在于强党性。党的十八大以来，我们党坚持思想建党和制度治党同向发力，先后开展一系列党内集中学习教育，帮助党员干部筑牢信仰之基、补足精神之钙、把稳思想之舵。实践表明，把加强党性修养作为终身必修课，修好共产党人的"心学"，才能解决好世界观、人生观、价值观这个"总开关"问题，筑牢"不想腐"的思想堤坝。

过硬作风是党性坚强、党纪严明的生动体现。作风建设的核心问题，是保持党同人民群众的血肉联系。党中央从巩固党的执政地位、践行党的初心使命的政治高度出发，以上率下推进全党作风建设不松劲、不停步、再出发，刹住了一些长期没有刹住的歪风，纠治了一些多年未除的顽瘴痼疾。作风建设没有休止符。涵养求真务实、清正廉洁的新风正气，锤炼共产党人信仰信念的钢筋铁骨，必须坚持以严的基调强化正风肃纪，紧盯作风领域出现的新变化新问题，把握作风建设地区性、行业性、阶段性特点，持续深化纠治"四风"，推进作风建设常态化长效化。

纪律是我们党的生命线。没有严明的纪律，作风建设、党性教育就难以持久地进行下去。在十八届中央政治局会议审议八项规定时，习近平总书记就强调："规定就是规定，不加'试行'两字，就是要表明一个坚决的态度，表明这个规定是刚性的"。从以八项规定为突破口吹响作风建设"集结号"，到坚持有令必行、有禁必止，坚决查处各种违反纪律的行为，再到全方位、立体式推进党内法规制度建设，新时代十年是党的历史上制度成果最丰硕、制度笼子最严密、制度执行最严格的时期，各项纪律规矩真正成为"带电的高压线"。全面加强党的纪律建设，为锤炼党性、净化党风奠定制度基础，才能确保干部清正、政府清廉、政治清明、社会清朗。

全面从严治党越是往纵深推进，越需要坚持党性党风党纪一起抓，深刻把握不正之风和腐败问题互为表里、同根同源的规律性认识，把正风肃纪作为一项系统工程来抓，运用"全周期管理"方式，在提高觉悟、涵养风气、惩治震慑上一体发力。通过锤炼坚强党性固本培元，通过弘扬优良党风激浊扬清，通过严明党规党纪防腐拒变，一定能不断擦亮作风建设金色名片，为以中国式现代化全面推进中华民族伟大复兴凝聚磅礴力量。

（2023 年 02 月 21 日）

主动识变应变求变

邹　翔

近期，各地因时因势扎实谋开局、奋战开门红，呈现"开年就开跑"的新气象，发展脉动愈发强劲。

明者因时而变，知者随事而制。谋发展、抓改革、促创新，必须主动适应时与势的变化。习近平总书记在党的二十大报告中指出："全党必须坚定信心、锐意进取，主动识变应变求变"。这要求我们抢抓机遇、应对挑战、勇毅前行，以"拼"的精神、"闯"的劲头、"实"的作风奋进新征程、建功新时代。

今天的中国，到处都有生动活泼的创新创造，呈现日新月异的发展进步。经济总量突破120万亿元，粮食生产实现"十九连丰"，中国空间站全面建成，我们的"太空之家"遨游苍穹，首架C919大飞机正式交付，白鹤滩水电站全面投产……新时代，中华大地上谱写着无边光景一时新的盛世诗篇，涌动着澎湃的变革动能。事非经过不知难，成如容易却艰辛。正是因为主动识变应变求变，坚持与时俱进，我们增强了应变能力，牢牢掌握发展主动权。眺望前方的奋进路，我们的事业越前进、越发展，新情况新问题就会越多。形势在变、任务在变、工作要求也在变，必须准确识变、科学应变、主动求变，增强忧患意识，坚持底线思维，不断提高应对风险挑战的能力水平。

增长识变之智。1930 年冬天，当有人质疑红旗到底能打多久时，毛泽东同志以非凡的远见，在《星星之火，可以燎原》中这样描绘未来胜利的前景："它是站在海岸遥望海中已经看得见桅杆尖头了的一只航船，它是立于高山之巅远看东方已见光芒四射喷薄欲出的一轮朝日，它是躁动于母腹中的快要成熟了的一个婴儿。"我们党是一个善观大势、善谋大事的马克思主义政党。矢志提高运用马克思主义分析和解决实际问题的能力，善于从纷繁复杂的矛盾中把握规律，做到因势而谋、应势而动、顺势而为，就能赢得优势、赢得主动、赢得未来。

掌握应变之方。迎接挑战，最根本的是改革创新。面对世界百年未有之大变局加速演进，新一轮科技革命和产业变革深入发展，我们比以往任何时候都更加需要开拓创新，更加需要向改革要动力、向创新要活力。身处变局，不能慌了神，必须保持战略定力，在防范化解重大矛盾和突出问题上出实招硬招，推动改革更好服务经济社会发展大局。切实增强各方面本领，做好自己的事，在危机中育先机、于变局中开新局，才能谋定而后动、厚积而薄发。

涵养求变之勇。历史发展有其规律，但人在其中不是完全消极被动的，不仅能够因时而变、顺势而为，而且能够主动求变、创造机遇。事实上，无论是保障和改善民生，还是加快构建新发展格局、增强发展的安全性主动权，都需要主动求变、抢占先机。面对艰难险阻、风高浪急，惟有保持求变的清醒、鼓足求变的勇气、坚定求变的信心，充分发挥积极性、主动性、创造性，才能下好化危为机先手棋，打好转型升级主动仗。

今年是全面贯彻落实党的二十大精神的开局之年，希望与挑战并存。新征程上，顺应时代潮流，坚持变中求新、变中求进、变中突破，永不僵化、永不停滞，奋跃而上、真抓实干，我们一定能创造新的不凡业绩。

（2023 年 02 月 20 日）

严于律己　严负其责　严管所辖

吕晓勋

　　治国必先治党，党兴才能国强。党的十八大以来，以习近平同志为核心的党中央以永远在路上的清醒和坚定，坚持严的主基调，突出抓住"关键少数"，落实主体责任和监督责任，强化监督执纪问责，推动党风廉政建设和反腐败斗争不断取得重大成效、全面从严治党的政治引领和政治保障作用充分发挥。习近平总书记在党的二十大报告中强调："全面加强党的纪律建设，督促领导干部特别是高级干部严于律己、严负其责、严管所辖"。各级领导干部特别是高级干部认真落实好严于律己、严负其责、严管所辖要求，必定能产生以上率下的强大示范带动效应，以党纪党规的制度刚性守护党的先进性和纯洁性。

　　严于律己，严出好作风。党纪国法划清了言行举止、为政用权的底线，领导干部必须坚持原则、严于律己，从小事小节上加强约束、规范自己。坚持原则、严于律己，老一辈无产阶级革命家为我们树立了光辉榜样。长期以来的实践也充分证明，对党员领导干部而言，职位越高、权力越大，就越要有敬畏之心、越要严于律己，自觉检查和及时纠正在行使权力、廉政勤政方面存在的问题，在严于律己、廉洁自律上作出表率。清清白白为官、干干净净做事、老老实实做人，是中国共产党人必须始终保持的政治本色。

严负其责，严出战斗力。权力就是责任，有多大担当才能干多大事业，尽多大责任才会有多大成就。习近平总书记强调："不明确责任，不落实责任，不追究责任，从严治党是做不到的。"党的十八大以来，各级党组织牢固树立不管党治党就是严重失职的观念，在工作的方方面面体现党的领导。与此同时，不少党组织和个人因履行全面从严治党责任不力被严厉问责。从党的十九大到党的二十大5年间，全国共问责党组织3.9万个，问责党员领导干部、监察对象29.9万人。全面从严治党永远在路上，履行主体责任和监督责任没有休止符。领导干部必须时时以责任意识校准权力观念，做到守土有责、守土有方。

严管所辖，严出新形象。一个好干部，首先是一个能抓善管的好管理者。严管就是厚爱，是对干部真正负责，对工作真正上心。领导干部要管好自身，还要管好家人亲戚、管好身边人身边事、管好主管分管领域风气，在营造风清气正的政治生态、形成清清爽爽的同志关系和规规矩矩的上下级关系、坚持亲清政商关系、营造向上向善的社会环境等方面带好头、尽好责。领导干部在日常管理监督中严肃纲纪、敢于较真，才能让更多党员干部体会到严管中蕴含的大爱、督促里饱含的温暖，自觉做到心有所畏、言有所戒、行有所止。

严是要求，严是常态，严是根本。习近平总书记在二十届中央纪委二次全会上强调："要站在事关党长期执政、国家长治久安、人民幸福安康的高度，把全面从严治党作为党的长期战略、永恒课题，始终坚持问题导向，保持战略定力，发扬彻底的自我革命精神，永远吹冲锋号，把严的基调、严的措施、严的氛围长期坚持下去，把党的伟大自我革命进行到底。"对领导干部而言，要严于律己、严负其责、严管所辖，就要坚持做到真管真严、敢管敢严、长管长严。"关键少数"以上率下，管党治党驰而不息，把党的伟大自我革命进行到底，必能为全面建设社会主义现代化国家开好局起好步提供坚强保障。

（2023年02月17日）

持续推进质量强国建设

李　拯

前几年，很多人到国外旅游时纷纷抢购电饭煲。经过质量提升行动，同类商品国产品牌的质量已经得到很大提升。中国的家电企业也纷纷推出电饭煲的高端品牌，产品已经销售到海外。小小电饭煲的变化，是中国制造提质升级的一个缩影，折射出建设质量强国的铿锵步伐。

质量发展是兴国之道、强国之策。人类社会发展历程中，每一次质量领域变革创新都促进了生产技术进步、提高了人民生活品质。进入新时代，"高质量发展"成为经济社会发展的主题，"质量提升行动"深入各领域各行业，"品质革命"成为鲜明时代标识。近日，中共中央、国务院印发《质量强国建设纲要》，为统筹推进质量强国建设擘画蓝图，为全面提高我国质量总体水平提供了指南。

质量源于细节，效益在于坚持。白鹤滩水电站是世界上技术难度最高的水电工程，创造了单机容量世界第一、地下洞室群规模世界第一、300米级高拱坝抗震参数世界第一、无压泄洪洞群规模世界第一等6个世界第一，6分钟的出水量就可以灌满整个西湖；C919大飞机"大块头有大智慧"，从机体结构件到机载系统设备，从机头试验到机尾复合材料应用，从国产化率达到60%到取得102项关键技术突破，无不体现着中国科技实力的进步；中国人自己的"太空之家"遨游苍穹，巧妙构思的梦天实验舱内的货物气闸舱，将空间站三大舱段精准送入轨道的一级半构型大推力火箭"长征五号B"，实现了100%国产化的空间站系统核心元器件……新时代这十年，质量提升体现在中国制造、中国建造、中国创造的每一个细节里，我国质量事业实现跨越式发展，质量强国建设取得历史性成效。

从经济发展规律来看，赢得质量才能赢得未来，提升效益才能持续发展。这些年来，中国汽车行业的嬗变为此提供了观察窗口。曾经，中国汽车行业的主要品牌很多都来自大型跨国公司。近年来，中国在新能源汽车领域提早布局、超前谋划，在锂离子动力电池领域积累了大量的专利技术，同时涌现出了一批享誉海内外市场的造车新势力，极大提升了中国汽车的品牌价值。今天，中国汽车出口量跃居世界第二，新能源汽车的销量增长是整体出口水平增长的主要因素，中国新能源汽车走出了一条弯道超车之路。可以说，不断提升经济发展质量效益、产业质量竞争力、品牌号召力，才能获得更高附加值、促进我国经济由大向强，从而在激烈的国际竞争中立于不败之地。

当今世界正经历百年未有之大变局，新一轮科技革命和产业变革深入发展，引发质量理念、机制、实践的深刻变革。质量作为繁荣国际贸易、促进产业发展、增进民生福祉的关键要素，越来越成为经济、贸易、科技、文化等领域的焦点。面对新形势新要求，把推动发展的立足点转到提高质量和效益上来，推动中国制造向中国创造转变、中国速度向中国质量转变、中国产品向中国品牌转变，才能推动质量变革、效率变革、动力变革，最终实现高质量发展。

质量体现着人类的劳动创造和智慧结晶，体现着人们对美好生活的向往。千百年前，精美的丝绸、精制的瓷器等中国优质产品就走向世界，促进了文明交流互鉴。今天，我们将坚定不移持续推进质量强国建设，不断提高产品和服务质量，为我国经济发展注入不竭动力，为世界提供更加优良的中国产品、中国服务。

（2023年02月12日）

自身硬首先要自身廉

魏本貌

在电视专题片《永远吹冲锋号》中，有这样一个有令不行、有禁不止的典型案例：童道驰在担任海南省三亚市委书记期间，对中央关于三亚市凤凰岛二期填海项目的整改要求，一再拖而不改甚至明拖暗顶。他为何如此敷衍应付？后经纪律审查和监察调查发现，童道驰累计收受涉事企业相关股东2000多万元。自身不干净，腰杆就硬不起来。在廉洁底线上守不住，必然一步步滑向违法乱纪的深渊。

打铁必须自身硬。习近平总书记在党的二十届一中全会上强调："对领导干部来讲，自身硬首先要自身廉。廉，重在自觉，贵在持久，难在彻底。"语重心长的话语，提醒领导干部知敬畏、存戒惧、守底线。公道正派才能树清风正气，廉洁自律才能塑良好形象，清正廉洁是共产党人必须保持的政治本色。正所谓："其身正，不令而行；其身不正，虽令不从。"惟有首先做到自身廉，才能始终做到自身硬。领导干部必须发扬彻底的自我革命精神，以自身清正廉洁练就能挑重担的"铁肩膀"，挺起对一切不正之风敢于亮剑的"硬脊梁"。

廉洁自律重在自觉。只有理想信念坚定，形成遵规守纪的高度自觉，才能在风浪考验面前无所畏惧，在各种诱惑面前立场坚定。共产党人为的是大公、守的是大义、求的是大我，始终把人民放在心中最高位置。拒腐防变，最重要的就是怀德自重、守住内心。把世界观、人生观、价值观的总开关拧紧了，把思想觉悟、精神境界提高了，才能成为一个一心为公、一身正气、一尘不染的人。

廉洁自律贵在持久。清正廉洁不会自然"保鲜保质"，党风廉政建设是一场持久战。只有始终保持"赶考"的清醒与坚定，勤扫"思想之尘"、多思"贪欲之害"、常破"心中之贼"，才能确保任何时候都稳得住心神、管得住行为、守得住清白。参加过"平江起义"的李聚奎长期在军队和地方担任重要领导职务，从不居功自傲，坚持"违法的事情不能做"，清正廉洁数十年。深藏功名、初心如磐的张富清，数十年如一日甘于奉献、严于律己，虽然家中曾遭遇困难，但始终艰苦朴素无所求。党员干部的党性修养、思想觉悟、道德水平不会随着党龄的积累或者职务的升迁而自然提高，必须终生强化自我修炼、自我约束、自我改造。

廉洁自律难在彻底。廉洁只有是彻底的、纯粹的，才能是真实的、长期的。比如，小事小节中也涉及党性原则，很多违纪违法往往是从日常小事小节违纪开始的。保持自身廉洁，必须从一顿饭、一杯酒、一张卡等小事小节彻底抓起、彻底严起。实现彻底廉洁，一方面，要用党章党规党纪约束自己的一言一行，构建清清爽爽的同志关系、规规矩矩的上下级关系、亲清统一的新型政商关系；另一方面，要主动接受监督、乐于接受监督。正如习近平总书记在二十届中央纪委二次全会上强调的，"增强纪律意识、规矩意识，进一步养成在受监督和约束的环境中工作生活的习惯。"

不私，而天下自公。领导干部手中的权力是党和人民赋予的，必须也只能用来为人民服务。坚持廉洁自律、廉洁用权、廉洁齐家，各级领导干部必能用自己的模范行动凝聚广大干部群众，推动党和人民事业不断从胜利走向新的胜利。

（2023 年 02 月 07 日）

敢为、敢闯、敢干、敢首创

石　羚

新年伊始，万象更新。铁路线上，满载着返乡旅客与新春祈愿，一列列火车川流不息；在园区厂房，工程师忙着优化方案、敲击代码，智能生产线开足马力生产；在施工现场，建设者抢工期、赶进度、保安全，一批重大项目紧锣密鼓推进，亿万人民以奋进之姿开启新的一年。

习近平总书记指出："今天的中国，是充满生机活力的中国。"不同岗位、不同战线的拼搏奋斗，各行各业、方方面面的创新创造，让中国始终活力四射。纵然有风风雨雨、沟沟坎坎，只要充分调动社会各方面的积极性、主动性、创造性，我们就能不断积蓄前进动能、释放发展活力，让明天的中国更美好。去年底召开的中共中央政治局会议分析研究 2023 年经济工作时强调："要坚持真抓实干，激发全社会干事创业活力，让干部敢为、地方敢闯、企业敢干、群众敢首创。"党员干部的担当作为，地方基层的创新探索，市场主体的积极进取，人民群众的无穷智慧，正是推动中国发展的活力之源。

党的干部是党的事业的骨干。从谷文昌"不治服风沙，就让风沙把我埋掉"，到廖俊波"认准的事，背着石头上山也要干"，再到黄文秀"只有扎根泥土，才能懂得人民"，一大批优秀干部成就不凡业绩，树立起敢于担当、善于作为的榜样。躬逢伟大时代，广大党员干部更应练就硬脊梁、铁肩膀、真本事，争当开疆拓土的先锋、英勇善战的干将。同时，坚持"三个区分开来"，创造良好的制度环境和价值导向，为担当者担当、为实干者撑腰、为创新者开道，才能更好激发广大党员干部的积极性、主动性、创造性，形成奋进新征程、建功新时代的浓厚氛围和生动局面。

基层是干事创业的"练兵场"，也是改革创新的"试验田"。回望过去，安徽小岗村的 18 个红手印，拉开了农村改革大幕；深圳蛇口炸响"开山炮"，开启了震撼世界的发展试验；上海自贸试验区敢为人先，大批制度创新成果向全国复制推广。事实证明，改革创新最大的活力蕴藏在基层和群众中间。推动顶层设计和基层探索良性互动、有机结合，让更多基层探索上升为普遍性制度安排，成为我们推动经济社会发展的重要方法论。面对没有先例可循的新情况新问题，鼓励地方基层改革创新、大胆探索，好经验、新做法才能源源不断涌现出来。

企业是经济运行的细胞，在国家发展中发挥着十分重要的作用。时下，从锻压机、盾构机等国之重器接连下线到 5G、高铁等产业领跑全球，从"中国制造"在卡塔尔世界杯大放异彩到多地组团"出海"抢订单，我国企业步履从容，为稳增长、促就业、惠民生作出重要贡献。下一步，有效应对三重压力，需要广大企业顶住压力、积极作为，也需要相关部门助企纾困解难、树立信心。发挥企业和企业家能动性，营造好的政策和制度环境，形成国企敢干、民企敢闯、外企敢投的生动局面，中国经济行稳致远的根基定能更加稳固。

人是生产力中最活跃的因素，群众是推动发展的根本力量。诺贝尔经济学奖获得者罗纳德·科斯曾由衷赞叹，中国的改革"是谦逊又刚毅的中国人民为了美好生活奋斗的故事"。百年来，我们党紧紧依靠人民，尊重人民主体地位和首创精神，充分激发人民群众的积极性、主动性、创造性，创造了一个又一个举世瞩目的"中国奇迹"。续写新的时代篇章，就要在顶层设计中广泛听取群众意见建议，在社会治理中尊重群众首创精神，在推进高质量发展中激发人民创造伟力，在推进全过程人民民主建设中体现人民意志，把人民群众中蕴藏的智慧和力量充分激发出来。

"遇事无难易，而勇于敢为。"一个"敢"字，道出了风雨无阻的勇气、逢山开路的担当、开拓进取的智慧。面对前进道路上的风险考验与惊涛骇浪，躺平没有出路，等待没有前途。不断激发全社会干事创业活力，让敢为、敢闯、敢干、敢首创成为时代风尚，一个活力奔涌的中国必将给世界带来更多惊喜。

（2023 年 02 月 02 日）

事虽难，做则必成

尹双红

　　浙江宁波一家电子公司总经理，前一段时间穿梭 2 万公里，出国拜访了数十家企业、商会。该电子公司曾遭遇多次生存挑战，但都不言放弃，一次次迎难而上，如今不仅成功与老客户重新建立感情，还打开了新市场，结识了新客户，签订了新订单，成功化危为机、迎来新生。谈及这段经历，这名总经理感慨：企业发展如同逆水行舟，不进则退，只有勤奋努力，才有面向未来的信心与底气。他的话体现出昂扬斗志，也道出了无数人的共同心声：明天的中国，奋斗创造奇迹。

　　实干成就梦想，奋斗铸就辉煌。回顾过去一年，在北京冬奥盛会上，广大志愿者热情奉献，冰雪健儿驰骋赛场；神舟十三号、十四号、十五号接力腾飞，中国空间站全面建成，中国人自己的"太空之家"遨游苍穹；扛稳粮食安全重任，亿万农民稳面积、战旱涝、防病虫，"过五关斩六将"夺丰收……战胜一个个挑战、取得一项项成就，靠的是辛勤付出和汗水，靠的是"点点星火，汇聚成炬"。正如习近平总书记所强调的："只要有愚公移山的志气、滴水穿石的毅力，脚踏实地，埋头苦干，积跬步以至千里，就一定能够把宏伟目标变为美好现实。"

　　"人生天地间，长路有险夷。"幸福是奋斗出来的，成功总是属于积极进取、不懈追求的人们。小康梦、强国梦、中国梦，归根到底是老百姓的

"幸福梦"，奋斗和实干都是筑梦圆梦的底色。应该看到，人间万事出艰辛，越是美好的梦想，越需要付出艰辛努力，越需要知重负重、砥砺前行。一切办法，只有在实干中才能付诸实施；一切问题，只有在实干中才能逐步解决；一切机遇，只有在实干中才能牢牢抓住。只要我们保持定力，鼓足斗志，坚持奋斗，就一定能逢山开路、遇水架桥，在攻坚克难中创造新的成绩。

在去年年底举行的中央经济工作会议上，习近平总书记作出"明年经济运行有望总体回升"的战略判断。我国经济韧性强、潜力大、活力足，长期向好的基本面没有变也不会变。随着优化疫情防控措施不断推出、稳经济一揽子政策落地见效，我们已经挺过最困难时刻，发展的有利因素增多。我国完整的产业体系仍在，强大的生产能力仍在，超大规模市场优势仍在，宏观层面的整体向好，将为每个人的奋斗提供依托。在新的一年，爬坡过坎、闯关夺隘，我们有信心更有条件，有底气更有能力。

顺势而为，乘势而上。党中央高效统筹疫情防控和经济社会发展，出台一揽子政策，给奋斗者鼓劲、为实干者撑腰。企业贷款加权平均利率进一步降低，达到改革开放40多年来最低水平；提前下达耕地地力保护补贴，帮助农户有序开展农业生产；发放临时救助金，为生活暂时陷入困境的群众解决燃眉之急……宏观政策靠前发力、持续加力，微观措施加快落地、精准有力，为每个人的奋斗、每个企业的发展提供广阔舞台。亿万人民风雨无阻向前进、撸起袖子加油干，用足用好政策红利，把潜在机遇转化为发展势能，必将创造更美好的未来。

路虽远，行则将至；事虽难，做则必成。历史只会眷顾坚定者、奋进者、搏击者，而不会等待犹豫者、懈怠者、畏难者。正视困难，苦干实干，以时不我待的紧迫感投入生产生活，就一定能在战胜困难中赢得先机，为经济社会发展注入澎湃动力，用一往无前的顽强拼搏让明天的中国更美好。

（2023 年 02 月 01 日）

春节黄金周见证活力中国

李　拯

　　兔年春节刚过，一组假期消费数据引发广泛关注。春节档电影票房突破 67 亿元，位列中国影史春节档票房第二位；春节假期全国国内旅游出游超过 3 亿人次，同比增长 23.1%；全国春运客流总量超过 2 亿人次，春运盛况再次出现。强劲的数据，火热的消费，折射出农历新年神州大地上的蓬勃景象，彰显着我国经济社会发展的旺盛活力。

　　这些数据背后所蕴藏的一个个具体生活场景，更能让人直观感受到消费热情与社会活力。在电影院，与亲朋好友在光影世界共度团圆时光，成为不少人的"新年俗"。在旅游景区，乡村游、周边游热度不减，携老游、亲子游日益回归，热门景区再现拥挤，旅游复苏带动餐饮、住宿、零售等服务业持续回暖。在各个地方，集年货、美食、民俗于一体的新春庙会吸引着人们踊跃参与，传统与时尚融合，文化与消费齐飞。人气回来了，年味回来了，"流动的中国"呈现出升腾气象，一个充满活力的中国正昂首阔步走向未来。

　　热闹的春节，再次让人们感受到"家"与"国"的深层联系。兔年春节，是我国疫情防控进入新阶段的第一个春节。从保障好群众的就医用药需求，到关心困难群众生产生活，从丰富物质和文化产品供应，到做好春运出行工作，正是国家的政策保障，为无数人的春节出行、无数家庭的春节团圆提供了最为坚实的支撑。而春节团圆之时，家风家教得以春风化雨、赓续传承，人们在慎终追远中感受家国情怀。"家是最小国，国是千万家"，国家为每一个家庭提供保障和支撑，而每一个家庭、每一个人的向上向好构成了国家欣欣向荣的基石，这种家国同心、家国一体的力量为新时代中国发展注入了源源不断的活力。

热闹的春节，更展现出我国经济发展的韧性和活力。消费的回暖，不仅说明优化疫情防控为经济恢复创造了条件，更说明中国经济长期向好的基本面没有变，只要基本条件具备，生产、流通、消费各环节就能够得到迅速恢复。往深层看，消费不仅有量的扩大，还有质的提升以及形态、样式的拓展。网购年货等消费方式成为新潮流，表明消费结构优化、消费模式升级仍然是大势所趋；春节档"乡镇影院也很忙"，三四线城市的票房贡献稳步提升，说明城乡统筹能够打开扩大内需的新空间。由点及面来看，我国经济韧性强、潜力大、活力足，随着政策红利持续显现，完全有条件、有能力实现整体好转、总体回升。

春节黄金周假期结束，但火热的劲头在持续，发展的活力在迸发。人们背起行囊，踏上返程之路，奔赴各自的工作岗位，开启兔年的奋斗之旅。方此之时，我们已经挺过最困难时刻，发展的有利因素增多，国家的政策保障、经济的持续恢复，将为每个人走好自己的路、做好自己的事提供舞台和机会。从春节黄金周看向全年，满怀信心、坚定前行，每个人都大有可为也将大有作为。而每个人生生不息的奋斗、昂扬奋发的进取，不仅能成就自己的出彩人生，还将汇聚成国家发展进步的时代洪流，让中国始终充满勃勃生机、强大动能。

在中华传统文化中，兔被称为瑞兔、玉兔，代表着机智敏捷、纯洁善良、平静美好。春节期间，人们多用"前途似锦""大展宏图"相互拜年祝福，寄托着对兔年的美好期待。从春节出发，动如脱兔般奋跃而上、飞速奔跑，每个人都将跑出自己的美好轨迹，也将共同跑出国家发展的加速度。

（2023 年 01 月 30 日）

"历史不会辜负实干者"

彭　飞

　　"为者常成，行者常至，历史不会辜负实干者。"在 2023 年春节团拜会上，习近平总书记充分肯定过去一年党和国家事业取得来之不易的成绩，深刻指出"我们靠实干创造了辉煌的过去，还要靠实干开创更加美好的未来"。

　　在党和国家发展史上，过去的一年极为重要。国际环境风高浪急，国内改革发展稳定任务艰巨繁重。在以习近平同志为核心的党中央坚强领导下，全党全军全国各族人民迎难而上、团结奋斗，凭着龙腾虎跃的干劲、敢入虎穴的闯劲、坚忍不拔的韧劲，书写了社会主义现代化建设的新篇章。

　　铆足龙腾虎跃的干劲，我们无往不胜。实干是最质朴的方法论。从医护人员夜以继日守护人民健康安全，到亿万农民辛勤劳作实现粮食生产"十九连丰"，从无数志愿者、建设者兢兢业业做好北京冬奥会、冬残奥会筹办举办各项工作，到驻村干部扎根乡土投身乡村振兴火热实践……千千万万普通人实字当头、以干为先，在平凡岗位上创造了不平凡的业绩，以实际行动诠释了中国人民具有的伟大创造精神、伟大奋斗精神、伟大团结精神、伟大梦想精神。我们坚信，只要有愚公移山的志气、滴水穿石的毅力，脚踏实地，埋头苦干，积跬步以至千里，就一定能够把宏伟目标变为美好现实。

激发敢入虎穴的闯劲，我们无坚不摧。没有一点闯的精神，没有一点"冒"的精神，没有一股子气呀、劲呀，就走不出一条好路，走不出一条新路，就干不出新的事业。过去一年，各自由贸易试验区、海南自由贸易港蓬勃兴起，沿海地区踊跃创新，"太空出差"创造历史，"国之重器"砥柱中流，核心技术加快攻关，中国特色大国外交勇毅前行。从中国空间站全面建成、第三艘航母"福建号"下水，到首架C919大飞机正式交付、白鹤滩水电站全面投产，每一项重大成果，都是我们逢山开路、遇水架桥，用智慧和汗水换来的。始终保持一往无前的姿态，大胆想、勇敢闯、科学干，就没有攻克不了的难关。

砥砺坚忍不拔的韧劲，我们无惧风雨。山不低头，但人能比山高。我国经济顶住压力、稳中求进，2022年全年国内生产总值超过120万亿元，稳居世界第二位；四川泸定地震、重庆山火等自然灾害面前，我们守望相助、同舟共济，无数人以生命赴使命、用挚爱护苍生，谱写下一曲曲壮丽的英雄赞歌；我们坚决开展反分裂、反干涉重大斗争，展现了维护国家主权和领土完整的坚强决心和强大能力……"千磨万击还坚劲，任尔东西南北风"，不信邪、不怕鬼、不怕压，知难而进、克难攻坚，我们不惧任何艰难险阻，也必将创造新的更大奇迹。

业绩是干出来的，奇迹是干出来的。实践表明，只要党和人民始终站在一起、想在一起、干在一起，任何风浪都动摇不了我们的钢铁意志，任何困难都阻挡不了我们的铿锵步伐。

党的二十大擘画了全面建设社会主义现代化国家、以中国式现代化全面推进中华民族伟大复兴的宏伟蓝图，吹响了奋进新征程的时代号角。大道至简，实干为要。习近平总书记强调："新征程是充满光荣和梦想的远征，没有捷径，唯有实干。"面向未来，继续脚踏实地、埋头苦干，坚持笃实好学、尊重实际，做到求真务实、注重实效，踔厉奋发、笃行不怠，我们就一定能有更大作为、更大收获，在新时代新征程上赢得更加伟大的胜利和荣光。

要读完10本书，要学习一项专业技能，要把各项工作完成得更好……

网友们自晒新年计划和愿望清单，呈现在我们眼前的，是无数人奋斗的姿态和追梦的状态。我们每个人的一小步、一滴汗水、一点星火，必将在新的一年里汇聚成团结奋进的磅礴伟力，创造更加美好的明天。

（2023 年 01 月 22 日）

"欢欢喜喜过好年"

彭　飞

　　同医护人员和住院患者亲切交流，强调"要加强医护人员自身防护和关心关爱，确保他们身体健康"；与福利院在院老人聊起身体状况、日常生活，嘱咐他们保重身体；向乡亲们、游客们拜年，勉励大家"百尺竿头更进一步，在乡村振兴中取得新的更大成绩"……临近春节，习近平总书记采取视频连线方式，亲切看望慰问6个地方基层干部群众，向大家致以新春的美好祝福，向全国各行各业干部群众送去党中央的关心和温暖。

　　"我最大的心愿，就是大家都能欢欢喜喜过好年。"党的十八大以来，每逢新春佳节，习近平总书记都会深入基层一线，走进人民群众中间。从偏远的山村到城市里的胡同，从忙碌的车间到琳琅满目的市场……每到一个地方，习近平总书记都要同大家拉拉家常，看看大家还有哪些困难，听听大家新年有哪些打算，分享大家迎接新春的喜悦。今年采取视频连线的方式，看的地方更多，东西南北中都有，虽然隔着屏幕，但正如习近平总书记所说，"我依然能感受到全国各地浓浓的年味，感受到大家的幸福和喜悦"。总书记的新春足迹和深情牵挂，彰显着人民领袖的真挚情怀，映照着百年大党的不变初心。

　　过去的一年很不平凡也很不容易。在以习近平同志为核心的党中央坚强领导下，全党全国各族人民一起努力，战胜了各种困难和挑战，各条战线都取得了新的成绩。面对来势凶猛的疫情，我们坚持人民至上、生命至上，坚持科学精准防控，因时因势优化调整防控措施，最大限度保护了人民生命安全和身体健康；面对诸多超预期因素冲击，我国经济顶住压力、稳中求进，2022 年全年国内生产总值超过 120 万亿元，比上年增长 3%，稳居世界第二位；面对全球粮食危机，我国粮食生产实现"十九连丰"，中国人的饭碗端得更牢了；面对疫情带来的不利影响，我们克服重重困难，成功举办北京冬奥会、冬残奥会，向世界展现了阳光、富强、开放、充满希望的国家形象……这份沉甸甸的中国答卷，凝结着无数人的辛勤付出和奋斗汗水，大家都作出了贡献，每个人都了不起！

除夕和春节，是万家团圆、辞旧迎新的喜庆日子。让大家都能欢欢喜喜过好年，必须做好各项民生保障工作。北京新发地农产品批发市场春节期间"不打烊"，确保市场供应数量充足、品种丰富、质量放心、价格稳定；四川组织实施乡村运输"金通工程"与"春风行动"无缝接驳运输，将返乡农民工直接送至家门口；江苏无锡推动邮政快递业返岗、稳岗、扩岗，优先保障治疗用药、中药预防、防护物资……一系列有力举措，让年味更足，为团圆护航。各级党委和政府切实保障节日期间供电供气供暖，抓好"菜篮子""米袋子""果盘子"，加强食品安全监管，特别是落实好新阶段疫情防控各项举措，防范各种突发事件和安全事故，一定能确保全国各族人民过一个欢乐喜庆、安定祥和的春节。

岁月添新，春满山河。新的一年，是全面贯彻落实党的二十大精神的开局之年。党的二十大擘画了全面建设社会主义现代化国家、以中国式现代化全面推进中华民族伟大复兴的宏伟蓝图，吹响了奋进新征程的时代号角。新征程是充满光荣和梦想的远征，正所谓"路虽远，行则将至；事虽难，做则必成"。只要坚定信心、抖擞精神，齐心协力加油干，就一定能在新的一年里有更大作为、更大收获，一步一个脚印把宏伟目标变为美好现实。

流光溢彩的街道，火红的灯笼，大大的"福"字，热气腾腾的饺子……

浓浓的年味里，饱含团圆、收获的喜悦，更寄托对未来的美好希望。新征程上，拿出勇气、拿出干劲，继续奔跑、不懈奋进，中国的明天必将更美好，我们的梦想一定能够实现！

（2023 年 01 月 20 日）

筑牢团结奋斗的社会共识

李　拯

人心是最大的政治，共识是奋进的动力。在经济社会发展过程中，尽最大努力谋求共识，在更大范围凝聚共识，才能引导社会各方面同舟共济、携手前行，以"想在一起"的共识，激发"干在一起"的动力，把"无数互相交错的力量"凝聚为推动事业发展的合力。

国家需要价值导航，社会需要共识引领。改革发展的实践表明，什么时候社会共识坚如磐石，什么时候就能释放发展活力、激发改革动力。着眼当前，无论是落实优化疫情防控措施，还是推动经济运行总体回升，都更需要凝聚最广泛的社会共识，以广泛共识凝聚起攻坚克难的磅礴力量。

同舟共济者赢。习近平总书记强调："中国这么大，不同人会有不同诉求，对同一件事也会有不同看法，这很正常，要通过沟通协商凝聚共识。"随着经济社会发展，不同社会群体的利益诉求不同、意见看法各异。但越是意见不同、诉求不同，越是要在多元中立主导、在多样中求共识。有事好商量，众人的事情由众人商量，找到全社会意愿和要求的最大公约数，凝聚起各方面高度认同的社会共识和价值规范，才能不断增强全社会的凝聚力和向心力，才能众志成城共同迎挑战、携手并肩一起向未来。

现在，随着优化疫情防控措施不断推出、稳经济一揽子政策落地见效，整个社会日益树立起对未来发展的正向预期和坚定信心。同时也要看到，疫情防控工作重心从"防感染"转向"保健康、防重症",国内经济恢复基础仍不牢固,高效统筹疫情防控和经济社会发展、促进经济运行总体回升,仍然需要做大量工作。越是在这样的时候,越是要进一步凝聚社会共识,以思想上的同心同德激发行动上的共同奋斗。以坚实的社会共识引导14亿多中国人心往一处想、劲往一处使,就没有干不成的事、迈不过的坎,就一定能战胜各种风险挑战、奋力实现既定目标。

共识如同社会大厦的思想支柱,因为有广泛的共识,社会才成为一个有机的共同体。善于凝聚共识,更好聚拢人心,就能握指成拳、合力致远。在广泛社会共识的基础上,团结一切可以团结的力量、调动一切可以调动的积极因素,最大限度凝聚起团结奋斗的力量,一定能形成同心共圆中国梦的强大合力。

（2023 年 01 月 17 日）

辩证看待"人口规模巨大"

殷　鹏

现代化的本质是人的现代化。新时代十年来，我国完成脱贫攻坚、全面建成小康社会的历史任务，实现了第一个百年奋斗目标，14亿多人民迈上全面建设社会主义现代化国家新征程。

习近平总书记在党的二十大报告中深刻指出："中国式现代化是人口规模巨大的现代化。我国十四亿多人口整体迈进现代化社会，规模超过现有发达国家人口的总和，艰巨性和复杂性前所未有，发展途径和推进方式也必然具有自己的特点。"我们必须始终从国情出发想问题、作决策、办事情，稳妥应对人口规模巨大的压力与考验，充分激发人口规模巨大的优势与红利，维护人民根本利益、增进民生福祉，发挥人民群众积极性、主动性、创造性，为创造新的历史伟业而团结奋斗。

中国国土面积广袤、人口规模巨大、地区差异悬殊，在这样超大规模的国家实现现代化，是一个世界性和世纪性的难题。迄今为止，全球实现现代化的国家和地区人口约为10亿人。我国实现现代化，不同于几十万人、几百万人、几千万人的现代化，而是14亿多人口的现代化。这决定了，我国现代化必须是高度自立自强而不能是依附他人的现代化，必须走自己的路。同时，作为世界最大的发展中国家，我国发展不平衡不充分问题仍然突出，人口众多、资源相对不足、环境承载力较弱。这意味着，推进中国式现代化必须保持历史耐心，坚持稳中求进、循序渐进、持续推进，付出长期而艰苦的努力。

人口规模巨大是挑战，换个角度看也是优势、潜能与动力。4 亿多中等收入群体、14 亿多人口，形成一个超大规模市场，成为中国经济行稳致远的稳定之锚。人均 GDP 突破 1.2 万美元，居民消费结构快速升级，超大规模市场具有深厚增长潜力；多样化的需求和个性化的消费，为新技术、新产业、新业态、新模式提供了丰富应用场景，超大规模市场孕育着蓬勃创新活力；坚持以人民为中心，扎实推进共同富裕，不断扩大中等收入群体，超大规模市场涌动着澎湃发展动力。这些优势，为应对不确定难预料因素提供了回旋空间，为增强国内大循环主体地位提供了重要保障。

人口规模巨大蕴藏着高质量发展的坚实基础。高质量发展是全面建设社会主义现代化国家的首要任务，离不开大批高素质劳动者的托举推动。新时代十年来，我国建成世界上规模最大的教育体系、社会保障体系、医疗卫生体系，不仅托举起人民群众稳稳的幸福，也推动劳动者队伍规模日益壮大、结构日益优化、素质逐步提高，为高质量发展筑牢人才支撑和智力支持。当前，14 亿多中国人民的前进动力更加强大、奋斗精神更加昂扬、必胜信念更加坚定，中国发展进步的历史大势不可阻挡。

习近平总书记深刻指出："我们的现代化既是最难的，也是最伟大的。"惟其艰巨，所以伟大；惟其艰巨，更显荣光。14 亿多人口整体迈入现代化社会，于中国、于世界、于人类都是一件有深远影响的大事。从人口规模巨大这个国情出发，坚持把国家和民族发展放在自己力量的基点上，坚持发展为了人民、发展依靠人民、发展成果由人民共享，必能凝聚起以中国式现代化全面推进中华民族伟大复兴的强大合力。

（2023 年 01 月 16 日）

"创新的根本在人才"

黄福特

在中科院等离子体物理研究所，有"人造太阳"之称的东方超环装置运行时间破千秒，为开发利用核聚变清洁能源奠定了重要技术基础；贵州省黔南布依族苗族自治州的群山之中，科学家通过"中国天眼"发现660余颗新脉冲星，极大拓展了人类观测宇宙的视野边界；上海张江科学城，科研人员潜心攻关新药研发，在研药物品种累计数百个……一大批高素质科研人才在各自领域大显身手，助力科技自立自强和经济社会高质量发展迈出新步伐。

国有贤良之士众，则国家之治厚。党的十八大以来，习近平总书记提出"人才是实现民族振兴、赢得国际竞争主动的战略资源""创新的根本在人才""国家科技创新力的根本源泉在于人"等一系列重大论断，深刻回答为什么建设人才强国、什么是人才强国、怎样建设人才强国的重大理论和实践问题，引领新时代人才工作取得历史性成就、发生历史性变革。新时代十年来，各地区各部门抓人才工作的积极性和主动性前所未有，事业发展和政策创新为人才营造的条件前所未有，人才对我国发展的支撑作用前所未有，中华大地正在成为各类人才大有可为、大有作为的热土。

当前，我国经济社会和民生事业发展比过去任何时候都更加需要科技这个第一生产力、人才这个第一资源、创新这个第一动力。习近平总书记在党的二十大报告中强调："我们要坚持教育优先发展、科技自立自强、人才引领驱动，加快建设教育强国、科技强国、人才强国，坚持为党育人、为国育才，全面提高人才自主培养质量，着力造就拔尖创新人才，聚天下英才而用之。"创新驱动本质上是人才驱动，人才是自主创新的关键。面对社会主义现代化建设的人才渴求、创新需求，我们必须深入实施科教兴国战略、人才强国战略、创新驱动发展战略，把人才资源开发放在最优先位置，夯实创新发展的人才基础。

恩格斯说："社会一旦有技术上的需要，这种需要就会比十所大学更能把科学推向前进。"无论是选才育才还是聚才用才，都应该坚持需求导向和问题导向。世界首颗量子科学实验卫星、全球领先的 5G 网络布局、北斗导航系统全球组网成功……近年来我国一系列重大科技创新成果启示我们，只有支持和鼓励广大科学家和科技工作者根据国家急迫需要和长远需求提出新理论、开辟新领域、探索新路径，才能不断收获战略性、关键性重大科技成果。坚持面向世界科技前沿、面向经济主战场、面向国家重大需求、面向人民生命健康，是做好人才工作的目标方向。

科研道路充满艰难险阻，科研成就离不开精神支撑。水稻专家袁隆平一心解决中国人的吃饭问题，潜心从事杂交水稻研究数十年，生动诠释"人就像种子，要做一粒好种子"。地球物理学家黄大年放弃国外优越条件回到祖国，带领科研团队突破国外技术封锁，以毕生努力践行"振兴中华，乃我辈之责"。一代又一代矢志报国的科学家，用行动铸就了宝贵的科学家精神。坚持弘扬科学家精神，是做好人才工作的精神引领和思想保证。各类科研人才务须增进尊重知识、崇尚创新、尊重人才、热爱科学、献身科学的精神力量，主动担负起时代赋予的使命责任。

这是一个千帆竞发、百舸争流的伟大时代，大国、大势、大事业，呼唤进一步做好人才工作，持续增强人才效能、激发创新活力。加快建设世界重要人才中心和创新高地，加快建设国家战略人才力量，必将为社会主义现代化事业提供强大牵引力和驱动力。

（2023 年 01 月 13 日）

眼里有活　肩上扛责

辛士红

认真学习宣传贯彻党的二十大精神，广大党员、干部坚守平凡岗位，用实干成就事业，以实绩开辟未来。新时代新征程，眼里有活的干部越来越多，在潜移默化中影响着一个地方、一个单位的风气。

不妨给眼里有活的干部画个像：工作抢着干、主动干、创造性地干，为了工作可以想尽办法、吃尽千辛万苦；不图名不图利、不畏难不怕烦，再难啃的骨头、再烫手的山芋，都能事不避难、担当作为；一心扑在工作上，像老黄牛一样，埋头干事而不张扬，不待扬鞭自奋蹄。

干部干部，干字当头。习近平总书记强调："有多大担当才能干多大事业，尽多大责任才能有多大成就。"干事担事，是干部的职责所在，也是价值所在。刀在石上磨，人在事上练。对党员、干部来说，实践出真知、长才干，实干开新局、创业绩。能否知责于心想干事、担责于身能干事、履责于行干成事，是检验干部忠诚度、事业心和使命感的"试金石"。

大道至简，实干为要。作为新时代的党员、干部，在其位就要谋其政，就要愈是艰难愈向前，不等不靠主动干、撸起袖子加油干，不断经风雨、见世面、壮筋骨、长才干。正如"进藏先遣英雄连"党代表李狄三所说："什么叫共产党员？共产党员就是在最困难的时候，向党要副担子挑在肩上的人。"

作家冰心曾言："创造新陆地的，不是那滚滚的波浪，却是它底下细小的泥沙。"从一个地方、一个单位，到一个部门，都需要重用那些会干事的干部，都需要树立重实干、重实绩的用人导向。通过科学合理的选人用人机制，主动发现、培养、用好眼里有活的干部，有益于聚人气、提士气、正风气，形成风清气正的政治生态和心无旁骛干事业的工作环境。

治国之要，首在用人；用人干事，重在导向。对眼里有活的干部，党组织和领导干部应当高看一眼、厚爱一层，在感情上多一些理解和关心、工作上多一些支持和帮助、使用上多一些信任和机会。当越来越多眼里有活的干部脱颖而出、受到尊崇，一定会影响和带动更多人在大有可为的时代奋发有为。

（2023 年 01 月 12 日）

展现可信、可爱、可敬的中国形象

徐文秀

在近日圆满闭幕的"奋进新时代"主题成就展上，一张亮眼的图片，将观众带回 2019 年激荡亚洲的一晚。2019 年 5 月 15 日，浩瀚夜空下，国家体育场"鸟巢"灯光璀璨，各国艺术家齐聚一堂、欢歌曼舞，为亚洲文明对话大会增添浓墨重彩的一笔。亚洲文化嘉年华等一组图文并茂、数据详实的展板，让观众纵览 10 年来对外宣传工作取得的成就，真切感受到新时代中国的声音传得更好更远。

中国的国际形象需要由中国人去树立，讲好中国故事需要每一个中国人的努力。习近平总书记在党的二十大报告中指出："坚守中华文化立场，提炼展示中华文明的精神标识和文化精髓，加快构建中国话语和中国叙事体系，讲好中国故事、传播好中国声音，展现可信、可爱、可敬的中国形象。"

新时代中国正在进行的伟大实践，赋予我们自信与底气。全面建成小康社会，共建"一带一路"倡议，构建人类命运共同体理念……我们充分、鲜明地展现中国故事及其背后的思想力量和精神力量。贵州草海护鸟员、甘肃沙漠护林员，在帮助改善当地生态环境的同时实现自身脱贫；北京冬奥会国家速滑馆 8500 吨的钢结构，通过智慧制造完成精准设计和装配；菌草技术不断走出国门，在很多欠发达国家和地区得到推广……一个个鲜活的故事，生动展现今日中国的卓越成绩和造福世界的壮美画卷。今天，越来越多来自中国的好故事正在被国际社会熟识，开放而自信的中国在世界舞台绽放出别样光彩。

展现可信、可爱、可敬的中国形象，是一种责任。匠心独运的场馆"冰丝带""雪如意"，活泼敦厚的"冰墩墩"和喜庆祥和的"雪容融"，开闭幕式上的二十四节气、黄河之水、中国结……每一处充满"中国味"的细节，都彰显了2022年北京冬奥的人文之美。这背后，凝结着无数人的智慧与汗水。中国形象体现在每个中华儿女的日常言行中，人人都是国家形象的代言人。我们应当增强志气、骨气、底气，争做精彩中国故事的主人公和讲述者。

展现可信、可爱、可敬的中国形象，是一种能力。习近平总书记强调："我们有本事做好中国的事情，还没有本事讲好中国的故事？我们应该有这个信心！"讲好中国故事，传播好中国声音，展示真实、立体、全面的中国，是加强我国国际传播能力建设的重要任务。我们应当进一步增强国际传播能力，在构建对外传播话语体系上下功夫，在乐于接受和易于理解上下功夫，让世界了解真实、立体、全面的中国；积极主动发声，将真实信息、真实故事源源不断地注入国际信息库，让正确的声音响亮起来。

展现可信、可爱、可敬的中国形象，是一种情感。展现国家形象，是爱国主义情感的真情流露。"到那时，到处都是活跃跃的创造，到处都是日新月异的进步……"方志敏曾如此憧憬一个可爱的中国，如今已然化为灿烂的现实。对于祖国，身处这样伟大时代的每个中华儿女，没有理由不去用心礼赞和讴歌，没有理由不去用情告白和展现。

"当今世界，要说哪个政党、哪个国家、哪个民族能够自信的话，那中国共产党、中华人民共和国、中华民族是最有理由自信的！"新时代新征程，我们要充满自信和底气地讲好中国故事、传播好中国声音，让可信、可爱、可敬的中国形象走向世界，深入人心。

（2023年01月10日）

稳岗留工，留人更要留心

彭 飞

在重庆做外卖骑手多年的孙冰涛，今年选择留岗过年。问及留下来的原因，除了在春节期间可以获得更高收入，还因为相关保障让他安心。作为重点保供企业的外卖平台，为鼓励更多骑手春节留岗，不仅将增加补贴和奖励，还在口罩、抗原试剂等防疫物资上给予充分保障，让留下来的外卖小哥安心投入工作、感受到更多暖意。

年关将至，多地政府部门及企业推出倡导、鼓励外来务工人员本地过年的稳岗留工举措。春节期间，上海将对重点监测的电商平台和邮政快递企业上岗工作一线人员给予每人每天 150 元补贴；浙江绍兴为就地过年的外省员工推出政策大礼包，包括一次性发放价值 800 元的新绍兴人消费券、留绍过年流量、年货邮到家温暖礼包等；江西庐山引导当地规上企业外来务工人员领取旅游消费券，春节期间免门票游庐山……各地多样留人过年措施背后，体现的是稳岗留工的满满诚意，彰显着稳产保供的坚定决心。

在稳妥有序实施"乙类乙管"、不断优化疫情防控措施的背景下，当前，制造业国内外订单持续增加，重大工程项目加速推进，服务消费持续回暖，这些都刺激着用工需求不断攀升。把员工留下来，让机器转起来，使物流跑起来，把失去的时间抢回来，成为许多地方和企业的共同选择。拿出实打实的稳岗留工举措，既能给务工者带来更高收入，也能为经济和社会秩序恢复按下快进键，还能在客观上减少部分人员流动、推进各地疫情平稳压峰过峰，可谓一举多得。

留工要留人，更要留心。确保稳岗留工举措真正发挥作用，既要拿出真金白银的补助，让务工者更有获得感，也要给予切实的关爱和尊重，让务工者更有幸福感。福建泉州鼓励非泉州籍职工父母来泉团圆过年，其中部分一线职工家庭按每户 1000 元标准开展关爱慰问活动；浙江杭州开展春节期间稳岗留工"十送"关爱行动，包括为从事城市管理、快递运输等人流密集接触的省外员工赠送爱心防疫包；江苏南京通过多种方式组织丰富多彩的假期活动，让留宁人员子女度过开心充实的寒假……无论是鼓励反向团圆，还是完善生活保障，抑或是丰富精神文化生活，只有拿出有温度、暖人心的举措，将心比心、以心换心，才能让"异乡"职工感受"吾乡"温暖，打心底里愿意留下来。

今年是全面贯彻落实党的二十大精神的开局之年，做好经济工作意义重大。随着优化疫情防控各项政策措施实施，我国经济和社会秩序会加快走向恢复，将促进经济运行良性循环，释放巨大活力。新的一年，以更有温度、更有力度的政策进一步调动广大人民群众积极性、主动性、创造性，持续激发各类市场主体信心和活力，必将更好推动我国经济运行总体回升，为全面建设社会主义现代化国家开好局起好步。

放眼神州，新一年奋斗的号角已经吹响。在陕西，中欧班列长安号首列"粤陕"国际班列满载货物，实现新年首发；在广东，"永兴号"盾构机在湛江湾海底隧道施工现场成功掘进，工人们干劲十足；在上海，上汽临港乘用车基地总装车间里灯火通明、产线繁忙……一帧帧拼搏的画面、一声声前进的足音、一滴滴艰辛的汗水，正化成奋进中国的昂扬乐章。力量生于团结，幸福源自奋斗。让我们携起手来，一往无前、顽强拼搏，努力创造更加灿烂的明天！

（2023 年 01 月 09 日）

读懂中国经济的信心所在

李 拯

浙江启动"千团万企拓市场抢订单行动"，助力企业拓展海外市场。江苏多地出海引投资、促合作。岁末年初，各地铆足干劲促发展，中国经济企稳回升的积极因素正在不断汇聚。

在 2022 年中央经济工作会议上，习近平总书记深刻指出："明年经济工作千头万绪，需要从战略全局出发，抓主要矛盾，从改善社会心理预期、提振发展信心入手，抓住重大关键环节，纲举目张做好工作。"随着优化疫情防控措施不断推出、稳经济一揽子政策落地见效，各地党委政府加快经济全面恢复，广大市场主体紧锣密鼓投入复工复产，社会大众则计划着春节期间的出行安排，展现出昂扬向上的精神风貌、面对未来的正向预期，反映出人们对中国经济发展的坚定信心。

坚定信心从何而来？首先来自中国经济发展的长期大势。看待一个国家的经济发展，不仅要看短期数据，更要看长期大势。过去一年来，中国经济顶住压力、稳中求进，持续巩固回升态势，彰显大国经济韧性；5 年来，中国经济年均增长 5% 以上，好于全球平均水平；10 年来，中国经济总量翻了一番，对世界经济增长的贡献居于首位。以世界第二大经济体之势，以超大规模市场之能，以年均增长高于全球平均水平之速，中国经济长期向好的发展大势不可阻挡。实践表明，中国经济一时数据波动是短期性的，而稳中向好则是趋势性的、战略性的。

疾风知劲草，烈火见真金。对未来发展充满信心，更因为中国经济经过了多次"压力测试"，具有走上坡路、开顶风船的能力。回首这 10 年，多少涉滩之险，多少爬坡之艰，多少闯关之难，但是世界听到了这样掷地有声的回答："遇到的困难很多，有的困难是空前的，但是我们做到了。"犹记 2020 年疫情突如其来，中国不仅控制住了疫情，而且成为当年全球唯一实现正增长的主要经济体；犹记美国单方面发动贸易战，但近些年来，中国不仅稳住经济大盘，而且保持产业链供应链基本稳定。这充分说明，中国经济完全有条件、有能力战胜短期风险挑战，赢得未来长远发展。

如同船行大海，波浪起伏必然带来颠簸，但只要底盘厚实，航船就能够抵达彼岸。对中国经济的信心，正来自于其坚实的底盘。从基本面来看，市场巨大有空间，产业完备有能力，政策支持有力度，创新发展有活力，中国经济韧性强、潜力大、活力足，今年经济运行有望总体回升，何惧穿越一时风雨？从制度环境来看，有党中央的坚强领导，充分发挥我国社会主义制度的显著优势，何惧各种风险挑战？只要基本面不变、基本盘稳固、压舱石坚实，中国经济航船就能劈波斩浪、行稳致远。展望未来，有社会主义市场经济的体制优势，有超大规模市场的需求优势，有产业体系配套完善的供给优势，有勤劳智慧的广大劳动者和企业家等人力优势，只要把各方面的优势和活力真正激发出来，就能够加快构建新发展格局，在激烈的国际市场竞争和大国战略博弈中始终立于不败之地。

只要始终把人民对美好生活的向往作为奋斗目标，集中精力办好自己的事，中国经济发展就有坚如磐石的根基，就有穿越风雨见彩虹的韧性，就有光明远大的前景。

（2023 年 01 月 06 日）

"明天的中国，奋斗创造奇迹"

李浩燃

湖北武汉江汉关大楼下，人们在璀璨的夜景中齐声倒数，迎接2023年的到来；北京天安门广场上，鲜艳的五星红旗迎着新年的第一缕阳光缓缓升起，万羽和平鸽飞向天空。告别极不寻常的2022年，无数人在时序更替中满怀憧憬与希冀。岁月不居，时节如流，不变的是万千奋斗者拼搏的身姿——

铁路工人冒着刺骨寒风，为满载电煤、即将远行的列车做装车检查；施工人员在山坡上艰难作业，进行1000千伏特高压交流工程一处铁塔的横担吊装；数百名工人及管理人员加班加点，在创新园区施工现场干得热火朝天……新年伊始，许多人坚守岗位，让"奋斗"这一词语更加闪亮。

"我们要一往无前、顽强拼搏，让明天的中国更美好。"在二○二三年新年贺词中，习近平主席指出"明天的中国，奋斗创造奇迹"，强调"只要有愚公移山的志气、滴水穿石的毅力，脚踏实地，埋头苦干，积跬步以至千里，就一定能够把宏伟目标变为美好现实"。坚定有力的话语，鼓舞亿万中华儿女砥砺坚如磐石的信心，激扬接续奋斗的雄心，用实干成就未来。

大道如砥，奋斗如歌，时间不会辜负奋斗者。上世纪60年代，河南林县人民凭着"一锤一钎一双手"，叩石垦壤、挖山不止，以10年之功在巍巍太行的崇山峻岭中开辟出一条"人工天河"。红旗渠就是纪念碑，记载了林县人不认命、不服输、敢于战天斗地的英雄气概，诠释着幸福源于奋斗的朴素逻辑。不畏山高路远的跋涉者，山川回馈以最奇绝的秀色；不惧风高浪急的弄潮儿，大海回报以最壮丽的日出。进入新时代，我们之所以能攻克一个个看似不可攻克的难关险阻，创造一个个令人刮目相看的人间奇迹，关键就在于亿万人民在党的坚强领导下同心协力、接续奋斗。正如习近平主席深刻指出的："历史长河波澜壮阔，一代又一代人接续奋斗创造了今天的中国。"

苏轼在《思治论》中有言："犯其至难而图其至远"。向最难之处攻坚，追求最远大的目标，意味着勇毅担当与高远境界。全面建设社会主义现代化国家，是一项伟大而艰巨的事业，前途光明，任重道远。惟其艰巨，所以伟大；惟其艰巨，更显荣光。回首来时路，我们通过奋斗，披荆斩棘，走过了万水千山。一起向未来，我们还要继续奋斗，勇往直前，创造更加灿烂的辉煌。

再出发，我们不敢有丝毫的自满，选择奋斗才能行稳致远。当前，世界之变、时代之变、历史之变正以前所未有的方式展开，我国发展进入战略机遇和风险挑战并存、不确定难预料因素增多的时期。必须清醒，前进道路上面临的风险考验只会越来越复杂，甚至会遇到难以想象的惊涛骇浪；面临的各种斗争不是短期的而是长期的，至少要伴随实现第二个百年奋斗目标全过程。新征程是充满光荣和梦想的远征，务必牢记"船到中流浪更急、人到半山路更陡"，撸起袖子加油干、风雨无阻向前行，让奋斗成为奔向幸福的"通行证"。

向前进，我们怀有无比的自信，依靠奋斗必将抵达彼岸。当今世界，要说哪个政党、哪个国家、哪个民族能够自信的话，那中国共产党、中华人民共和国、中华民族是最有理由自信的。"路虽远，行则将至；事虽难，做则必成。"中国人民是具有伟大奋斗精神的人民，新时代是奋斗者的时代。激发奋斗豪情，昂扬奋斗精神，坚定必胜信念，在增强历史自觉中把握历史主动，一步一个脚印攀爬奋斗的阶梯，我们必将"踏平坎坷成大道"，不断用实绩书写新时代中国特色社会主义新篇章。

征途漫漫，惟有奋斗。新征程上，始终保持永不懈怠的精神状态和一往无前的奋斗姿态，同时间赛跑、同历史并进，以万众一心、矢志如一的奋斗拥抱未来，更伟大的奇迹正等待我们去创造，中国的明天必将更加美好。

（2023 年 01 月 03 日）

"明天的中国，力量源于团结"

李　拯

　　北京天安门广场，雄壮的国歌声激越高昂，国旗护卫队官兵动作整齐如一，和平鸽群在广场上空飞翔，人们自发来到现场，见证五星红旗与太阳一同升起……新年第一场升旗仪式，传递着面向未来的希冀与信心，展现出团结一心的期盼与力量。

　　"明天的中国，力量源于团结。"新年前夕，习近平主席发表二〇二三年新年贺词，从波澜壮阔的历史长河中，总结"一代又一代人接续奋斗创造了今天的中国"，强调"我们要一往无前、顽强拼搏，让明天的中国更美好"。回望过往的奋斗路，我们依靠团结奋斗创造了辉煌历史；眺望前方的奋进路，在党的旗帜下团结成"一块坚硬的钢铁"，无数个"我"将凝聚为休戚与共、息息相关的"我们"，无数蜿蜒小溪将汇聚成新时代中国的大江大河。

　　走过2022年，在时代前行的足迹里，"同舟共济、众志成城"的团结奋斗，总能激发无坚不摧的中国力量。面对疫情，从耄耋院士到90后、00后青年，医无私，兵无畏，民心齐，党员干部冲锋在前，社区工作者奋战一线，形成了抗击疫情的强大合力；奥运圣火再次闪耀北京夜空，背后是全部参与者"一刻也不能停，一步也不能错，一天也误不起"的共同努力，是志愿者和工作人员"困难再多也嚼嚼咽了，一切付出与奉献都值得"

的一起坚守；天和、问天、梦天在太空中呈现一场场高难度的"太空之吻"，构筑中国人自己的"太空之家"，背后是政府部门、企业、高校、科研机构多方参与、深度融合，用高效协同激发创新活力。波涛蓄势，起于涓滴之力；事业成败，在于人心聚拢。可以说，无数人的辛勤付出和汗水，凝结成今天来之不易的成绩；广大干部群众继续手拉着手、心连着心一起向未来，将创造明天的更多奇迹。

上下同欲者胜。习近平主席指出："中国这么大，不同人会有不同诉求，对同一件事也会有不同看法，这很正常，要通过沟通协商凝聚共识。"应该看到，互联网无远弗届、信息无所不及，每个人都可以进行意见表达。越是诉求不同、看法不同，凝聚共识就越是重要。在实践中，我们倡导多元共赢，追求包容共享，同样也要在多元中立主导、在多样中求共识。以主旋律凝聚社会的"最大公约数"，就有了全体社会成员高度认同、自觉遵守、共同维护的价值规范，就能够以最广泛的社会共识凝聚起亿万人民共克时艰、团结奋斗的磅礴力量。

岁序更替的重要时刻，往往也是事业继往开来的关键节点。展望2023年，我国经济社会发展的新气象喷薄欲出。方此之际，无论是落实优化疫情防控措施，还是推动经济运行整体好转，都需要凝聚最广泛的社会共识。团结是中国人民和中华民族战胜前进道路上一切风险挑战、不断从胜利走向新的胜利的重要保证。只要14亿多中国人心往一处想、劲往一处使，团结一切可以团结的力量、调动一切可以调动的积极因素，最大限度凝聚起共同奋斗的力量，就没有干不成的事、迈不过的坎，就能形成同心共圆中国梦的强大合力。

团结就是力量，团结才能胜利。正如经典歌曲所唱："这力量是铁，这力量是钢，比铁还硬，比钢还强"。团结奋斗是中国共产党和中国人民的显著精神标识，是党领导人民创造历史伟业的必由之路。不断巩固全国各族人民大团结，加强海内外中华儿女大团结，在亿万人民胼手胝足的团结奋斗里，目标终将抵达、梦想必将实现。

（2023 年 01 月 04 日）

"明天的中国，希望寄予青年"

李　斌

回望刚刚过去的 2022 年，青春风采成为奋进中国的一道道风景。北京冬奥会志愿者用青春和奉献提供了暖心的服务，展现出蓬勃向上的青春形象；中国空间站"T"字构型组装完成，一大批青年骨干挑起型号研制的大梁；平均年龄只有 22 岁的中国小匠在世界技能大赛特别赛上收获优异成绩，技能领域的青春力量振奋人心；面对重庆山火、泸定地震等灾害，青年救援者挺身而出，一幕幕舍生忘死、守望相助的场景感人至深……实践生动表明，新时代的中国青年是好样的，是堪当大任的！

习近平主席在二〇二三年新年贺词中强调："明天的中国，希望寄予青年。青年兴则国家兴，中国发展要靠广大青年挺膺担当。"青年是祖国的未来，是民族的希望。实现第二个百年奋斗目标，实现中华民族伟大复兴，青年一代责任在肩，是见证者更是参与者。坚定听党话、跟党走，厚植家国情怀、涵养进取品格，为实现中国梦锲而不舍、驰而不息地顽强奋斗，广大青年必将用青春的能动力和创造力激荡起民族复兴的澎湃春潮，用青春的智慧和汗水打拼出一个更加美好的中国。

从"抛头颅、洒热血"的革命壮举到"把青春献给祖国"的建设热情，从"团结起来、振兴中华"的时代强音到"请党放心、强国有我"的铿锵誓言，中国青年始终是实现中华民族伟大复兴的先锋力量。今天，我们的国家正在走向繁荣富强，我们的民族正在走向伟大复兴，我们的人民正在走向更加幸福美好的生活。当代中国青年要有所作为，就必须投身人民的伟大奋斗。

在北京冬奥会夺冠的苏翊鸣说："出生在一个伟大的国家，成长在一个最好的时代，通过努力实现了自己的梦想，感到很幸运。""伟大的国家""最好的时代"，是青年人奋斗向未来的底气所在，也是青年人逐梦新征程的奋斗坐标。在江苏灌云县开山岛民兵哨所，一批批年轻的守岛人追随着"人民楷模"王继才的足迹，让国旗在黄海前哨猎猎飘扬。在广袤的乡土田野间，千千万万个以黄文秀为榜样的基层党员干部躬行在乡村振兴主战场，建设宜居宜业和美乡村。新时代新征程新伟业，呼唤广大青年把个人奋斗融入民族复兴的时代洪流中，让蓬勃青春与家国情怀同频共振，将个人发展与祖国前途命运紧密结合，成就一番事业、更好实现人生价值。

时代的责任赋予青年，时代的光荣属于青年。中国社会发展，中华民族振兴，中国人民幸福，必须依靠自己的英勇奋斗来实现，没有人会恩赐给我们一个光明的中国。距离实现中华民族伟大复兴的目标越近，越需要广大青年为之加倍努力奋斗。在困境中奋起拼搏，在磨砺中锤炼自我，在斗争中强健筋骨，青年往前奋进的每一步都是成长成才的阶梯。不懈奋斗、艰苦奋斗、永远奋斗，中华民族伟大复兴终将在广大青年的接力奋斗中变为现实！

（2023 年 01 月 05 日）